UTB

W0241430

Eine Arbeitsgemeinschaft der Verlage

Böhlau Verlag · Wien · Köln · Weimar
Verlag Barbara Budrich · Opladen · Toronto
facultas.wuv · Wien
Wilhelm Fink · München
A. Francke Verlag · Tübingen und Basel
Haupt Verlag · Bern
Verlag Julius Klinkhardt · Bad Heilbrunn
Mohr Siebeck · Tübingen
Nomos Verlagsgesellschaft · Baden-Baden
Ernst Reinhardt Verlag · München · Basel
Ferdinand Schöningh · Paderborn · München · Wien · Zürich
Eugen Ulmer Verlag · Stuttgart
UVK Verlagsgesellschaft · Konstanz, mit UVK/Lucius · München
Vandenhoeck & Ruprecht · Göttingen · Bristol
vdf Hochschulverlag AG an der ETH Zürich

Literaturwissenschaft elementar

herausgegeben von Norbert Otto Eke

Stefan Greif

Literatur der Aufklärung

Wilhelm Fink

Der Autor:
Stefan Greif ist Professor für Neuere deutsche Literaturwissenschaft an der Universität Kassel. Zu seinen Arbeitsschwerpunkten gehören die Literatur des 18. Jahrhunderts (Goethe, Herder, G. Forster), das Verhältnis der Literatur zu den Medien (bildende Kunst), die Beschäftigung mit den Medien der Literatur (Radio, Fernsehen) sowie die Erforschung der Popkultur.

Coverbild:
Das Coverbild zeigt einen Ausschnitt des Bildes *Charles Townley and Friends in the Townley Gallery*, das der deutsch-britische Maler Johann Zoffany (1733-1810) zwischen 1781 und 1783 für den bekannten britischen Antikensammler Charles Townley (rechter Bildrand, sitzend) anfertigte. Das dargestellte Kunstgespräch visualisiert ein im 18. Jahrhundert geschätztes Bildungsideal und zeigt im Bildmittelgrund die Kunstsammler Pierre-François Hugues d'Hancarville (sitzend), Thomas Asler (links) und Charles Francis Greville (rechts). Im Hintergrund ist die sogenannte *Townley Venus* zu sehen. Diese griechische Rundplastik stand im Mittelpunkt der heute im British Museum (London) aufbewahrten *Townle Marbles*.

Bibliografische Information der Deutschen Nationalbibliothek

Die Deutsche Nationalbibliothek verzeichnet diese Publikation in der Deutschen Nationalbibliografie; detaillierte bibliografische Daten sind im Internet über http://dnb.d-nb.de abrufbar.

(Wilhelm Fink GmbH & Co Verlags-KG, Jühenplatz 1, D-33098 Paderborn)
Internet: www.fink.de

Printed in Germany.
Herstellung: Ferdinand Schöningh, Paderborn
Einbandgestaltung: Atelier Reichert, Stuttgart

UTB-Band-Nr.: 3997
ISBN: 978-3-8252-3997-8

Inhalt

Vorbemerkung

Vorliegendes Arbeitsbuch bietet eine Einführung in die Literatur der Aufklärung. Um es im Studium gezielt einsetzen zu können, werden in drei Basismodulen die philosophischen und theologischen Rahmenbedingungen einer Epoche vermittelt, deren fortschrittsorientiertes und wissenschaftliches Denken bis heute ebenso nachwirkt wie die Verhaltenslehre des Bürgertums und dessen ethisch-ästhetisches Selbstverständnis. In den vier Aufbaumodulen werden zunächst die poetologischen Debatten des 18. Jahrhunderts vorgestellt, anschließend die einzelnen literarischen Gattungen. Für den Einsatz des Arbeitsbuchs im Studium finden sich am Ende jedes Moduls einige Testfragen, mit denen sich das erworbene Wissen sichern lässt. Die dort ebenfalls aufgeführte Fachliteratur soll bei dessen eigenständiger Vertiefung helfen.

Konzeptionell lassen sich die folgenden Ausführungen von der These leiten, die Literatur des 18. Jahrhunderts erschöpfe sich nicht in der Illustrierung philosophischer Theorien und Systeme, sondern verstehe sich als Teil einer kritischen und praxisorientierten Aufklärungskultur. Dieser Begriff ist in Basismodul 1 eingehender zu begründen, doch sei schon an dieser Stelle erwähnt, dass diese Einführung nicht der weitverbreiteten Annahme folgt, die Dichtung des 18. Jahrhunderts erschließe sich aus Kants berühmter Antwort auf die Frage, was denn Aufklärung sei. Die Literatur der Epoche zeigt vielmehr der seinerzeit aktuellen Philosophie auch die politischen, anthropologischen und erkenntnistheoretischen Grenzen auf, die dem Ausgang aus selbstverschuldeter Unmündigkeit gezogen sind. Dazu gehört nicht zuletzt die über einhundert Jahre literarisch diskutierte Beobachtung, dass logisches Denken und vermeintlich universal gültige Moralvorstellungen nationale und kulturelle Vorurteile begünstigen können. Immerhin bringt die Aufklärung ja nicht nur Visionen einer emanzipierten Menschheit hervor. Sie kennt auch Geschlechter-, Rasse- und Zivilisationstheorien, die auf Ungleichheit und der Bestimmung ‚natürlicher' Vernunftunterschiede basieren.

Mit den Gründen für diese komplementäre Stellung der Dichtung zur Philosophie der Aufklärung beschäftigen sich die Basismodule 2 und 3. Im Anschluss an die methodischen Vorüberlegungen in Basismodul 1 wird in ihnen dargelegt, welche philosophischen Prämissen aufseiten der Literatur eher kritisch reflektiert werden und welche Leitgedanken sie produktiv weiterentwickelt. Gleichzeitig geht es um Institutionen wie das Geheimbundwesen, die aufgeklärtes Denken ‚jenseits der Diskurse' im Alltagsleben praktizieren. Eingehender vorzustellen ist ferner der bürgerliche Sittenkodex, der uns als Lehre des Schön- und Gutseins in Teilen fremd geworden ist, aber für viele Jahrzehnte die in der Literatur des 18. Jahrhunderts verhandelten Konflikte und deren Lösungsmöglichkeiten grundiert.

Während Aufbaumodul 1 die ästhetischen und poetologischen Debatten von der Früh- bis zur Spätaufklärung nachzeichnet und dabei den Schwerpunkt auf eine rezipientennahe Geschmackskultur, die Kunst des schönen Denkens und die satirische Streitkultur legt, stehen in den darauf folgenden Aufbaumodulen die Entwicklung des Dramas, der Lyrik und der Epik im Verlauf des 18. Jahrhunderts im Vordergrund. In den jeweiligen Unterkapiteln zu den verschiedenen Genres werden einleitend gattungsspezifische Charakteristika herausgearbeitet, wobei die exemplarisch genannten Werke und Autoren keinen Anspruch auf Vollständigkeit erheben, sondern zum Weiterlesen anregen sollen. Diesen überblicksartigen Hinführungen schließen sich in den jeweiligen Unterkapiteln dann Einzelinterpretationen ausgewählter Werke an. Dass diese Musteranalysen nicht die thematische und formalästhetische Breite der Dichtung des 18. Jahrhunderts erfassen, liegt im Umfang, aber auch im Anspruch eines Arbeitsbuchs begründet, das zum Selbststudium ermuntern will.

Basismodul 1: Aufklärung als Epoche

Aufklärung als Kultur 1.

Die Formulierung ‚Literatur der Aufklärung' bereitet mehr Schwierigkeiten, als sie zu lösen vorgibt. So hat es weder *die* Literatur der Aufklärung gegeben noch ist die zwischen 1680 und 1790 entstandene Dichtung das Anhängsel einer Epoche, die trotz erheblicher politischer und sozialer Konflikte unter einem verdächtig plakativen Schlagwort firmiert. Zwar lässt sich der Begriff ‚Aufklärung' metaphorisch mit ‚Zeitalter des Lichts' umschreiben oder als Leitbild eines allgemeinen Fortschrittsoptimismus deuten. Weder aber erklärt er die teils erheblichen Divergenzen zwischen den philosophischen Schulen noch taugt er zur Erklärung der gesellschaftlichen Umbrüche im 18. Jahrhundert. Insofern verweist die Wendung ‚Literatur der Aufklärung' auf ein Epochenkonstrukt, das bereits im 18. Jahrhundert scharf kritisiert worden wäre. Welcher ‚Geist' sollte nämlich das Dichten und Denken eines Jahrhunderts durchzogen haben, um solch eine waghalsige Vorstellung wie die von einer einmütig auflärungsbegeisterten Literatur zu rechtfertigen? Um sich nicht neuerlich auf mythisierende Geschichtsklitterungen einzulassen, hat sich im Deutschunterricht und in universitären Seminaren ein anderer Königsweg etabliert, der vermutlich auch allen Leserinnen und Lesern dieses Arbeitsbuchs vertraut sein dürfte. Gemeint ist Immanuel Kants berühmte Formulierung, Aufklärung sei der Ausgang des Menschen aus selbstverschuldeter Unmündigkeit. Mit ihr glaubt man, den kleinsten gemeinsamen Nenner gefunden zu haben, auf den sich Literaten und Philosophen des 18. Jahrhunderts verständigten. Tatsächlich aber wirft diese keineswegs griffige Definition aus der Abhandlung *Beantwortung der Frage: Was ist Aufklärung?* ein kaum zu unterschätzendes Problem auf. So legt Kant ausführlich dar, das Zeitalter der Aufklärung habe noch gar nicht begonnen. Allenfalls seien Vorbereitungen getroffen worden, um allen Menschen den Gebrauch des eigenen Verstandes zu ermöglichen. Da nun die ‚Literatur der Aufklärung' üblicherweise um 1790 endet und Kant die bisherige Dichtung des 18. Jahrhunderts in seinem 1784 veröffentlichten Aufsatz nicht explizit zu den Wegbereitern aufgeklärten Denkens zählt, würde das Epochenetikett ‚Aufklärungsliteratur' also nur einen Zeitraum von etwa sechs

Jahren erfassen – immer vorausgesetzt, die Dichter hätten sich umgehend von Kants Philosophie überzeugen lassen.

Warum Kants vielzitierte Antwort auf die Frage, was denn Aufklärung sei, nicht bedenkenlos für die Beschäftigung mit der Dichtung des 18. Jahrhunderts herangezogen werden kann, lässt sich einleitend am Beispiel eines der dringendsten Probleme des Säkulums aufzeigen: der Frage nach dem Stellenwert der Religion. Einer weiteren Vereinfachung zufolge gilt die Epoche bekanntlich als Zeitalter der Säkularisierung. Obwohl sich diese Einschätzung schon deshalb nicht sozialgeschichtlich belegen lässt, weil das Gros der Menschen gläubig bleibt, wird sie in der Regel ebenfalls unter Berufung auf Kant legitimiert. In der *Beantwortung der Frage: Was ist Aufklärung?* heißt es nämlich, die ‚Religionssachen' hätten bislang die Unmündigkeit des Menschen und damit eine nur mangelhafte Umsetzung aufgeklärter Ziele zu verantworten. Zu einem ganz anderen Ergebnis gelangt fast einhundert Jahre zuvor Gottfried Wilhelm Leibniz. Für ihn besteht die Hoffnung der Aufklärung darin, die Menschen zu einer ‚vernünftigen Lebensführung' anzuleiten. Deren Ziel soll es aber sein, eine ‚wahre Religion' zu stiften, denn Vernunft und Glaube bedingen sich nach Leibniz einander, weil Gott die beste aller Welten erschaffen hat und der Mensch nur im Vertrauen auf diese Schöpfung auch die prästabilierte Harmonie seines Daseins zu erkennen vermag. Diese um 1700 formulierte Annahme hat – nicht nur aus historischen Gründen – in der Dichtung des 18. Jahrhunderts sehr viel deutlichere Spuren hinterlassen als jene Vision freier Menschen, die ihren Verstand zu gebrauchen lernen und zugleich ihre Unmündigkeit hinter sich lassen. Zu diesem Nachwirken hat nicht zuletzt Leibniz' Anspruch beigetragen, den Vernunftgebrauch vom Subjekt und seiner Lebenswirklichkeit her zu denken. Kant hingegen will allgemeingültige Pflichten aufstellen und trifft damit auf ähnliche Widerstände aufseiten der Literatur wie die rationalistische Einschränkung des Menschen auf seine Verstandestätigkeit.

Um den angedeuteten methodischen Inkonsequenzen aus dem Weg zu gehen, wird die Literatur des 18. Jahrhunderts im Folgenden nicht als Medium betrachtet, das vernunftphilosophische oder moralische Leitsätze illustriert. Stattdessen soll der Ver-

Abb. 1 Gottfried Wilhelm Leibniz. Porträt von Bernhard Christoph Francke (um 1700)

such unternommen werden, das Zeitalter aus der Perspektive einer Institutionen- oder Alltagsgeschichte heraus zu verstehen, mithin als Prozess, der auf große politische Umwälzungen wie den Siebenjährigen Krieg (1756-1763) oder die ‚deutsche Misere' eines Heiligen Römischen Reichs, das ja noch bis 1806 in mehr als dreihundert Territorien und freie Reichsstädte gespalten bleibt, reagieren muss. Im Zuge dieser Revisionen entwickelt sich eine ‚Kultur der Aufklärung', zu deren Zielen die intensive Kommunikation zwischen der kleinen Gruppe aufgeklärter Denker, ihren akademischen Schülern, die in Städten und auf dem Land arbeiten, und schließlich einer noch weitgehend ungebildeten Bevölkerung gehört. Jenseits der universitären Reformdiskurse pflegen Lehrer, Ärzte, Juristen, Theologen oder Mediziner also einen praxisrelevanten Dialog, um sich über ihre spezifischen Erfahrungen bei der Realisierung aufgeklärter Ideen und Erkenntnisse auszutauschen. Aufklärung als Kultur zu verstehen, heißt demgemäß, nicht nur die philosophischen „Ideen und Theorien" in den Fokus zu rücken, sondern auch die Versuche, „über den engen Gelehrtenstand" hinaus den neuen „Stil des Denkens" in „praktische[s] Verhalten" zu überführen und dabei die Bereiche des „individuellen und sozialen Lebens" zu berücksichtigen.[1] Erst als praktisches „Instrument", so haben es Hans Erich Bödeker und Martin Gierl jüngst formuliert, gewinnt Aufklärung nämlich ihre historische Relevanz, wirkt ein auf bestehende Institutionen und erschließt sich eigene kulturelle Handlungsfelder.[2]

In dieser Kultur der Aufklärung situiert sich auch die Literatur des 18. Jahrhunderts, um Widerspruch im Dienste einer Wirklichkeit zu erzeugen, die aufgrund zahlreicher politischer, pädagogischer, theologischer und sozialer Schwierigkeiten in krassem Gegensatz zu den theoretischen Versuchen steht, die Bestimmung des Menschen, seine moralischen Pflichten und schließlich noch den Geschmack am Schönen festzuschreiben. Wo der Einzelne folglich zum Objekt normativer Denksysteme zu verkommen droht, dort meldet die Literatur des Zeitalters Bedenken an einer subjektfeindlichen Aufklärung an und unterstellt ihr, für eine zunehmend komplexere Wirklichkeit bloß abstrakte Verhaltensvorschriften anzubieten. Damit soll nicht behauptet werden, die Dichtung des 18. Jahrhunderts verstehe sich in Gänze als kritischer oder zur Kritik an der Aufklärung befähigender Gegenentwurf. Gleichwohl ist die im 20. Jahrhundert vielbeachtete Perspektive auf die Dialektik der Aufklärung nicht Ergebnis einer historischen Distanznahme vom ‚Terror der Vernunft'. Sie ist der Aufklärungskultur von Anfang an immanent.[3]

Für diese Sichtweise spricht, dass die Literatur seinerzeit vielfach Ängste thematisiert, die sich mit der Infragestellung einer jahrhundertealten christlichen Weltordnung einstellen. Darüber hinaus werden Zweifel an einem technologischen Fortschrittsgeist angemeldet, der ‚Machbarkeit' fernab von sozialen Erfordernissen propagiert. Hinterfragt wird ferner akademisches Expertenwissen, das die Bildungsdefizite in der Bevölkerung verschärft.[4] Ab Mitte des 18. Jahrhunderts mehren sich überdies Klagen über die psychischen und familiären Folgen einer frühkapitalistischen Gesellschaftsordnung. Angesichts dieser literarischen Themenvielfalt verbietet es sich, die damalige Dichtung mit Hilfe des Gegensatzpaares ‚standesbewusstes Bürgertum und reaktionäre Adelswelt' zu interpretieren. Eine solch vereinfachende Deutung hieße die seelischen Konflikte zu überlesen, in die sich Protagonisten wie Lessings Sara Sampson oder Wielands Agathon manövrieren, wenn sie bürgerliche Tugendideale im Alltag umsetzen wollen. Ähnliches gilt für die Eigenverantwortlichkeit des Menschen. Während die Philosophie über sein Wesen diskutiert – Definiert sich der Mensch allein über sein Denken (Descartes)? Ist er von Natur aus böse (Hobbes)? Oder muss er als der ‚erste Freigelassene der Schöpfung' (Herder) begriffen werden? – ergänzt die Literatur solche Überlegungen um aufklärungskulturelle Probleme angesichts einer Natur und Erfahrungswirklichkeit, die sich nur in Teilen vernünftig erklären und berechnen lassen. Bezeichnenderweise tauchen schon in Erzählungen und Romanen des mittleren 18. Jahrhunderts vermehrt ‚Aussteiger' auf, die keineswegs nur unter einem despotischen Herrschaftsapparat leiden, sondern den Zwängen eines bürgerlich durchrationalisierten Erwerbslebens nicht mehr gewachsen sind. Schafft ihr Rückzug aus der Gesellschaft dann noch die existenzielle Voraussetzung für ein harmonisches Privatleben, so droht Aufklärung an einem ihrer erklärten Ziele, der Herstellung einer kritisch räsonierenden Öffentlichkeit, zu scheitern.

2. Methodische Vorüberlegungen

Als Ergebnis ästhetischer Transformationen nimmt die Literatur der Aufklärungskultur soziale Umbrüche und Reformen zum Anlass, um deren Folgen für den Einzelnen und das zwischenmenschliche Zusammenleben herauszuarbeiten. Indem sich die Dichtung des 18. Jahrhunderts komplementär zu den philosophischen Vernunftdiskursen positioniert, schärft sie gleichzeitig das

Bewusstsein für die Komplexität kultureller Prozesse, in deren Geflecht sich Menschen auch dann weiterhin bewegen, wenn sich politische Leitideen ändern oder neue gesellschaftliche Verhaltensstandards ältere Wissens- und Traditionsbestände abzulösen beginnen. Um solche Widersprüche zwischen Theorie und Praxis zu veranschaulichen, werden die Protagonisten literarischer Werke alsbald nicht mehr typisiert, sondern als individuelle Subjekte eingeführt. Insofern haben sie auch eigene Lebenserfahrungen oder Hoffnungen, die mit wissenschaftlichen Gesellschaftsentwürfen und philosophischen Forderungen kollidieren können. Aus diesem Kontrast zwischen sozialer Erwartungshaltung und subjektivem Selbstverständnis lassen sich literarische Handlungsverläufe entwickeln, die das Suchen nach individuellen Sinndeutungen gestatten und Freiräume für das Sichbewähren solcher Erklärungsansätze bereitstellen. Und es ist dieser Anspruch, der das Verhältnis der Dichtung zur Aufklärung charakterisiert. Immerhin konfrontieren solche Interpretationen strenger Moralvorschriften das abstrakte Wirklichkeitskonstrukt mit einer Vielzahl komplexer Erfahrungen, die nach Handlungsalternativen und einem differenzierteren Tugendgebrauch verlangt.

Um solche poetischen Konstellationen anschaulicher erklären zu können, liegen den folgenden Modulen drei Thesen zugrunde, die auf Jurij M. Lotmanns Ausführungen zur ‚Selbstbeschreibung' einer Kultur und den von Michel de Certeau untersuchten Praktiken des sozialen Umkodierens von Handlungsanweisungen aufbauen:

1) Immer wieder imaginiert die Literatur der Aufklärung einen Schwellenkonflikt, wenn sich naive Schwärmer, Liebende, seelisch Verletzte oder besonders empfindsame Menschen einer korrupten Realität ausgeliefert sehen. Deren Verruchtheit ist den Hauptfiguren zunächst oft nicht hinreichend bekannt. Weder beherrschen sie beispielsweise die höfische Kunst des Sichverstellens noch zeigen sie sich gewappnet gegen erotische Verführungskünste, politische Intrigen oder gewaltsame Übergriffe. Ihre Welt ist stattdessen von Vernunft und Moral bestimmt, ferner verfügen sie über die Fähigkeit, drohende Konflikte dialogisch beizulegen. Warum diese eigene Sphäre als ‚normal' oder ‚natürlich' erfahren wird, hat Lotmann mit der Selbstbeschreibung einer sozialen Gruppe oder Kultur begründet. Solch ein weltanschaulicher Horizont bündelt Verhaltensmaßstäbe und Wertvorstellungen, die allen Mitgliedern kulturelle sowie sittliche „Einheit und Bestimmtheit" verleihen. In Form von Erklärungs- und Verhaltensmustern bietet die Selbstbeschreibung darüber hinaus konkrete

Orientierungshilfen für den Alltag. Da sie von Kindheit an internalisiert werden, erscheinen kulturell abweichende Verhaltensstandards befremdlich. Denn für die Akzeptanz der eigenen kulturellen Identität ist nach Lotmann der Preis einer gewissen geistigen und moralischen Immobilität zu zahlen. Eine Selbstbeschreibung erweist sich nämlich nur dann als tragfähig, wenn sie alternative Erklärungsmodelle möglichst erfolgreich verdrängt:

> Die Selbstbeschreibung ist die letzte Etappe im Prozess der Selbstorganisation. Was das System aber an struktureller Organisation gewinnt, verliert es andererseits an innerer Unbestimmtheit und damit auch an Flexibilität, Fähigkeit zur Erhöhung der Informationskapazität und an dynamischen Entwicklungsreserven. [...] Der Raum innerhalb dieser Grenze wird als ‚unser eigener', als ‚vertraut', ‚kultiviert', ‚sicher', ‚harmonisch organisiert' usw. erklärt. Ihm steht der Raum ‚der anderen' gegenüber, der als ‚fremd', ‚feindlich', ‚gefährlich' und ‚chaotisch' gilt.[5]

Solch eine relativ starre Organisation sozialen Miteinanders gibt es im Bürgertum des frühen und mittleren 18. Jahrhunderts noch nicht. Erst als sich der aus Kaufleuten, Gelehrten und Beamten zusammensetzende Stand weitgehend etabliert hat, entwickelt er schrittweise seine eigene Selbstbeschreibung. Mit dem Verhaltensmodell des Schön- und Gutseins verfügt aber bereits das sich noch konsolidierende Bürgertum über ein Verständigungsmodell, mit dessen Hilfe sich irritierende Begegnungen zwischen Eigen- und Fremdwelt literarisch gestalten lassen. Das für die Dichtung des 18. Jahrhunderts bis heute wohl bekannteste Beispiel einer solchen Grenzüberschreitung ist der Vater-Tochter-Konflikt des Bürgerlichen Trauerspiels. In dessen Verlauf verlässt eine junge Frau ihre familiäre Privatsphäre, um beispielsweise einen adligen Liebhaber zu heiraten. Um den drohenden Eklat zu verhindern und damit auch die Infragestellung des eigenen bürgerlichen Selbstverständnisses, bemüht sich der Vater schleunigst um die soziale Reintegration seines Kindes.

2) Umgekehrt kann ein ‚peripherer' Impuls aus der fremden Außenwelt dynamisierend wirken und die kritische Auseinandersetzung mit der vertrauten Selbstbeschreibung in Gang setzen. In solchen Fällen verliert das als normativ Erachtete sein „hohes Prestige" oder wird gar als potentiell konfliktgeladen durchschaut: „Aufruhr und Rebellion entstehen, wenn zwei verschiedene Kodierungsweisen aufeinanderprallen: wenn die sozio-semiotische Struktur ein Individuum als Teil von etwas beschreibt, das Individuum selbst sich aber als autonome Einheit sieht, als semioti-

sches Subjekt, nicht Objekt."[6] Solch ein Aufbegehren gegen die Selbstorganisation des eigenen Standes scheint geradezu typisch für die Literatur des Sturm und Drang, doch schon in den utopischen Romanen der Frühaufklärung oder in Lessings Komödien – der Hinweis auf Major von Tellheim mag hier genügen – lassen sich einzelne Protagonisten auf die Infragestellung der eigenen Wertvorstellungen ein, um sich dann „nach den Gesetzen eines anderen" neu zu definieren.[7] Denkbar ist freilich auch das Gegenbeispiel: So kehren in moralischen Erzählungen vorzugsweise junge Männer aus der geographischen oder sozialen Fremde zurück, nachdem sie eingesehen haben, dass sich die Eigengesetzlichkeit dieser Sphäre nicht mit ihrer hergebrachten Moralität deckt. In solchen Fällen trägt die Außenwelt zur Bestätigung der eigenen Selbstbeschreibung bei.

3) Neben dem Zuwachs an individueller Selbstbestimmung kennt die literarisch gestaltete Aufklärungskultur auch weniger spektakuläre Möglichkeiten, den von „institutionellen Mächte[n]" beherrschten Diskurs als Subjekt zu unterlaufen.[8] Michel de Certeau hat solche „Finten" als alltägliche „Manipulationen im Inneren des Systems" oder Praxis der „*Umfunktionierung*" bezeichnet.[9] Diese Veränderungen der Ordnung betreffen technische Anweisungen, konkrete Verbote oder soziale Rituale. Dass sie nicht exakt eingehalten werden, erklärt sich entweder aus der Notwendigkeit, abstrakte Vorschriften einem jeweiligen Handlungskontext anpassen zu müssen, oder aus dem Druck, dem der Einzelne im Alltag ausgesetzt ist. Solche Regelverstöße vollziehen sich nicht unbedingt gezielt. Indem man Anweisungen aber nicht einhält, sondern sinnwidrig „kolonisiert", überlebt nach Certeau ein „‚*Polytheismus*‘ *von verstreuten Praktiken*", der Macht möglicherweise nicht nachhaltig, aber dafür permanent hintertreibt: „Im Verhältnis zu den wissenschaftlichen Arbeiten, deren Strenge und Operationalität seit dem 18. Jahrhundert immer rigider wird", erscheint dieser ‚Missbrauch‘ aufgeklärter Regulative „als Fremdkörper" oder zumindest unwägbare Gefährdung des Systemzwangs.[10]

Die Außerkraftsetzung des ‚Normalen‘ setzt einen Kulturbegriff voraus, der gesellschaftliches Leben nicht allein mit der aufgeklärten Perfektionierung des Menschen oder seiner sittlichen Veredelung nach Maßgabe der Kunst gleichsetzt. Wird Kultur vielmehr zugestanden, auch taktische Freiräume des *Handelns an Kultur* verfügbar zu machen, dann stehen solche Regelverletzungen nicht länger im Ruf, die soziale Stabilität zu subvertieren. Stattdessen können sie als dynamische Prozesse verstanden werden, die zur Überwindung moralischer Verkrustungen oder eines gesellschaftlichen Kontrollwahns beitragen. Wie sich ästhetische und moralische Vorschriften deregulieren lassen, veranschaulichen in der Literatur des 18. Jahrhunderts etwa die anakreontischen ‚Scherze'. Indem sie kecke Liebesabenteuer oder gesellige Lustbarkeiten thematisieren, bemühen diese Gedichte Motive, die regelpoetisch als unwürdig gelten. Im Vergleich mit solchen Frivolitäten erweist sich das Leben im Einklang mit aufgeklärten Verhaltensregulativen als asketisch. Dass von solchen Zerstreuungen in der Rückschau erzählt wird, verstärkt den Kontrast zwischen vergangener Freizügigkeit und gegenwärtigem Vernunftdrill.

Eine „nichtangewandte Kenntnis der Regeln der Kunst" kann aber auch innerliterarisch genutzt werden, um neue ästhetische Ausdrucksformen oder Themenfelder zu erschließen. Solch ein literarisches Handeln an geltenden poetischen Wertmaßstäben geht zwar nicht „dem aufgeklärten Wissen voraus", zwingt es aber zu immer neuen Positionsbestimmungen.[11] Exemplarisch sei auf das komische Versepos des 18. Jahrhunderts hingewiesen. Gegen den Widerstand eines prominenten Regelpoeten wie Johann Christoph Gottsched halten sich die Autoren nicht an das antike Vorbild und ersetzen das heroische Personal durch kauzige Antihelden, die gegen bürgerliche Anstandspflichten verstoßen oder die Eitelkeiten und gesellschaftlichen Dünkel ihrer Standesgenossen bloßstellen. Auch der Bruch mit der Ständeklausel im rührenden Lustspiel und Bürgerlichen Trauerspiel lässt sich als Infragestellung ästhetischen Regelwissens betrachten.

Lässt man diese nicht vollständig erforschte Komplementärstellung der Literatur zur Aufklärung als kulturästhetischen Ansporn gelten, dann mag auch nachvollziehbar werden, warum Leibniz sich bereits 1710 in seiner *Theodizee* mit dem Auftrag an die Dichter wendet, das „Aufmerken" für

Abb. 2 Francisco de Goya: Der Schlaf der Vernunft gebiert Ungeheuer (1799)

die drohende „Ohnmacht" des Menschen unter dem Diktat der Vernunft zu befördern. Solch eine Entmündigung führe auf direktem Wege in eine neue „Abhängigkeit von den uns umgebenden Wesen", denn das Ignorieren des Einzelnen als Subjekt bleibt für Leibniz solange fatal, wie die eigenen „Erfahrungsempfindungen" als minderwertig gelten.[12] Gegen diese Behauptung stehen zahlreiche Werke, die unverdrossen für Vernunft und Sittlichkeit werben. Was bis heute indes als ‚Literatur der Aufklärung' kanonisiert wird, nimmt für sich in Anspruch, aus einer weniger normativistischen Perspektive der „Unwissenheit über die Ursache unseres Daseins" gegenzusteuern.[13] Als Kunst des sinnmodifizierenden Handelns betrachtet, trägt diese Dichtung damit zur Verbreitung eines Kommunikationsprozesses bei, der jene „ehrwürdige Classis" an „Vormünder[n]" daran erinnern will, dass nicht sie allein über den *„Ausgang des Menschen aus seiner selbstverschuldeten Unmündigkeit"* entscheiden: *„sapere aude!"* lautet nämlich „der Wahlspruch der Aufklärung" für alle.[14]

Literatur

Adorno, Theodor W. u. Max Horkheimer: Dialektik der Aufklärung. Philosophische Fragmente. Frankfurt/Main: Fischer 1969.

Alt, Peter-André: Aufklärung. 2. durchges. Aufl. Stuttgart: Metzler 2002.

Bödeker, Hans Erich u. Martin Gierl (Hg.): Jenseits der Diskurse. Aufklärungspraxis und Institutionenwelt in europäisch komparativer Perspektive. Göttingen: Vandenhoeck & Ruprecht 2007.

Cassirer, Ernst: Die Philosophie der Aufklärung. Hamburg: Meiner 1998.

Grimminger, Rolf (Hg.): Deutsche Aufklärung bis zur Französischen Revolution. 1680-1789. München, Wien: Hanser 1980 (= Hansers Sozialgeschichte der Literatur, Bd. 3).

Habermas, Jürgen: Strukturwandel der Öffentlichkeit. Untersuchungen zu einer Kategorie der bürgerlichen Gesellschaft. Neuwied: Luchterhand 1962.

Kaiser, Gerhard: Aufklärung. Empfindsamkeit. Sturm und Drang. 6. Aufl. Tübingen u. Basel: Francke 2007.

Kondylis; Panajotis: Die Aufklärung im Rahmen des neuzeitlichen Rationalismus. Hamburg: Meiner 2002.

Koschorke, Albrecht: Körperströme und Schriftverkehr. Mediologie des 18. Jahrhunderts. München: Fink 1999.

Vierhaus, Rudolf: Aufklärung als Prozeß – der Prozeß der Aufklärung. In: Der Idealtyp des aufgeklärten Herrschers. Hg. v. Günter Birtsch. Hamburg: Meiner 1987, S. 3-7.

Basismodul 2: Philosophie und Literatur der Aufklärung im Dialog

In diesem Basismodul werden die philosophischen Hauptströmungen des 18. Jahrhunderts vorgestellt und ergänzend eine Verhaltenslehre des Bürgertums, die im Verlauf der Epoche verinnerlicht wird und damit ihre ursprünglich nur repräsentative Ausrichtung verliert. Diese Anleitung zum Schön- und Gutsein prägt neben der Aufklärungskultur auch literarische Metadiskurse wie die Empfindsamkeit oder Anakreontik, um die es abschließend geht.

1. Philosophie der Aufklärung

Üblicherweise wird die Epoche der Aufklärung in drei Phasen unterteilt: die Frühaufklärung (1680-1740), die Hochaufklärung (1740-1780) und die Spätaufklärung (1780-1795). Versteht man diese Periodisierung als grobe Orientierungshilfe, um etwa die schrittweise Konsolidierung des Bürgertums nachzeichnen zu können, hat diese Unterteilung ihre Berechtigung. Sie erweist sich jedoch als problematisch, wenn mit ihr philosophische Hauptströmungen des 18. Jahrhunderts wie Rationalismus und Empirismus in eine aufeinander aufbauende Entwicklungsgeschichte überführt werden sollen. Denn erstens entstehen beide Schulen nicht unabhängig voneinander. Zweitens rezipieren bereits die deutschen Dichter um 1700 die ästhetisch grundierte Ethik Antony Ashley Coopers, des dritten Earls of Shaftesbury, der als Empirist am Beispiel eines ästhetisch ausgerichteten Gemeinschaftssinns (Sensus Communis) die Behauptung bestreitet, der Mensch erkläre sich allein über seinen Verstand. Drittens wird ebenso früh schon Leibniz' Monadenlehre aufgeboten, um René Descartes' strenge Unterscheidung zwischen Geist und Körper zu hinterfragen. Wie schwierig sich der Versuch gestaltet, einzelne Phasen der Aufklärung philosophischen Strömungen zuzuordnen, dokumentiert auch die Regelpoetik eines Johann Christoph Gottsched. Traditionell gilt er als einflussreicher Schüler des Rationalisten Christian Wolff, in seiner berühmten *Critischen Dichtkunst* stützt sich Gottsched jedoch keineswegs nur auf die logisch-deduktive Methode seines akademischen Lehrers, sondern bezieht sich auch auf wahrnehmungs- und wirkungsästhetische Überlegungen George Berkeleys und Pierre Bayles – zwei Philosophen, die den Rationalismus und seinen mathematisch legitimierten Wahrheitsbegriff vehement bestreiten.

Der nachfolgende Überblick versucht dieser komplexen Ausgangslage gerecht zu werden, indem die aufklärungsphilosophischen Positionen in ihren Abhängigkeiten transparent gemacht und grundlegende Entwicklungen aufgeklärten Denkens mit Hilfe der These herausgearbeitet werden, nicht „die mathematisch-naturwissenschaftliche, sondern die antiasketisch verstandene Rehabilitation der Sinnlichkeit" gewinne zumindest im Literaturbetrieb des 18. Jahrhunderts von Anfang an „die Oberhand."[1]

Descartes

Dabei bleibt unbestritten, dass Descartes mit seiner mathematischen Beweisführung (more geometrico) eine noch theologisch geprägte Kosmologie überwindet und mit seinen *Meditationes de prima philosophia* (1641) einen neuzeitlichen Rationalismus begründet, der die Mannigfaltigkeit des Lebens auf wenige Lehrsätze zurückzuführen versucht. Voraussetzung dafür ist nach Descartes das denkende, also an allen Behauptungen zweifelnde Ich, das sich über seine Vernunft definiert. Mit dieser Rückführung alles Erklärens auf die berühmte Formel *cogito ergo sum* übt Descartes einen kaum zu unterschätzenden Einfluss auf die Philosophie der Aufklärung aus. So besteht für ihn kein Zweifel daran, dass die immanente Vernunftfähigkeit (res cogitans) keine metaphysischen Einschränkungen duldet und sich alle für das Denken und Handeln notwendigen Vorschriften selbst aufzustellen vermag. Im Verlauf dieser säkularen Welterkundung begreife sich der Mensch als Herrscher über seine eigenen Triebe. Dass er seine Vernunft auch zur Beherrschung der äußeren Natur (res extensa) nutzt, begründet Descartes mit Hilfe angeborener Ideen, die das Denken vorstrukturieren. Schlussendlich sorgen sie auch dafür, dass präzise Erkenntnisurteile frei bleiben von materiellen oder körperlichen Irritationen.

Empirismus

Dieser rationalistischen Erkenntnismethode schließen sich grundsätzlich auch die britischen Empiristen des 17. und 18. Jahrhunderts an, allerdings geben John Locke und David Hume zu bedenken, nur starke Empfindungen oder sinnliche Impressionen veranlassten den Menschen zu handeln. Weniger intensive Beschäftigungen wie das Nachdenken oder Imaginieren hinterließen dagegen eine weniger nachhaltige Wirkung. In seinem Hauptwerk *An Essay concerning Humane Understanding* (1690) fasst Locke diese Grundannahme der empiristischen Aufklärungsphilosophie in die Worte: Was nicht über den Weg der Sinne ins Bewusstsein gelangt, bleibe das Ergebnis intellektueller

Spekulationen. Noch schärfer opponiert Hume in *An Enquiry concerning Human Understanding* (1748f.) gegen den Wahrheitsanspruch außerempirischer Erkenntnisse. Solange ihnen keine sinnlichen Erfahrungen zugrunde liegen, handle es sich bloß um Simulationen lebhafter Wahrnehmungen. Solche intellektuellen Phantasien motivierten niemals das moralische Handeln. Allenfalls traut Hume der Vernunft zu, einzelne Handlungsanweisungen, die der Mensch als richtig erkannt hat, auf ihre Sozialverträglichkeit hin prüfen zu können.

Lockes und Humes praktische Philosophie ist bereits bürgerlich ausgerichtet und basiert auf der Annahme, jeder Mensch strebe danach, sein Glück zu finden und sich materiellen Wohlstand zu sichern. Dem religiösen und pädagogischen Toleranzgedanken verpflichtet, fordern beide eine Erziehung, die sich an der Individualität des Kindes orientiert und in ihm die Bereitschaft weckt, sich auf ein moralisch integres Leben in der Gesellschaft einzulassen. In seinem *Letter concerning Toleration* (1689) fügt Locke ergänzend hinzu, die Unabhängigkeit des Individuums sei jeder staatlichen Autorität überzuordnen.

Thomasius

Als Bayle 1697 in seinem *Dictionnaire historique et critique* zwischen religiösen und naturwissenschaftlichen Wahrheiten unterscheidet, zeichnet sich im gesamteuropäischen Aufklärungsdiskurs ein elementarer Konflikt zwischen säkularisiertem und theologischem Denken ab. Diese Spannungen verschärfen sich, als Philosophen und Literaten um 1700 intensiver die Werke Baruch de Spinozas studieren. Denn auch Spinozas These, Gottes Wesen teile sich substantiell in allen Dingen mit, rüttelt am Glauben an einen personalen Schöpfer. Nicht minder irritiert wird hierzulande Lockes Forderung aufgenommen, mit Rücksicht auf die Selbstverantwortlichkeit des Einzelnen sei der öffentliche Einfluss von Kirche und Staat strenger zu beschneiden. Auf der Basis solcher Überlegungen entwirft schließlich Christian Thomasius in seinem 1705 erscheinenden Hauptwerk *Fundamentum iuris naturae et gentium* ein umfassendes Reformprogramm, das die Rechtsprechung von jeder kirchlichen Mitsprache befreit. Da sich Thomasius in seinen juristischen Schriften auch mit der Bedeutung des Gemeinsinns für ein aufgeklärt-friedfertiges Zusammenleben auseinandersetzt, gehört er in der Frühaufklärung zu den wichtigsten Vermittlern zwischen kontinentalem Rationalismus und britischem Empirismus.

Das Wesen des Menschen

Allerdings beantwortet seine Philosophie noch nicht die seit Descartes aufgeworfene Frage, ob sich das Wesen des Menschen allein über seinen Verstand definieren lässt oder ob seine vernunftregulierten Sinne nicht doch die Wirklichkeitsaneignung beeinflussen. Eine Antwort auf dieses Kardinalproblem der Aufklärungsphilosophie und Ästhetik des 18. Jahrhunderts hat weitreichende Folgen, denn in philosophischer Tradition stehen die Wahrnehmungsorgane in direkter Verbindung mit den Trieben und dem Willen des Menschen, wohingegen dem Intellekt zugebilligt wird, „das *wahre* Sein und das *wahre* Sollen" fernab von solchen ‚Dunkelkräften' bestimmen zu können.[2] Außerdem entscheidet sich an der Wesensbestimmung des Menschen das Maß an Tugendhaftigkeit, welches man dem Einzelnen zumuten darf. Ist er nämlich primär vernunftgeleitet, so dürfte ihm die Forderung nach sittlichem Handeln unmittelbar einleuchten. Ferner müsste ihm nicht eindringlich begründet werden, warum persönliche Interessen oder ein privates Vorteilsstreben das gesellschaftliche Zusammenleben gefährden. Sollte der Mensch jedoch so sehr von seinen sinnlichen Eindrücken oder Willenskräften abhängen, dass er ständig in Konflikt gerät mit seinen momentanen Neigungen, sollte sein Erfahrungshorizont überdies grundverschieden von dem anderer Mitmenschen sein, dann sind die Erwartungen an seine Moralität völlig anders zu formulieren.

Leibniz

Dass sich im Verlauf des 18. Jahrhunderts ein ‚antiintellektualistisches' Menschenbild durchsetzt, das den ‚Herrn über die Natur' unter Berücksichtigung seiner Bestimmung „als Natur" begreift, geht ebenfalls auf einen Rationalisten zurück. Gemeint ist Gottfried Wilhelm Leibniz, der die von Descartes vorgeschlagene Bestimmung des Menschen unter Absehung von dessen körperlicher Verfasstheit zu überwinden versucht.[3] Die theologischen Voraussetzungen für diese ‚ganzheitliche' Betrachtung schafft Leibniz in seiner *Theodizee* (1710). Um den Rationalismus vom Verdacht eines impliziten Atheismus freizusprechen, tritt der Mathematiker und Philosoph den Beweis an, Gott habe die beste aller möglichen Welten geschaffen. Mit dieser Einsicht billigt Leibniz einerseits wieder dem Schöpfergott absolutes Wissen zu, andererseits räumt er dem Menschen das Vermögen ein, die Gesetzmäßigkeiten der Natur erkennen und verstehen zu können. Göttliche und irdische Vernunft sind dabei insofern verschieden, als sich der Mensch dem göttlichen Denken nur anzunähern vermag. Mit dieser Wiederherstellung einer metaphysischen Abhängigkeit von Gott löst Leibniz aber nicht nur den Streit zwischen Aufklärungsphilosophie und Theologie. Implizit nimmt er letztere in seiner *Theodizee* in die Pflicht, nun ihrerseits zu begründen, warum der von Gott eingesetzte Intellekt nicht länger unter Berufung auf die biblische Ursünde bezweifelt werden darf.

Monade

Weshalb das Verhältnis des Menschen zu Gott einer dauerhaften Harmonie untersteht, begründet Leibniz in seiner *Monadologie* (1714). In ihr wird der Mensch als Substanz oder Monade vorgestellt, die sich gleichberechtigt aus Körper und Geist zusammensetzt. Ergänzend zur rationalistischen Behauptung, die Vernunft müsse Sinne und Affekte regulieren, nimmt Leibniz überdies an, das soziale Verhalten des Menschen gestalte sich zunächst einmal nicht kausallogisch, sondern spontan. Obwohl die Monade von Außeneinflüssen eigentlich ‚ungerührt' bleibe, könne sie als vorstellende und völlig individuierte Kraft gar nicht anders, als sich ihre Umwelt nach Maßgabe stets wandelnder Begehrungen und subjektiver Wahrnehmungen anzueignen. Von der Vorstellung ausgehend, in der Monade bündle sich gleichsam die gesamte Raum- und Zeitordnung des Kosmos, folgert Leibniz hinsichtlich der Aufklärungsfähigkeit des Menschen, jeder sei zwar aus sich heraus zu einer ‚vernünftigen Lebensführung' befähigt. Bezüglich der Annahme, die Menschmonade befinde sich im Zustand dauernder Selbsterkenntnis, scheint Leibniz eine normativistische, subjektfeindliche Verhaltenslehre jedoch wenig plausibel. Er beweist seine Zweifel mit Hilfe des rationalistischen Schlussverfahrens: Vom Eigenrecht der einzelnen Monade ausgehend, gelangt Leibniz zu dem Ergebnis, angesichts der Komplexität der Weltordnung trügen weniger streng regulierte Subjekte zu einer umfassenderen Erkundung des Wahren bei, als es einer Minderheit privilegierter Denker möglich sei.

Der Einfluss, den Leibniz' Monadenlehre auf die Literatur des 18. Jahrhunderts nimmt, ist ebenso wenig zu unterschätzen wie ihre Bedeutung für eine Ästhetikdebatte, die den Menschen als Subjekt versteht und ihn damit vor einer Logik schützt, die Individualität als Chimäre oder Ergebnis sozial prägender Kräfte denunziert. Im Zusammenspiel mit Spinozas pantheistischem Menschenbild und Shaftesburys Geschmackslehre trägt Leibniz' Monadologie insofern zu einer Subjekttheorie bei, die noch die Kunst des Selbstseins in der Weimarer Klassik grundiert.

Zivilisationskritik

Leibniz' Lehre von der besten aller Welten gerät unter Erklärungsdruck, als am 1. November 1755 weite Teile Lissabons von einem Erdbeben und einer anschließenden Flutwelle verwüstet werden. Bereits drei Wochen später äußert sich Voltaire zu den Grausamkeiten der Natur und meldet Zweifel an Leibniz' Harmoniebegriff an. Heftig widersprochen wird ihm von Jean Jacques Rousseau, dessen Worten zufolge nicht die Urgewalten der Natur für die Zerstörung Lissabons verantwortlich zu machen sind, sondern eine Zivilisation, die sich mit technokratischer Anmaßung

Abb. 3 Jean-Jacques Rousseau. Porträt von Maurice Quentin de La Tour (1753)

über die Grenzen menschlicher Verantwortung hinwegsetzt. Große Städte würden daher massiver unter Naturereignissen leiden als ländliche Regionen, in denen man noch weitgehend im Einklang mit der Natur lebe. Solch eine zivilisationskritische Position hatte Rousseau bereits 1749 vertreten, als er die Frage der Akademie von Dijon, ob sich die Sittlichkeit verbessert habe, in seiner *Abhandlung über die Wissenschaften und Künste* dahingehend beantwortete, nur im Naturzustand lebe der Mensch frei von selbstgemachten Zwängen. Demgegenüber trage der soziale und technische Fortschritt zur moralischen Verrohung bei und habe insofern auch das eigennützige Streben nach Vorteil und Luxus zu verantworten. Wie es dann ergänzend in Rousseaus *Abhandlung über den Ursprung und die Grundlagen der Ungleichheit unter den Menschen* (1755) heißt, begünstige der blinde Fortschrittsglaube auch ein Herrschaftssystem, das nur die Leidenschaften der Machthabenden befriedige.

Eng verknüpft mit dieser Zivilisationsskepsis sind Rousseaus Gedankenfigur des ‚edlen Wilden' und seine Pädagogik. Lange Zeit werden beide verschiedentlich als Appell an die moderne Gesellschaft gelesen, sich wieder auf den Naturzustand zu besinnen. Faktisch indes entwirft Rousseau den unverdorbenen Naturmenschen als Ideal, an dem sich aufweisen lässt, zu welcher Freiheitsemphase und Moralität der Mensch eigentlich befähigt ist. Auch das in *Émile oder über die Erziehung* (1762) vorgestellte Bildungsprogramm intendiert keine Kulturflucht, sondern weist Möglichkeiten auf, Heranwachsende zur Selbstständigkeit zu erziehen und sie gleichzeitig vor den vielfältigen Verlockungen der Zivilisation zu schützen. Demgemäß fliehen Émile und seine Frau Sophie nicht aus der Gesellschaft, vielmehr suchen sie sich einen geschützten Ort, an dem sie ihre Vorstellungen von Unabhängigkeit und Partnerschaftlichkeit verwirklichen können.

Weist Rousseau dem Verstandesoptimismus der rationalistischen Philosophie seine Grenzen auf, so geht von Alexander Baumgartens *Aesthetica* (1750/58) ein vergleichbarer Impuls auf die Erkenntnistheorie und Anthropologie der Hochaufklärung aus. Indem Baumgarten nämlich die menschlichen Wahrnehmungsorgane aufwertet, begründet er eine sinnliche Form der Erkenntnis. Auf dieser Basis wird der Beweis erbracht, dass jene klare und deutliche Logik, die Descartes eingefordert hatte, das schöne, auf den Sinnen basierende Denken voraussetzt. Die Werke der Künste, so folgert Baumgarten, sind demgemäß nicht diffus oder alogisch. Vielmehr schaffen sie Erkenntnispotentiale, die dem Vernunfturteil ähnlich strukturiert sind. Mit seiner Abhandlung begründet Baumgarten nicht nur die Ästhetik als philosophische Teildisziplin, sondern greift auch der intensiven Leibniz-Rezeption und den Subjekttheorien der Folgezeit vor. Damit einher geht die endgültige Abkehr der Künste von den Regelvorschriften des mittleren 18. Jahrhunderts.

Kant

Obwohl Kants Philosophie eigentlich die Aufklärung überwindet und dem Deutschen Idealismus den Weg bereitet, greift der von ihm entwickelte Kritizismus zentrale Fragestellungen der Philosophie des 18. Jahrhunderts auf. So vermittelt Kant zwischen Rationalismus und Empirismus, indem er nach den Voraussetzungen vernünftigen Erkennens und Schlussfolgerns fragt und dafür metaphysische Behauptungen, die in der menschlichen Erfahrung keine Entsprechung finden, widerlegt. Für Kant bleibt insofern unbestritten, dass zumindest eine Vielzahl von Erkenntnissen auf sinnliche Impressionen zurückgeht und demgemäß auch jederzeit empirisch überprüft werden kann. Um jedoch apriorische, also außerempirische Urteile zu rechtfertigen, geht Kant ebenfalls von angeborenen Ideen (z. B. Raum, Zeit, Kausalität) aus, ohne die sich der Mensch nicht in der Objektwelt orientieren kann. Nicht eine Vielzahl von Dingwahrnehmungen führt also zur Ausbildung abstrakter Erkenntniskategorien, vielmehr müssen solche vorstrukturierenden Orientierungshilfen nach Kant bereits gegeben sein, damit der Mensch überhaupt Erfahrungen machen und die Erkenntnisfähigkeit seines Geistes erproben kann. Andernfalls bewegte er sich plan- und ziellos durchs Leben.

Dass apriorische Urteile keiner empirischen Überprüfung standhalten müssen, rechtfertigt Kant unter Berufung auf das ‚Ding an sich'. Obwohl dessen eigentliches Wesen der Ver-

Abb. 4 Immanuel Kant. Gemälde von Gottlieb Doebler (1791)

nunft unzugänglich ist, liege es in der Natur des Menschen, Aussagen über solche Erkenntnisobjekte zu treffen. Gleiches gelte für die Welt, deren wahre Beschaffenheit nicht ergründet werden kann. Will sich der Mensch jedoch sittlich und erkennend in ihr einrichten, muss er zu Einsichten gelangen, aus denen sich auch Verhaltensstandards und ethische Prämissen ableiten lassen. Im Grunde bemisst sich an diesem ‚Transzendieren' der Dingbeschaffenheit die Freiheit des Menschen im Umgang mit der ihm vorgegebenen Wirklichkeit. Auf diesem Wege überwindet er einerseits jenen Skeptizismus, der alles in Zweifel stellt und Wahrheiten grundsätzlich bestreitet. Andererseits erlaubt erst die Distanz zur Materie, über Gott und die Unsterblichkeit der menschlichen Seele nachzudenken. Folgt man Kant, vermag der Mensch also nichts Verbindliches über solche Begriffe in Erfahrung zu bringen. Aber weil sein Denken unter apriorischen Bedingungen von Wirklichkeitseindrücken frei bleibt, vermag es sich auf die Unabhängigkeit von Kausalgesetzen und kirchlichen Dogmen einzulassen. Nach einer berühmten Formulierung aus der *Kritik der reinen Vernunft* (1781) muss das Wissen folglich einer Revision unterzogen werden, will der Mensch beispielsweise wieder die Freiheit zum Glauben postulieren.

Kategorischer Imperativ

Kants Kritizismus mündet in eine Pflichtenlehre, die er in seinem berühmten kategorischen Imperativ zusammenfasst: „handle nur nach derjenigen Maxime, durch die du zugleich wollen kannst, dass sie ein allgemeines Gesetz werde".[4] Über seine drei Kritiken hinaus beschäftigt sich Kant in der *Grundlegung der Metaphysik der Sitten* (1785) und in seiner *Anthropologie in pragmatischer Hinsicht* (1798) mit einem Begriff des Menschen, demzufolge es einem freien Wesen ansteht, seine Neigungen und Triebe zu beherrschen, um sich für eine verantwortungsbereite Sittlichkeit zu entscheiden. Im philosophischen Traktat *Zum ewigen Frieden* (1795) wird auf dieser Grundlage der Beweis erbracht, dass jedes noch so unscheinbare, irgendwo auf der Welt begangene Unrecht die Verwirklichung allgemeiner Freiheit boykottiert.

Aufklärungskritik

Die Konsequenz, mit der Kant grundlegende Vorstellungen und Zielsetzungen der Aufklärung überprüft, nötigt den Zeitgenossen hohen Respekt ab. Widerstand macht sich indes dort breit, wo er sich lobend über das preußische Herrschaftssystem unter Friedrich II. äußert oder über die menschlichen Rassen auf der Basis unterschiedlich ausgeprägter Vernunftpotentiale nachdenkt. Dass der Königsberger Philosoph für solche Spekulationen nicht auf empirisch gesicherte Daten zurückgreift, sondern zivilisationstheoretische Mythen und Vorurteile bemüht, wirft ihm insbesondere sein prominentester Schüler, Johann Gottfried Herder, vor. Schon während seiner Studienzeit in Königsberg formuliert er erste Pläne, die Philosophie wieder auf den einzelnen Menschen zurückzuführen. In seiner *Abhandlung über den Ursprung der Sprache* (1772), in *Vom Erkennen und Empfinden der menschlichen Seele* (1778) oder den *Ideen zur Philosophie der Geschichte der Menschheit* (1784ff.) entwickelt Herder schließlich einen Begriff aufgeklärter Humanität, der kulturelle Mannigfaltigkeit einfordert und Nationen als Durchgangsstadium auf dem Weg zu einer im Diversen geeinten Menschheit voraussetzt. Darüber hinaus beschäftigt sich Herder im Rückgriff auf Leibniz mit dem ästhetischen Subjekt, das sich im Handeln an der Kultur ein je eigenes Weltbild entwirft. Gesellschaftliche Zusammenschlüsse bilden sich Herder zufolge nur deshalb heraus, weil sich Menschen über die Verschiedenartigkeit ihrer kreativen Wahrnehmung austauschen wollen. Indem er der Vernunftphilosophie überdies nachweist, sich in Vorstellungen des Zivilisiertseins verrannt zu haben, die alles Fremde diskriminieren, positioniert sich Herder zunehmend kritischer zur Spätaufklärung. Ohne deshalb die freiheitlichen Ziele der Epoche in Frage zu stellen, legt er damit den Grundstein zu einer radikal gedachten Moderne, in der Traditionen ebenso reflexiv werden wie verallgemeinerte Moralvorstellungen oder überzeitlich gültige Wesensbestimmungen des Menschen.[5]

2. Das Schön- und Gutsein

Im frühen 18. Jahrhundert hat sich das Bürgertum noch nicht als Schicht etabliert, die über eigene Wertvorstellungen, innerständische Kommunikationsformen oder gar politische Mitsprache verfügt. Im Dialog mit der Aufklärungsphilosophie bildet sich seinerzeit jedoch ein Verhaltensrepertoire heraus, das den Einzelnen befähigt, sich in der Öffentlichkeit klug und aufmerksam aufzuführen, ohne seine moralischen Überzeugungen zu vernachlässigen. Dieser ‚höfliche' Umgang erlaubt Rücksicht auf die feudale Etikette, wird aber auch als Seelenspiegel verstanden, der Dritten die Möglichkeit eröffnen soll, sich von der Zuverlässigkeit und Ehrlichkeit des jeweiligen Bürgers zu überzeugen. In der Literatur der Frühaufklärung wird diese Form der Sittlichkeit als ‚galante Conduite' oder Kalokagathie bezeichnet. *Schön* an ihr ist die affirmative und zugleich von innerer Überzeugung getragene Aufrichtigkeit; als *gut* müssen sich moralische Integrität und Dialogbereitschaft auch unter sozial schwierigen Bedingungen bewähren.

Selbstdarstellung

Der Begriff ‚Kalokagathie' leitet sich vom griechischen ‚kalos' (schön) und ‚agathos' (gut) ab und gehört ursprünglich zum antiken Bildungsideal. Dabei zeichnet es den Kalokagathos, den zum Schön- und Gutsein erzogenen Menschen aus, seine individuellen Fähigkeiten auszubilden und sie nach Maßgabe des schicklichen Benehmens vorzeigen zu können. Vorausgesetzt wird dafür ästhetische Kompetenz, aber auch soziale Aufmerksamkeit, denn der Kalokagathos entscheidet im Einzelfall, bei welcher Gelegenheit er seine moralischen und geistigen Vorzüge in Szene setzt. Schon in der Antike wird das Schön- und Gutsein folglich als Kunst der Selbstdarstellung verstanden, die den Willen, angenehm zu gefallen, an das Wissen koppelt, nicht in allen Lebenslagen öffentlich glänzen zu müssen. Dass die Kalokagathie nicht in Eitelkeit oder Koketterie ausufern darf, darauf weisen auch die bürgerlichen Verhaltensratgeber der Frühaufklärung hin. So identifiziert Christian Thomasius das Schön- und Gutsein mit politischer Weitsicht und der notwendigen Sorge für den eigenen Schutz. Heißt es daher im *Kurtzen Entwurff der politischen Klugheit* (1710), „*Laß niemand mercken was du vor hast.* [...] Denn geschehene Dinge bleiben geschehene Dinge", so berücksichtigt diese Empfehlung die soziale Ohnmacht des galanten Bürgers in gleichem Maße wie dessen intelligent abwägendes Betragen angesichts einer immer auch zu Willkür und Intrige neigenden Hofkultur.[6] Demgemäß bewährt sich der bürgerliche Kalokagathos, wenn er sein Verhalten in Gesellschaft klug anpasst, ohne dabei irre zu gehen an der Moralität seiner jeweiligen Selbstpräsentation.

Werden Überzeugungen in der Aufklärungskultur ‚inszeniert', so mag sich dies aus heutiger Sicht insofern befremdlich ausnehmen, als fraglich bleibt, wie das Bemühen um sittliche Integrität im Einklang stehen kann mit den je nach Lage angewandten Klugheitsvorschriften. Folgt man jedoch Thomasius, so ist es das aufmerksame Changieren zwischen verschiedenen Höflichkeitsformen, welches den Bürger vom eher unbedachten Habitus anderer Stände unterscheidet. Dazu gehört, sich von Unzüchtigkeiten fernzuhalten und keine Sticheleien von sich zu geben. Wichtiger als solche konkreten Verhaltensanweisungen bleibt Thomasius allerdings das Vermögen, möglichst gelassen aufzutreten und mit umsichtigem ‚Witz' auf wechselnde Gesprächssituationen oder Dialogpartner zu reagieren. Verständlicher werden solche Empfehlungen, wenn Thomasius im galanten Bürger keinen Gesinnungsmenschen sieht, der unbeirrt seine ethischen Prämissen lebt, sondern ihm die Fähigkeit abverlangt, eine Unterhaltung mit

Gleich- oder Höhergestellten geistreich zu gestalten und bisweilen unterhaltsame ‚Curiositäten' einzustreuen. Ignoriert er dabei elegant die vielen kleinen Unvollkommenheiten, die jedes Gegenüber angreifbar machen, hat das galante Betragen seine soziale Funktion erfüllt.

Aus dieser pragmatischen Sittenlehre entwickelt sich im Verlauf des 18. Jahrhunderts ein Tugendprogramm, demzufolge das Gutsein zunehmend als etwas Schönes erlebt wird. Für solch ein Stilempfinden müssen Moralvorstellungen stärker verinnerlicht werden, gleichzeitig ist das Bedürfnis zu schulen, sich immer aufs Neue am guten Betragen zu erbauen. Im Zuge dieser Passionierung des Schön- und Gutseins avancieren das Mitleid für Menschen, die moralische Fehltritte begangen haben, und das Vermögen, zwischenmenschliche Konflikte dialogisch zu lösen, zu zwei zentralen bürgerlichen Tugenden. Dass es sich auch bei beiden um zwar emotional aufgeladene, aber weiterhin außenorientierte Verhaltensweisen handelt, wird in der empfindsamen Literatur am Beispiel einer stoischen Gelassenheit veranschaulicht. Trotz aller Fürsorglichkeit inszenieren also auch mitleidige Protagonisten die Souveränität einer aufgeklärten Lebensführung.[7] Gerade das Vermögen, Mitleid möglichst bedacht zu praktizieren, soll der Außenwelt signalisieren, dass es hier um ein zwischenmenschlich verdienstvolles Engagement geht, der Handelnde aber stets um die ‚theatrale' Wirkung seines Verhaltens weiß. Oder anders ausgedrückt: Im Mitleiden repräsentiert sich der empfindsame Bürger als Tugendmensch, derweil seine Gelassenheit für ständisches Selbstbewusstsein und beherrschtes Auftreten spricht. Ein Mitleid ohne Gelassenheit könnte demgegenüber einen drohenden Selbstverlust verraten.

An diese innere Distanz zur eigenen Moralität knüpft sich folglich ein Konzept der Selbstsorge, unter dessen Beistand der Einzelne ständig überprüft, ob er zum Handlanger seiner Tugenden geworden ist oder aus Respekt vor sich selbst als kluges Individuum handelt. Adolph von Knigge begründet diese soziale Nachhaltigkeit einer in doppelter Hinsicht leidenschaftlich vorgetragenen Mitleidsethik mit der Konsolidierung des bürgerlichen Standes seit der Mitte des 18. Jahrhunderts. Seither müsse sich der Einzelne nicht mehr gar zu offenkundig den Respektserwartungen des Adels beugen. Wie den weiteren Ausführungen in *Über den Umgang mit Menschen* (1788) zu entnehmen ist, hält allerdings auch Knigge daran fest, in empathisch geführten Gesprächen mit standesfremden Menschen niemals die eigenen Repräsentationspflichten und Tugenden zu vernachlässigen:

> Bestärke die Großen nicht in den Grundsätzen von angebohrnen Vorzügen, von Herrschers-Rechten, von Gesalbtheit und dergleichen Grillen! Heuchle nicht! Verleugne nicht Wahrheit, selbst bittre Wahrheit nicht! Sey freymütig, aber ohne grob zu werden, und ohne Dich selbst zu Grunde zu richten! Nim Dich der verkannten Unschuld, des verleumdeten Edlen, des durch Hof-Ränke verschwärzten Ehrenmannes an; doch mit Vorsicht [...]. Man sollte es kaum glauben, welchen Einfluß die Reden eines verständigen, allgemein geschätzten Mannes auf diese Menschen haben können, sowohl im Guten wie Bösen, wie gern sie alles zum Vortheile ihres Dünkels auslegen, und wieviel man auf sie würken kann, wenn auch die Folgen nicht sichtbar werden.[8]

Schönheit als Freiheit

Trotz Knigges Bemühen gerät die bürgerliche Kalokagathie zunehmend in den Verdacht, sie werde sich zum Selbstzweck und habe eine törichte Gefallsucht zu verantworten. In der Literatur der Spätaufklärung wird überdies die Leichtgläubigkeit und Naivität des mitleidigen und gelassenen ‚Gutmenschen' verlacht. Auf diese Vorbehalte reagiert Schiller in seinen *Kallias-Briefen* (1792f.), indem er die ‚schöne Seele' zur Voraussetzung vernünftigen Denkens erklärt. Ausgangspunkt der Abhandlung ist die These Kants, das Schöne könne nur deshalb ein Symbol des Sittlichen sein, weil Begriffe wie ‚Schönheit' oder ‚Freiheit' keine Entsprechung in der empirischen Wirklichkeit haben. Mit dieser Annahme will Kant in der *Kritik der Urteilskraft* (1790) den Nachweis erbringen, bestimmte Kategorien des menschlichen Geistes setzten keine sinnlichen Anschauungen oder Erfahrungen voraus. Schiller widerspricht dieser Beweisführung mit dem Argument: „Schönheit ist überall Freiheit in der Erscheinung".[9] Das ästhetische Empfinden des Guten vermittelt insofern zwischen Sinnlichkeit und Vernunft, das heißt: Erst im Schön- und Gutsein erkennt der Mensch das historische Ziel der Freiheit.

Um diese Annahme näher auszuführen, begreift Schiller die Kalokagathie als individuelles Erkenntnis- oder Reflexionsmedium, mit dessen Hilfe einzelne Empfindungen des Schönen mit bestimmten Moralvorstellungen abgeglichen werden. Auf diese Weise überwinde der Mensch seinen egoistischen Willen und entscheide sich, in Zukunft sittlich zu handeln. Der motivierende Impuls verdankt sich dabei der Aussicht, sich weiterhin am Schönen erfreuen zu können. Mit dieser Bestimmung überwindet Schiller den Antagonismus von Natur und Vernunft, denn anders als bei Kant empfindet das Subjekt individuelles Schönsein nur dann, wenn es zuvor eine moralisch integre Handlung als gut wahrgenommen hat. Nach Schiller ist es allerdings nicht bloß das sittliche Prüfen des eigenen Verhaltens, das den Einzelnen von sich selbst überzeugt, sondern das ästhetische Gefühl, im Gutsein etwas Schönes realisiert zu haben. So viel Überzeugungskraft könne ein bloß abstraktes Sittengesetz nicht für sich beanspruchen.

Lässt das der Aufklärungskultur immanente Verhaltensmodell des Schön- und Gutseins früh schon eine Skepsis philosophischen Forderungen gegenüber erkennen, die das Schönheitsempfinden des autonomen Menschen vernachlässigen, so erschließt sich die Kalokagathie im 18. Jahrhundert jene empirischen Anwendungsfelder, die im theoretischen Sittendiskurs kaum eine Rolle spielen. Kulturell betrachtet, setzt das Schön- und Gutsein folglich nicht allein aufgeklärte Morallehren in die Praxis um. Vielmehr schafft es überhaupt erst die Grundlage, auf gesellschaftlicher und subjektiver Basis das Interesse am aufgeklärten Denken und Handeln zu wecken. Darüber hinaus ist der Kalokagathie das Wissen immanent, dass eine erfahrungsfrei hergeleitete Tugendhaftigkeit rasch anmaßende und intolerante Züge annehmen kann.

3. Literarische Metadiskurse

Empfindsamkeit und Anakreontik werden meist als literarische Strömungen bezeichnet, die weltanschaulich der Aufklärung nahestehen. Solch eine etablierte Terminologie zu hinterfragen, scheint übersteigert, solange dem Begriff ‚Strömung' nichts Beiläufiges anhaftet und damit der Eindruck erweckt wird, als variierten Empfindsamkeit und Anakreontik bloß das thematische und gestalterische Spektrum der Aufklärungsliteratur. Seit den Untersuchungen Gerhard Sauders (2003), Manfred Beetz' und Hans-Joachim Kertschers (2005) rückt jedoch ins Bewusstsein, dass beide ‚Strömungen' nicht unerheblich zur Politisierung des Vernunftdiskurses beitragen und gleichzeitig das Publikum auf Lebensperspektiven hinweisen, die im Selbstverständnis aufgeklärten Denkens so zunächst einmal nicht vorgesehen sind. Um diesen keineswegs nur motivisch oder formalästhetisch weitergefassten Dichtungskonzepten differenzierter Rechnung zu tragen, werden Empfindsamkeit und Anakreontik im Folgenden als Metadiskurse vorgestellt, in denen die Ziele der Aufklärung kritisch assimiliert und für eine praktische Lebensführung fruchtbar gemacht werden.

3.1 Empfindsamkeit

Zwischen 1720 und 1790 tauchen in allen literarischen Gattungen vermehrt empfindsame Charaktere auf, die über ihre Gefühle sprechen und auf das Leiden anderer mit tiefer Rührung reagieren. Darum bemüht, wieder Harmonie in ihrem sozialen Umfeld herzustellen, bewähren sie sich als schöne und gute Menschen. Trotz aller Tränen, die dem 18. Jahrhundert auch den Beinamen des weinenden Säkulums eingehandelt haben, bleiben sie dabei auffallend gelassen. Solche im Mitleiden stoischen Handlungsträger finden sich erstmals in einigen Staatsutopien der Frühaufklärung. Fast fünfzig Jahre später prägen sie eigene literarische Genres wie die moralische Erzählung und den empfindsamen Roman.

Als Metadiskurs betrachtet, versammelt die Empfindsamkeit zahlreiche Vorbehalte einer mathematischen Erkenntnistheorie gegenüber, die den Wechselfällen des Alltags so wenig gerecht wird wie die Forderung, das Leben durchgängig vernunftbestimmt zu gestalten. Was die Handlungsträger empfindsamer Dichtung unter solchen Vorzeichen an Qualen durchstehen müssen, nimmt bisweilen zwar maßlose Züge an, ist jedoch als Antwort auf einen aufgeklärten Menschenbegriff zu lesen, der den Einzelnen eher unzuverlässig auf irrationale Wechselfälle des Daseins vorbereitet. Demgemäß lernen empfindsame Protagonisten, auf unterschiedliche Mitmenschen mit Empathie zu reagieren und soziale Konflikte gegebenenfalls auch auf unkonventionelle Weise zu lösen. Weshalb ihre Gelassenheit dazu nicht im Widerspruch steht, erklärt sich aus dem Bedürfnis, Moralität möglichst unaufgeregt und eindrucksvoll vorzuleben.

Shaftesbury

Dass ein hohes Maß an ‚Stilsicherheit' im Beurteilen eigener und fremder Verhaltensweisen zu innerer Ausgeglichenheit führt, geht auf die psychologisch-philanthropisch geprägte Philosophie Shaftesburys zurück, der die Empfindsamkeit nachhaltig prägt. Scharf wendet er sich in seiner 1711 erscheinenden Essaysammlung *Characteristics of Men, Manners, Opinions, Times* gegen die von Thomas Hobbes formulierte Behauptung, jeder Mensch sei des anderen Wolf und deshalb streng zu disziplinieren. Ausgehend von der Frage, welche Bedeutung dem guten Geschmack im öffentlichen Leben zukommt, führt Shaftesbury den Beweis, natürlicherweise strebe jeder Mensch danach, Emotionen und Verstand in ein Gleichgewicht zu bringen. Grundlage für diese Balance ist nach Shaftesbury der ‚Moral Sense', ein natürliches Sittlichkeitsgefühl, das mit Abscheu auf Ungerechtigkeit oder Vorurteile reagiert. Diese angeborene Disposition lässt sich kalokagathorisch trainieren, damit der Mensch peinliche Situationen meidet und sich schon im Vorfeld sowohl die öffentlichen Reaktionen als auch sein eigenes Angewidertsein vergegenwärtigt. Solch ein sich selbst regulierendes Verhalten kann nach Shaftesbury als gut und schön bezeichnet werden, wenn der Verstand törichtes Handeln unterbindet und die Selbstfürsorge das eigene Auftreten überwacht.

Vergleicht Shaftesbury den Moral Sense mit der Rezeption eines Kunstwerks, so betont dies die Selbstbezüglichkeit des Mitleidens: Um kein Fehlverhalten zu verschulden, gleiche der sensibilisierte Mensch einem Betrachter, der sich zunächst von einem bedeutenden Bild in den Bann gezogen fühlt, sich aus dieser Vereinnahmung jedoch löst, um es unabhängig zu verstehen. Dieser Umschreibung zufolge gehört das Mitleid zu den mit Bewusstheit ‚inszenierten' Tugenden, die zwar aus Überzeugung praktiziert werden, aber schon deshalb Distanz zum eigenen Handeln voraussetzen, weil andernfalls innerer Selbst- und sozialer Respektsverlust drohen.

Erziehung

Shaftesburys ‚sentimental belief in natural goodness' wird in den deutschen Übersetzungen seiner Schriften zunächst mit ‚weinerlich' wiedergegeben, was das Gemeinte verfälscht und auf Voreingenommenheiten aufseiten rationalistischer Literaturtheoretiker zurückgeht.[10] Als dann Johann Joachim Christoph Bode sich an die Übertragung von Laurence Sternes *A sentimental journey through Italy and France* (1768) begibt, schlägt Lessing vor, den Begriff ‚sentimental' mit ‚empfindsam' zu übersetzen. In der Ästhetik, Pädagogik und Literaturkritik wird das Wort fortan gebraucht, um das Bedürfnis zu charakterisieren, aus dem schönen und guten Betragen immer neues Vergnügen zu ziehen. Darüber hinaus umschreibt Empfindsamkeit die Kunst, sich in das Wesen anderer Menschen einzufühlen. Wie schon bei Shaftesbury angedeutet, wird ferner von einem empfindsamen Menschen gesprochen, wenn dieser sich aus der Masse intriganter oder gefühlloser Zeitgenossen heraushebt. Diese „edle Bedeutung", die den Ästheten auszeichnet, fasst Karl Daniel Küster in seinem *Sittlichen Erziehungslexicon* (1773) in die Worte, Empfindsamkeit bezeichne

> *die vortrefliche und zärtliche Beschaffenheit des Verstandes, des Herzens und der Sinnen, durch welche ein Mensch geschwinde und starke Einsichten von seinen Pflichten bekömmet, und einen würksamen Trieb fühlet, Gutes zu thun.* Je feiner die Nerven der Seele und des Cörpers sind, je richtiger sie gespannet worden, desto geschäftiger, und nützlicher arbeitet er; und desto größer ist die Erndte des Vergnügens, welches er geniesset, wenn er nicht nur gerecht, sondern auch wohlwollend, oder gar wohlthätig handeln kan.[11]

Das Ziel empfindsamer Erziehung besteht folglich darin, dem Einzelnen möglichst dauerhaft die Erfahrung zu vermitteln, wie „*angenehm*" ein moralisches und empathiegesteuertes Verhalten sein kann. Wie Küster ergänzt, reicht dafür eine Schulung der Vernunftkräfte nicht aus. Vielmehr seien die reizverarbeitenden Wahrnehmungsorgane zu sensibilisieren, denn nur ‚feinfühlige' Menschen sind seinen Ausführungen zufolge in der Lage, sich mit „grössere[r] Weiche und Menschen-Freundlichkeit" an die „*Stelle des Nothleidenden*" zu setzen.[12]

Die tugendsame Frau

Neben Shaftesburys philosophischen Schriften gehen auch von Samuel Richardsons Briefromanen *Pamela oder der Lohn der Tugend* (1740) und *Clarissa* (1748) sowie Jean-Jacques Rousseaus *Julie oder Die Neue Heloise* (1761) wichtige Impulse auf die empfindsame Literatur aus. Alle drei Romane gehören zu den literarisch erfolgreichsten Werken des 18. Jahrhunderts überhaupt. Allein Rousseaus *Julie* erlebt bis 1800 etwa siebzig Neuauflagen. Dass Pamela, Clarissa und Julie in ‚zärtlichen' Briefen über ihr Schicksal berichten, gehört seinerzeit zu den gefeierten literarischen Novitäten. Was die drei Romanheldinnen ebenfalls zu empfindsamen Vorbildern erhebt, ist ihre Fähigkeit, sich zugleich in die Lage ihrer Widersacher hineinzuversetzen. Verzeihen ihnen Pamela, Clarissa und Julie sogar, so bestätigen die drei Romane schlussendlich Shaftesburys Annahme, eine natürliche ‚Goodness', die an zwischenmenschlicher Sensibilität gewinnt, lasse sich selbst in extremen Lebenslagen nicht gänzlich unterdrücken. Ohne also das rationalistische Vertrauen in den sich selbst bestimmenden Menschen gänzlich in Frage zu stellen, erweitern die drei Erfolgsromane dessen Soziabilität um ein nach innen wie nach außen wirkendes Mitleiden, das gesellschaftliche Beständigkeit garantiert.

Autoren

Zu den erfolgreichsten Autoren der Empfindsamkeit gehören hierzulande Christian Fürchtegott Gellert und Sophie von La Roche. Auch in ihren Erzählungen und Romanen steht die therapeutische Funktion intensiver Gespräche oder privater Briefe im Vordergrund, darüber hinaus diskutieren sie am Beispiel von Müßiggängern oder Entehrten geeignete Hilfsmaßnahmen, um sozial Gefährdete zur Beschäftigung mit ihren Fehlern oder Schwächen anzuleiten. Ob sich deren Reintegration erfolgreich gestaltet, hängt nicht zuletzt vom immer wieder geschickt dosierten Mitleid ihrer Fürsprecher und der Bereitschaft ab, in Dialogen die eigene Vergangenheit aufzuarbeiten.

Empfindsamkeitsfieber

Da die empfindsame Literatur das Motiv der Lebensbeichte dem Pietismus entlehnt, steht sie verschiedentlich im Verdacht, eine sektiererische Schwärmerei zu begünstigen. Einer ihrer Kritiker ist

Joachim Heinrich Campe, der im *Vorbericht* zu seinem Erziehungsroman *Robinson der Jüngere* (1779) skeptisch auf jenes „*Empfindsamkeitsfieber*" zurückschaut, dessen „einschmeichelnde[s] Gift" zur „sichtbaren Verminderung der Summe unserer Lebensfreuden" geführt haben soll.[13] Allzumal Leser, die sich vom dargestellten Leiden zu sehr hätten mitreißen lassen, seien alsbald „nervenlos" und „unzufrieden mit sich selbst" geworden.[14] Bevor Campe im Weiteren ausführt, warum der mitleidige Leser empfindsamer Dichtung unbegründet vor der Realität flieht, fasst er noch einmal prägnant den Kerngedanken der empfindsamen Verhaltenslehre zusammen: Verspürt der mitleidige Mensch nicht regelmäßig den wohltuenden Einfluss harmonischer Eintracht, dann verliert das Schön- und Gutsein an sozialer und subjektiver Überzeugungskraft. Ganz in diesem Sinne schwebt Campe ein Buch vor, „welches jede in uns schlummernde phisische und moralische Menschenkraft wekte, anfeuerte, stärkte; ein Buch, welches zwar eben so unterhaltend und anziehend, als irgend ein Anderes wäre, aber nicht so, wie Andere, blos zu unthätigen Beschauungen, zu müssigen Ruehrungen, sondern unmittelbar zur Selbstthätigkeit führte".[15]

3.2 Anakreontik

Das Leben als Kunst zu verstehen und die Kunst wiederum als ‚Aufmunterung zum Vergnügen', dieser Anspruch charakterisiert die Literatur der deutschen Anakreontik. Ihren Namen verdankt sie dem griechischen Dichter Anakreon (6. Jhd. v. Chr.), dem damals noch sechzig hellenistische Oden, die sogenannten Anakreonteen, zugeschrieben werden. Um einen weiteren Beitrag zur Expressivität der deutschen Sprache bemüht, übersetzt Gottsched 1733 einige dieser Gedichte. Davon angeregt, veröffentlicht Johann Wilhelm Ludwig Gleim 1744 seinen *Versuch in scherzhaften Liedern*, zwei Jahre später folgen *Die Oden Anakreons in reimlosen Versen. Nebst einigen anderen Gedichten*, übersetzt und herausgegeben von Johann Nikolaus Götz und Johann Peter Uz. Wie schon die Überschriften zahlreicher anakreontischer Gedichte der Folgezeit erkennen lassen – *Einladung zum Tanz* von Gleim, *Die Küsse* von Lessing, *Das Vergnügen* von Götz – werden heitere, gelegentlich auch ins Frivole überzeichnete Sujets wie die Liebe, der Wein sowie Geselligkeit und Natur bevorzugt. Anmutig vorgetragen, spricht aus den Gedichten und Liedern das epikureische Ideal des genießenden Lebens. Bacchantische Ausgelassenheit mischt sich ferner mit dem Lobpreis des einfachen Glücks.

Abb. 5 Antoine Watteau: *Le plaisir pastorale* (1716)

Vergnügen

Als sich diese vermeintlich leichtfertigen ‚Scherze' um die Mitte des 18. Jahrhunderts verbreiten, werfen ihnen einige Aufklärer mangelnde Ernsthaftigkeit vor, Pietisten und orthodoxe Christen empfinden sie sogar als sittliche Zumutung. Eben diese Kritiker sind freilich auch die Zielscheibe der anakreontischen Spottlust. Stellvertretend notiert Friedrich von Hagedorn über seine Widersacher, es sei nicht einzusehen, warum es in Zeiten eines strengen Glaubens- oder Vernunftdrills keine Heiterkeit mehr geben soll. Zum ‚guten Geschmack' des Dichters gehöre es freilich, sich wütender Attacken auf weltanschaulich Andersdenkende zu enthalten. Dass sich Hagedorn auf Shaftesburys ‚sentimental belief in natural goodness' beruft, anverwandelt seinen anakreontischen Gedichten einen programmatischen Charakter. Statt die aufgeklärte Kultur zu diskreditieren, ergänzen sie die herrschende Tugendstrenge um einen gleichsam unschuldigen Frohsinn.[16] Auf solche Bereicherungen ablehnend zu reagieren, entlarvt die Kritiker als humorlose Asketen. Ihnen entgeht ferner, dass sich unter diese Heiterkeit auch der Wehmut des Alterns oder selbstkritische Töne mischen. So konstatiert Hagedorn in seiner *Aufmunterung zum Vergnügen*, Jung und Alt stehe gleichermaßen das Recht auf gesellige Vergnügungen zu, aber nur die nachwachsende Generation finde ihr Glück noch ohne künstlich erzeugte Illusion:

Erlernt von muntern Herzen
Die Kunst beglückt zu scherzen,
Die Kunst vergnügt zu seyn.
Versucht es. Lasst uns singen,
Das Alter zu verjüngen,
Die Jugend zu erfreun.
Macht neue Freundschafts-Schlüsse!
Ihr Kinder, gebt Euch Küsse!
Ihr Väter, gebe Euch Wein![17]

Kritik an der Empfindsamkeit

Energisch distanziert sich die anakreontische Dichtung auch von der Regelpoetik. Indem konsequent auf moralische Sentenzen verzichtet wird, traktiert sie die Leser beispielsweise nicht mit Verhaltensvorschriften oder Rezeptionsanweisungen.[18] In seinem Gedicht *Theodizee* begründet Uz aber auch, weshalb er seine Zeilen nicht empfindsam oder mitleidvoll gelesen wissen will. Solche Erbaulichkeiten dienten nur dazu, die Leidenschaften zu ‚verzärteln' und die Vernunft, welche den Menschen eigentlich vergöttliche, außer Kraft zu setzen. Lässt man diese Vorbehalte gelten, so wird ersichtlich, wie sich die anakreontische Literatur zur Aufklärung stellt: Damit der „freygeborne Geist" nicht neuerlich mit „Schmerz" konstatieren muss, wieder „ein Knecht" geworden zu sein, weil er der drohenden Indienstnahme durch das aufgeklärte Systemdenken „nicht widerstanden" habe, müsse er auf anmutige Weise wieder zum autonomen Kunstgenuss angeleitet werden.[19] Dass die Lust am Erotischen und Spielerischen das geometrische Erkennen besonders nachhaltig hintertreibt, nimmt Uz billigend in Kauf.

In diesem Bekenntnis zum Homo Aestheticus fehlt es auch nicht an Seitenhieben auf jene Philosophen, deren Freiheitsutopien die seelischen Anspannungen ignorieren, denen sich ein aufgeklärter Mensch zwischen persönlichem Glücksanspruch und dem Dienst an einer zukünftigen Gesellschaft ausgesetzt sieht. Solchen Konflikten begegnet Uz mit dem Einwand, das Recht auf individuelle Wohlfahrt und Geselligkeit müsse der Einzelne mit Rücksicht auf den drohenden Tod notfalls im Alleingang verwirklichen. Über dieses Eingedenken im Genuss des Schönen heißt es in den beiden letzten Strophen der *Theodizee,* der Mensch habe sich zu vergegenwärtigen, dass es im Jenseits keine Möglichkeiten mehr gibt, sich ästhetisch oder moralisch zu vervollkommnen.

Kritik der Aufklärung 4.

Während der drei letzten Jahrzehnte des 18. Jahrhunderts häufen sich die Einwände gegen eine Aufklärungsphilosophie, die den alltäglichen Kontingenzerfahrungen des Menschen ebenso wenig gerecht wird wie einem sich formierenden Chauvinismus oder schrittweise behauptenden Kapitalismus, der die Künste immer weiter marginalisiert. So wird insbesondere den rationalistischen Philosophen vorgehalten, ihre Verstandesdoktrin stehe in krassem Gegensatz zu einer ökonomisch veränderten und von neuen Machtstrukturen beherrschten Gesellschaft. Auf diese Vorbehalte reagiert der Berliner Pfarrer Johann Friedrich Zöllner, als er 1783 in der *Berlinischen Monatsschrift* die Frage aufwirft, was unter Aufklärung zu verstehen sei, und damit eine angeregte Diskussion unter den Intellektuellen in Gang setzt. Die bis heute berühmteste Reaktion auf Zöllners eigentlich nur beiläufig eingestreute Bemerkung stammt von Kant, der 1784 seine *Beantwortung der Frage: Was ist Aufklärung?* in der Dezemberausgabe der *Berlinischen Monatsschrift* abdrucken lässt. Erst ein Blick in andere eingereichte Schriften lässt jedoch erkennen, welcher Bewährungsprobe sich die Aufklärung seinerzeit ausgesetzt sieht: Hatte man noch Jahrzehnte zuvor angenommen, die Philosophie habe die Wahrheit vor jedem Missbrauch zu schützen, so gerät jetzt die mathematische Erkenntnismethode in den Verdacht, das Handeln an der Kultur zu unterlaufen.

Aufklärung ohne Philosophie

Ein weiterer Philosoph, der auf Zöllners Äußerungen reagiert, ist Moses Mendelssohn. Wie skeptisch in der Spätaufklärung die Bedeutung philosophischer Erkenntnis für den öffentlichen Kommunikationsprozess beurteilt wird, lässt sich seiner Studie *Über die Frage: was heißt aufklären?* entnehmen. In ihr findet sich der Hinweis, im Dienste einer praxisorientierten Aufklärungskultur sollten die Künste zukünftig von der Verbreitung unrealisierbarer Vernunftforderungen absehen:

> Bildung zerfällt in Cultur und Aufklärung. Jene scheint mehr auf das Praktische zu gehen: auf Güte, Feinheit und Schönheit in Handwerken, Künsten und Geselligkeitssitten (objective); auf Fertigkeit, Fleiss und Geschicklichkeit in jenen, Neigungen, Triebe und Gewohnheit in diesen (subjective). Je mehr diese bei einem Volke der Bestimmung des Menschen entsprechen, desto mehr Cultur wird demselben beigelegt [...]. Aufklärung hingegen scheinet sich mehr auf das Theoretische zu beziehen. Auf vernünftige Erkenntniss (objective) und Fertigkeit (subjective) zum vernünftigen Nachdenken über Dinge des menschlichen Lebens, nach Maßgabe ihrer Wichtigkeit und ihres Einflusses in die Bestimmung des Menschen.[20]

Wie umfangreich sich das Spektrum künstlerischer Aufgaben gestaltet, wenn sich Literatur in die weltanschauliche Selbstständigkeit entlässt, verdeutlicht Mendelssohn an der Möglichkeit, das Lesepublikum auf die historische Bedingtheit aller Vernunftschlüsse hinzuweisen und es im Gegenzug mit dem Wissen anderer Kulturen vertraut zu machen. Praktisch umsetzen lassen sich solche Prämissen, wenn Literatur unterschiedliche Lebensentwürfe oder Handlungsalternativen vor Augen führt, die der Rezipient für die Erfüllung seiner individuellen Glückserwartungen fruchtbar machen kann. Mit solchen Überlegungen erhebt Mendelssohn den Dichter in den Rang eines Intellektuellen, der in seinen Werken eigene Sinndeutungsangebote für Krisenerfahrungen oder Konflikte entwirft. Entsprechend hoch schätzt Mendelssohn die kulturschaffenden Potentiale ein, die eine solchermaßen selbst- und verantwortungsbewusste Literatur ihren Lesern zur Verfügung stellt. Nur unter diesem künstlerischem Beistand, so heißt es, finde der Mensch wieder zu seiner eigentlichen Bestimmung zurück: dem ‚Geselligsein'.

Beförderung der Humanität

Eine so verstandene Aufklärungskultur erinnert an die schon in der Anakreontik und Empfindsamkeit diskutierte Beobachtung, dass sich der ausschließlich rational denkende Mensch sozial isoliert und zugleich in Vorurteilen dem vermeintlich Unlogischen gegenüber verstrickt. Verwandte Überlegungen veranlassen Herder in den 1770er Jahren, mit Hilfe von internationalen Volksliedsammlungen an die Tradition gemeinsam gesungener Lieder als emotional bewegendster Form des Kommunizierens anzuknüpfen. Auch wenn dieses Projekt vonseiten rationalistischer Aufklärungsphilosophen umgehend verspottet wird, findet es in weiten Bevölkerungsteilen, insbesondere aber im gebildeten Bürgertum großen Anklang. Überhaupt impliziert für Herder die Repoetisierung abstrakten Herrschaftswissens die Chance, über eine kritisch engagierte Literatur zur Demokratisierung der Öffentlichkeit beizutragen. Ein entsprechendes Vorbild findet er in den britischen Romanen des 17. und 18. Jahrhunderts, über die es in den *Briefen zu Beförderung der Humanität* (1793ff.) heißt, sie hätten entscheidend zur politischen Aufklärung Englands beigetragen: „Keine Gattung der Poesie ist von weiterem Umfange, als der Roman; unter allen ist er auch der *verschiedensten Bearbeitung* fähig: denn er enthält [...] nicht etwas nur Geschichte und Geographie, Philosophie und die Theorie fast aller Künste, sondern auch die Poesie aller Gattungen und Arten – in Prose."[21]

Poesie der Wahrheit

Trotz dieser Möglichkeiten, die Kulturwerdung einer Gesellschaft literarisch zu forcieren, entlässt Herder die Aufklärungsphilosophie nicht aus ihrer sozialen Verantwortung. Im Unterschied zu Mendelssohn warnt er sogar davor, die Wortführer keiner Aufsicht zu unterstellen. Die Folgen seien „Diskutierkabale“ und alsbald die Stiftung einer „*Versammlung*“ elitär Gleichgesinnter. Den Beweis sieht Herder in Kants Antwort auf die Frage erbracht, was denn unter Aufklärung zu verstehen sei. Da hier nur wenigen (männlichen) Vormündern attestiert werde, die Menschheit emanzipieren zu können, sei solch einer neuerlich selbstverschuldeten Entmündigung der Bevölkerung entgegenzusteuern. Um so energischer ermuntert Herder die Dichter, sich wieder auf ihre angestammten Fähigkeiten zu besinnen: Weil sie „*jede* Wahrheit darstellen können“, sollten sie die weltanschaulichen Einseitigkeiten der „einzig-beste[n] Methode der Wissenschaft“ mit einem literarischen „Überblick des Ganzen“ konfrontieren.[22]

Zusammenfassung

Gesamteuropäisch setzt sich die Philosophie der Aufklärung aus drei Hauptströmungen zusammen: Rationalismus, Empirismus und Kritizismus. Sie alle haben die Freiheit vom Aberglauben und die Mündigkeit des Menschen zum Ziel, schätzen dessen Wahrnehmungs- und Erkenntnisfähigkeit sowie die Möglichkeiten emanzipierten Handelns jedoch kontrovers ein. Als aufstrebende Schicht entwickelt das Bürgertum des 18. Jahrhunderts parallel dazu eine Verhaltenslehre, die den Einzelnen in der Öffentlichkeit klug und angemessen handeln lässt und ihn darüber hinaus vor feudaler Willkür schützt. In der Empfindsamkeit entwickelt sich hieraus eine Mitleidsästhetik, die Hilfsbereitschaft mit individueller Selbstsorge verbindet.

Literatur

Beetz, Manfred u. Hans-Joachim Kertscher (Hgg.): Anakreontische Aufklärung. Tübingen: Niemeyer 2005.

Böhr, Christoph: Philosophie für die Welt. Die Popularphilosophie der deutschen Spätaufklärung im Zeitalter Kants. Forschungen und Materialien zur Deutschen Aufklärung. Stuttgart: Frommann Holzboog 2003.

Bollacher, Martin: Lessing: Vernunft und Geschichte. Untersuchungen zum Problem religiöser Aufklärung in den Spätschriften. Tübingen: Niemeyer 1978.

Cassirer, Ernst: Philosophie der Aufklärung. Hamburg: Meiner 2007.

Klueting, Harm (Hg.), Katholische Aufklärung – Aufklärung im katholischen Deutschland. Hamburg: Meiner 1993.

Möller, Horst: Vernunft und Kritik. Deutsche Aufklärung im 17. und 18. Jahrhundert. Frankfurt/Main: Suhrkamp 1986.

Pikulik, Lothar: Leistungsethik contra Gefühlskult. Über das Verhältnis von Bürgerlichkeit und Empfindsamkeit. Göttingen: Vandenhoeck & Ruprecht 1984.
Sauder, Gerhard: Empfindsamkeit. Stuttgart: Reclam 1974.
Schmidt-Biggemann, Wilhelm: Theodizee und Tatsachen. Das philosophische Profil der deutschen Aufklärung. Frankfurt/Main: Suhrkamp 1988.
Schneiders, Werner: Das Zeitalter der Aufklärung. 2. verb. Aufl. München: Beck 2001.
Wegmann, Nikolaus: Diskurse der Empfindsamkeit. Zur Geschichte eines Gefühls in der Literatur des 18. Jahrhunderts. Stuttgart: Metzler 1988.

Fragen

1. Worin unterscheiden sich – in Grundzügen – die rationalistische und empiristische Aufklärungsphilosophie?
2. Was wird in der Literatur der Frühaufklärung unter Galanterie verstanden?
3. Welche Bedeutung misst die Literatur der Empfindsamkeit dem Dialog zu?
4. Mit welchen Argumenten distanziert sich die Dichtung der Spätaufklärung vom unbedingten Vernunftglauben?

Basismodul 3: Literatur der Aufklärung im gesellschaftlichen Kontext

Neben dem Pietismus, der die Literatur des frühen und mittleren 18. Jahrhunderts entscheidend prägt, stehen im dritten Basismodul theologische Strömungen im Vordergrund, die sich teils kritisch, teils affirmativ mit der Vernunftlehre der Aufklärung auseinandersetzen. Thematisiert werden ferner Geheimbünde und Lesegesellschaften, die auf je eigene Weise praktische Ziele der Aufklärung, darunter die Abschaffung der Standesschranken und die Verbreitung des Wissens, umzusetzen versuchen. Abschließend wird die Volksaufklärung als Versuch vorgestellt, lange vernachlässigte Gesellschaftsschichten in den Fortschrittsprozess einzubeziehen.

Theologie 1.

Als einer der Hauptvertreter des aufgeklärten Rationalismus vertritt Leibniz die Auffassung, der Mensch erwerbe sein Weltwissen durch Vernunfteinsichten. Verantwortlich dafür zeichne Gott, der die Natur vollkommen eingerichtet habe. Angesichts dieser besten aller möglichen Welten könne es nicht Gottes Absicht gewesen sein, die Menschen dauerhaftem Leiden auszusetzen. Vielmehr lasse sich alles irdische Übel rational erklären. Auf diese Wiedereinsetzung eines wohlwollenden, nach Prinzipien handelnden Gottes reagieren verschiedene theologische Strömungen, die sich im 18. Jahrhundert im Wesentlichen hinsichtlich der Fragen unterscheiden, ob Gott als personales Wesen zu denken ist und ob er weiterhin in die Schöpfung eingreift. Der nachfolgende Überblick beginnt mit der Vorstellung des Pietismus, da dieser sich etwa zeitgleich mit der Aufklärung in Deutschland verbreitet und die deutlichsten Spuren in der Literatur des 18. Jahrhunderts hinterlassen hat.

Pietismus

Wortgeschichtlich leitet sich der Begriff ‚Pietismus' vom Lateinischen ‚pietas' ab, was mit ‚Frömmigkeit' zu übersetzen ist. Innerhalb der protestantischen Kirche gehört der Pietismus zu den einflussreichsten Bewegungen seit Luthers Kirchenreform. Hierzulande etabliert er sich mit den siebziger Jahren des 17. Jahrhunderts, wobei zunächst Württemberg, Berlin, Gießen und Halle zu den regionalen Zentren gehören. Was die verschiedenen pietistischen Gruppierungen miteinander verbindet, ist die Skepsis gegenüber starren Kirchendogmen und einer ritualisierten Frömmigkeit. Um solchen Verkrustungen zu entgehen, kennen Pietisten keine hierarchische Gemeindestruktur und treffen sich stattdessen zu ‚Erbauungsstunden'. Im Verlauf solcher Konventikel wird aus der Bibel vorgelesen, darüber hinaus stärkt man sich in gemeinsamen Gesprächen im Glauben. Im Mittelpunkt dieser kollektiv gestalteten Andachten kann auch das ‚exercitium pietatis' stehen, eine Art Beichte, in der den Anwesenden von einem persönlichen ‚Erweckungserlebnis' berichtet wird. Das Verhältnis zwischen Amtskirche und Pietismus, der übrigens rasch des Separatismus verdächtigt wird, reflektiert Philipp Jakob Spener in seinem 1675 erscheinenden Hauptwerk mit dem Titel *Pia desideria oder herzliches Verlangen nach gottgefälliger Besserung der wahren Evangelischen Kirche samt einigen dahin einfältig abzweckenden christlichen Vorschlägen*. Wie der Pietismus in die Gesellschaft zu wirken versucht, zeigt ebenfalls das Beispiel Speners. Um 1700 gründet er in Frankfurt am Main nicht nur verschiedene Konventikel, sondern auch Hospitäler und Armenhäuser, die sich weitgehend über Gemeindekollekten finanzieren.

Politischen Einfluss gewinnt der Pietismus mit der Gründung der Universität Halle (1694). Auf Betreiben Speners lehrt man hier eine eher dogmenkritische Theologie. Fortgesetzt wird seine Reform der Priesterausbildung von August Hermann Francke, der in Halle um 1700 verschiedene soziale, wissenschaftliche und pädagogische Anstalten gründet, in denen die Theologiestudenten praktische Gemeindedienste leisten müssen. Als Francke schließlich durchsetzt, dass alle angehenden preußischen Pfarrer in Halle ausgebildet werden, leitet er die Neufassung der staatlichen Kirchenpolitik ein. Ähnlich einflussreich wird die Herrnhuter Brüdergemeine unter Leitung von Nikolaus Ludwig von Zinsendorf. Als Vertreter einer gelebten ‚Jesus-Frömmigkeit' gründet er auf seinem Oberlausitzer Gut Herrnhut 1722 eine ‚Brüder Unität', die sich alsbald in der Missionsarbeit im deutschsprachigen Raum, aber auch in den überseeischen Kolonien engagiert. Um die Lebensumstände armer Bevölkerungskreise zu verbessern, richtet die Herrnhuter Brüdergemeine darüber hinaus zahlreiche Internate ein. Deren Lehrpläne und Unterrichtsmethoden genießen bald schon ein so hohes gesellschaftliches Ansehen, dass auch begüterte und gebildete Kreise ihre Kinder auf diese Schulen schicken.

Erbauungsliteratur

Die pietistische Glaubenspraxis kennt eigene Umgangsformen und Dialogtechniken, die nicht nur in der Aufklärungsliteratur

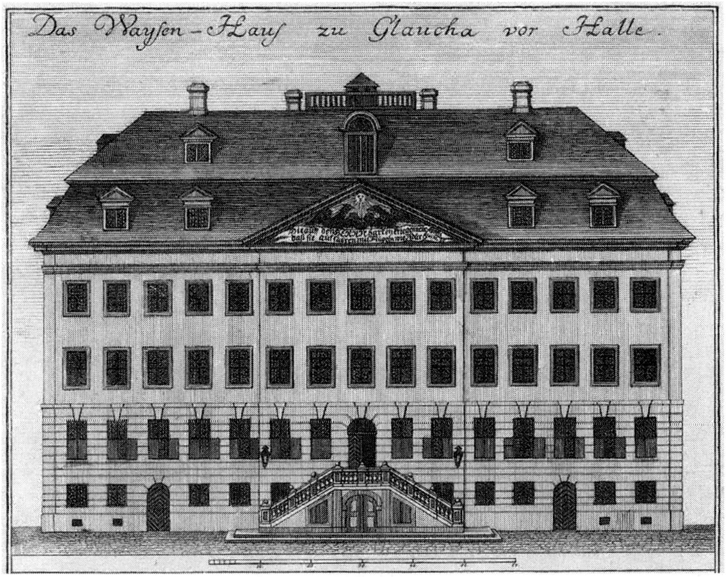

Abb. 6 Frankesche Stiftungen: Das Waisenhaus zu Halle (1749)

ihre Spuren hinterlassen, sondern auch die Lehre des bürgerlichen Schön- und Gutseins beeinflussen. So üben sich Pietisten in einer *„Herzenssprache“*, die in den bereits erwähnten Schilderungen eigener Erweckungserlebnisse zur Anwendung kommt. Von ihr hat sich Klopstock für die Ausmalung ähnlicher Glaubensgespräche in seinem *Messias* (1748ff.) inspirieren lassen.[1] Die Patriarchaden des mittleren 18. Jahrhunderts stehen demgegenüber in der Tradition pietistischer Andachts- und Erbauungsbücher, in denen sich Bibelkommentare mit Vorschlägen zur täglichen Seelsorge und christlichen Lebenspraxis abwechseln. Die wohl nachhaltigste Wirkung auf die Aufklärungskultur geht von der sogenannten Selbstbeobachtung der Pietisten aus. Von klein auf lernen sie, sich ständig selbst im Handeln zu betrachten und ihre Reaktionen auf zwischenmenschliche Konflikte umfassend zu notieren. Dabei ist vor allem auf solche Eindrücke zu achten, die das eigene Gottesempfinden gefährden könnten. Über solche Bedrohungen wird der Gemeindezirkel umgehend informiert, um sich abzeichnende Glaubenskrisen gemeinsam zu bewältigen. Im Verbund mit dem Vermögen, sich in die Lage anderer Menschen einzufühlen, schlägt sich diese Tradition spätestens während der Empfindsamkeit in der bürgerlichen Verhaltenslehre nieder. Übernommen wird die ständige Kontrolle des eigenen

Betragens, Aussehens, Handelns und Sprechens aber nicht nur wegen ihrer kohäsiven Kräfte. Mit ihrer Hilfe entlastet sich eine Gesellschaft auch von der Aufgabe, ihre Mitglieder ständig überwachen zu müssen. Solange sie nämlich davon ausgehen kann, dass sich der Einzelne habituell und sozial allerorten bewährt, stellt vor allem die internalisierte Selbstbeobachtung den Zusammenhalt einer Gruppe oder Schicht sicher. Inwieweit diese subjektive Supervision krank machen kann, veranschaulichen Johann Heinrich Jung-Stillings mehrbändige *Lebensgeschichte* (1777ff.) und Karl Philipp Moritz' psychologischer Roman *Anton Reiser* (1785f.).

Theologischer Rationalismus

Als Offenbarungsreligion basiert das Christentum auf dem Glauben, Gott habe sich in der Bibel auf verbindliche Weise mitgeteilt. Mehr über ihn in Erfahrung bringen zu wollen, gilt als menschliche Anmaßung. Dieses Vertrauen in die heiligen Schriften gerät unter Erklärungsdruck, seit die Bibel nach Maßgabe wissenschaftlicher Quellenstudien als Sammlung historischer Texte betrachtet wird, die einzelne Glaubensfragen unterschiedlich beantworten oder zentrale Heilsereignisse aus nur schwer miteinander zu vereinbarenden Perspektiven nacherzählen. Solche Probleme beschäftigen die Theologie nicht erst im 18. Jahrhundert, aber im Zeitalter der Aufklärung werden die argumentativen Brüche in den Offenbarungsschriften streitbarer diskutiert. Hinzu kommen naturwissenschaftliche und philosophische Erklärungen der Natur und des Menschen, die zunehmend Zweifel an dessen metaphysischer Abhängigkeit schüren. Exemplarisch sei auf die intensivere Nutzung optischer Apparate hingewiesen. Zwar stehen Mikroskop und Teleskop schon länger zur Verfügung, aber erst die Forscher des ausgehenden 17. Jahrhunderts bedienen sich ihrer, um Einblicke in Welten zu erhalten, die dem menschlichen Auge ohne technische Unterstützung verborgen bleiben. Was man mit Hilfe dieser Instrumente entdeckt, entspricht allerdings nicht dem biblischen Schöpfungsbericht. Um Antworten auf die sich abzeichnenden Fragen an die Theologie zu finden, entwickeln sich mit der Physikotheologie, dem Supranaturalismus, dem Deismus und der Neologie vier rationalistische Schulen, die das Christentum gemeinsam als Vernunftreligion qualifizieren, aber hinsichtlich ihrer Beurteilung der menschlichen Erkenntniskräfte voneinander abweichen.

Physikotheologie

Die Physikotheologie ist die historisch älteste dieser theologischen Strömungen und verbreitet sich in Norddeutschland bereits gegen Ende des 17. Jahrhunderts. Im Vertrauen auf einen personalen Gott wird die Schöpfung als etwas Vollkommenes betrachtet, das die himmlische Vernunft und Weitsicht bestätigt. Um auch die Natur als himmlische Offenbarung begreifen zu können, sei der Mensch mit Intellekt und Forscherdrang begabt worden. Entdecke er ständig Neues, so stehe dies nicht im Widerspruch zur göttlichen Weltordnung, sondern bezeuge deren Komplexität und Mannigfaltigkeit. Unter diesen Vorzeichen betrachtet, steht die zeitgenössische Naturwissenschaft im Einklang mit der Theologie. Demgemäß vergleichen Physikotheologen wie Johann Albert Fabricius, Christian Wolff oder Albrecht von Haller das Entdecken und Begreifen der Natur als einen Gottesdienst, in dem sich der Respekt vor der göttlichen Allmacht manifestiert. In der Literatur der Frühaufklärung gehört Barthold Heinrich Brockes zu den prominenten Fürsprechern dieser theologischen Weltbejahung. Optimistisch wendet er sich in seiner Gedichtsammlung *Irdisches Vergnügen in Gott* den Schönheiten in Fauna und Flora zu, preist Gott für die Entscheidung, den Menschen mit Vernunft und Sinnen ausgestattet zu haben, und beschäftigt sich ferner mit naturkundlichen Entdeckungen, die erst durch das Mikroskop ermöglicht wurden. So beschreibt Brockes über mehrere Strophen den schimmernden Glanz eines Insektenflügels oder feiert fast schon hymnisch das organische Leben in einem Wassertropfen. Beide bestätigen ihm einmal mehr die Schöpferkraft Gottes. Im Anschluss an Brockes entstehen zahlreiche Werke, in denen oft fachwissenschaftlich gebildete Autoren detaillierte Einsichten in die Zweckhaftigkeit der Natur vermitteln. In solchen astro-, ichthyo- oder insectotheologischen Gedichten verkündet sich die frühaufklärerische Hoffnung, im Zuge fortschreitender naturwissenschaftlicher Erkenntnisse uralte Formen des Aberglaubens sowie ein landläufiges Wissensdefizit überwinden zu können.[2]

Supranaturalismus

Mitte des 18. Jahrhunderts behauptet sich in der protestantischen Theologie eine supranaturalistische Bewegung, die ihren Ausgangspunkt von der sogenannten Tübinger Schule nimmt. Diese württembergischen Geistlichen lehnen den Rationalismus der Aufklärungsphilosophie nicht grundsätzlich ab, halten jedoch an einer übernatürlichen, dem menschlichen Denken unzugänglichen Seinsordnung fest. Ihr zufolge ist die Beziehung zu Gott nicht mit intellektuellen Mitteln zu begründen. Mit der Annahme eines höheren Lebens setzen die Supranaturalisten um Julius Wegscheider und Gottlob Christian Storr auch wieder einen Offenbarungsglauben ein, der sich als spirituelles Grundbedürfnis weder auf empirische Leidenserfahrungen noch auf geistige Erklärungsdefizite zurückführen lässt. In dieser Einschätzung sehen sich die Supranaturalisten bestätigt, als Kant die Unmöglichkeit demonstriert, die

Existenz Gottes auf dem Wege der Vernunfterkenntnis beweisen zu können. Einer der literarisch bekanntesten Verfechter des Supranaturalismus ist Christian Fürchtegott Gellert. Mit seinen moralphilosophischen Schriften, Fabeln und Kirchenliedern, in die auch pietistisches Gedankengut einfließt, prägt er nachhaltig den bürgerlichen Tugendbegriff des mittleren 18. Jahrhunderts. Das Verhältnis von Glaube und Natur entwickelt Gellert programmatisch in dem von Ludwig van Beethoven vertonten Lied *Die Ehre Gottes aus der Natur*. Motivisch angelehnt an die Psalmen des Alten Testaments, heißt es dort, die „Wunder der Werke" habe Gott dem Menschen in der Schöpfung „aufgestellt", damit sie ihm „Weisheit und Ordnung und Stärke" des „Herrn der Welt" verkünden.[3]

Deismus

Die Ursprünge des Deismus reichen zurück bis zur Freidenker-Bewegung, die sich in der zweiten Hälfte des 17. Jahrhunderts in Großbritannien konstituiert. Zu seinen Kennzeichen gehört die Akzeptanz eines Schöpfergottes, der deistischer Überzeugung zufolge nach der Erschaffung des Universums nicht mehr richtend in die Geschichte des Menschen eingreift. Vielmehr halte er Kontakt zu Gläubigen, indem er ihnen im Prozess der Wahrnehmung zu neuen Ideen und Einsichten verhilft. Ein Disput mit anderen theologischen Lehrmeinungen zeichnet sich ab, als einflussreiche Deisten wie Lord Herbert Cherbury und John Locke den Offenbarungsglauben mit der Forderung zu entkräften versuchen, Religion habe sich der menschlichen Vernunft unterzuordnen und eine moralische Lebensführung zu befördern. In Deutschland setzt sich der Deismus nur zögerlich durch. Trotz Leibniz' Vermittlungsversuchen macht ihn erst Hermann Samuel Reimarus einer größeren Öffentlichkeit zugänglich, als er in seinen *Abhandlungen von den vornehmsten Wahrheiten der natürlichen Religion* (1754) den bedingungslosen Glauben mit einer historisch-kritischen Bibelkritik zu widerlegen versucht. Mit welchen politischen Schwierigkeiten der Deismus kämpfen muss, dokumentiert eine der folgenreichsten theologischen Debatten des 18. Jahrhunderts, der sogenannte Fragmentenstreit. Als Lessing zwischen 1774 und 1778 Teile aus der von Reimarus nicht für den Druck vorgesehenen *Apologie oder Schutzschrift für die vernünftigen Verehrer Gottes* abdruckt, provoziert er den Widerstand orthodoxer Geistlicher, die den Deismus schon länger der Gottlosigkeit bezichtigen. Einer ihrer Wortführer ist der Hamburger Hauptpastor Johann Melchior Goeze, gegen dessen Verdächtigungen sich Lessing mit fünfzehn Streitschriften verteidigt, darunter den *Anti-Goeze* (1778). Allerdings versteht es sein Widersacher, die Obrigkeit auf seine Seite zu ziehen. Da Goeze über bessere Kontakte zur politischen Macht verfügt als sein Widersacher, wird Lessing vom Braunschweiger Herzog schließlich das Recht entzogen, weitere theologische Schriften zu veröffentlichen.

Neologie

Da sich orthodoxe Theologen wie Goeze einer breiten öffentlichen Unterstützung sicher sein dürfen, polemisieren sie bis ins späte 18. Jahrhundert hinein immer wieder erfolgreich auch gegen andere Spielarten der rationalistischen Theologie. Eine von ihnen ist die Neologie, eine deutsche Variante des aufgeklärten Protestantismus, die zwischen Physikotheologie und Deismus zu vermitteln versucht. An sich kompromissbereit, bestreitet sie eine Verbalinspiration der Evangelisten, schließt aber Offenbarungs- oder Erweckungserlebnisse im Umgang mit der Bibel nicht aus. Ferner nehmen die Neologen den menschlichen Verstand in die Pflicht, zwischen ‚echtem' christlichen Glauben und geschichtlich bedingten Dogmen zu unterscheiden. Wie sich das Christentum wieder stärker auf eine ethisch fundierte Gemeindearbeit konzentrieren kann, diskutieren prominente Neologen wie der Hallenser Religionswissenschaftler Johann Salomo Semler, die Berliner Konsistorialräte Johann Joachim Spalding und August Friedrich Wilhelm Sack sowie der Braunschweiger Hofprediger Friedrich Wilhelm Jerusalem. Im Vordergrund ihrer Schriften steht die Beschäftigung mit einem Predigtamt, das sich der Verbreitung allgemeiner Sittlichkeit verpflichtet weiß.

Im Grunde bezieht auch Lessing im Fragmentenstreit eine neologische Position. Indem er geltend macht, bestimmte Glaubensinhalte und institutionalisierte Rituale seien nicht notwendigerweise mit den Aussagen der Bibel identisch, bestreitet er nicht gänzlich die Rechtmäßigkeit orthodoxer Lehrinhalte, zwingt deren Vertreter jedoch, sich toleranter mit anderen theologischen Positionen auseinanderzusetzen: „die Bibel enthält wohl mehr als zur Religion gehöriges; und es ist bloß Hypothes, daß sie in diesem Mehrern gleich unfehlbar sein müsse."[4] Den aus neologischer Sicht entscheidenden Beweis für die Vereinbarkeit von Vernunft und Offenbarung liefert Lessing mit dem Argument, eine christliche Glaubenspraxis könne sich schon aus historischen Gründen nicht im Studium einiger Schriftzeugnisse erschöpfen:

> die Religion [war] ehe eine Bibel war. Das Christentum war, ehe Evangelisten und Apostel geschrieben hatten. Es verlief eine geraume Zeit, ehe der erste von ihnen schrieb; und eine sehr beträchtliche, ehe der ganze Kanon zu Stande kam. Es mag also von diesen Schriften noch so viel abhängen: so kann doch unmöglich die ganze Wahrheit der Religion auf ihnen beruhen.[5]

Mit dieser Annahme will Lessing zweierlei leisten: Zum einen soll die Forderung der Deisten, „den Gott der Christen [...] verlachen" und sozial dennoch „geduldet sein" zu wollen, widerlegt werden. Zum anderen grenzt sich Lessing von der Behauptung ab, zahlreiche Christen schätzten den Glauben höher als die „gesunde[] Vernunft".[6] Diesen Glaubensskeptikern gibt er zu bedenken, die Religion basiere auf sehr ursprünglichen spirituellen Erfahrungen. Das gar zu schnelle Anbiedern einiger Theologen an den Rationalismus beschneide daher ihr jahrtausendealtes Wissen um Glaubensängste und -gewissheiten.

Dass die Neologie in der Tradition der Wolffschen Schulphilosophie überhaupt keine ‚Wunder' anerkennt und allein in der Vernunftbegabung die Gottesebenbildlichkeit des Menschen erblickt, wird von zahlreichen Literaten der Aufklärung trotz aller offenkundigen Sympathie kritisch beurteilt. Winckelmann, Klopstock, Herder, Wieland oder Mendelssohn äußern sich jedenfalls zurückhaltend über das Vertrauen der Neologen in die Rationalität des Glaubens.

2. Aufklärungsgesellschaften und Geheimbünde

Historisch gehören Logen oder Geheimbünde meist Phasen politischer oder religiöser Unterdrückung an. Seit der Antike organisieren sich ihre Mitglieder im Verborgenen, um sich über Glaubensinhalte oder soziale Probleme auszutauschen. In solchen Sozietäten übt man ferner alternative Lebens- und Umgangsformen ein, die von den Mitgliedern dann auch im Alltag praktiziert werden. Entsprechend häufig stehen Geheimbünde im Verdacht politischer Konspiration. Solchen Vorwürfen sehen sich auch das Logenwesen und die Freimaurerei des 18. Jahrhunderts ausgesetzt. Das Misstrauen, mit denen ihnen Staat und Kirche bisweilen begegnen, erklärt sich zum einen aus der offensichtlichen Nähe zur Aufklärung, die vor allem dem international agierenden Freimaurerbund zu einem raschen gesellschaftlichen Aufstieg verhilft. Zum anderen sind es die Verschwiegenheit, zu der sich die Mitglieder ‚diskreter Gesellschaften' verpflichten müssen, und der Einfluss ranghoher Adliger auf einzelne Logen, die dazu führen, dass „staatliche Vorschriften" die Verbreitung solch geselliger Zusammenkünfte regulieren.[7]

Dass Logen und Freimaurerei seit etwa Mitte des 18. Jahrhunderts den Prozess der Aufklärung auch in Deutschland nachhaltig mitgestalten, gilt heute als unbestritten. Immerhin sind weite

Teile des gebildeten Bürgertums und zudem führende Intellektuelle – Lessing, Goethe, Mozart, Fichte usw. – in solchen Bünden oder Bauhütten eingeschrieben. Ihr „Bekenntnis zur Aufklärung" setzen sie innerhalb der Öffentlichkeit um, indem man sich für die „Förderung des Gemeinwohls und die Verbesserung gesellschaftlicher Zustände" verwendet.[8] Intern treten die Freimaurer „unter Achtung der Würde des Menschen für Toleranz, freie Entwicklung der Persönlichkeit, Brüderlichkeit und allgemeine Menschenwürde" ein. Während ihrer Logensitzungen gelten daher alle Standesschranken als aufgehoben, so dass die Anwesenden frei von gesellschaftlichen Respektsvorschriften miteinander kommunizieren können. „Bilder und Symbole" sowie verschiedene Lehrlings-, Gesellen- und Meistergrade sollen dabei das Freimauererwesen „erlebbar" machen und zugleich den sittlichen Vervollkommnungsgrad des einzelnen Logenbruders anzeigen.[9] Hinzu kommen verschiedene Ritualhandlungen, welche sowohl die allgemeine ‚Tempelarbeit' als auch den Verlauf einer Logensitzung strukturieren. In *Ernst und Falk* (1777ff.) hat sich Lessing ausführlich mit solchen Bräuchen beschäftigt und zu den politischen Zielen dieser Orden geäußert. Da es neben den Freimaurern auch Geheimbünde gibt, in denen nach ‚höherem Wissen' gesucht wird, befriedigen die Logen daneben ein spirituelles Interesse, das offensichtlich nicht als Widerspruch zum aufklärerischen Selbstverständnis empfunden wird.

Logengründungen

Die erste deutsche Freimaurerloge wird 1737 in Hamburg gegründet und gibt sich später den Namen *Absalom*. Eines ihrer prominenten Mitglieder ist der spätere preußische König Friedrich II. Drei Jahre später entsteht in Berlin die *Große Königliche Mutterloge ‚Zu den drei Weltkugeln'*, der vorübergehend auch der erfolgreiche Jurist und Schriftsteller Theodor Gottlieb von Hippel angehört. Nach dem Vorbild dieser beiden Logen entstehen in den nächsten Jahren in zahlreichen deutschen Städten regionale Geheimbünde, daneben bilden sich größere Landeslogen. Europaweit sind sie zudem in einem umspannenden Netzwerk organisiert.

Illuminaten

Wie schwierig sich die Beurteilung der in den Logen praktizierten Aufklärungs- und Arkanpraxis gestalten kann, zeigt die Geschichte des Illuminatenordens. 1776 in Ingolstadt von dem Kirchenrechtler Adam Weishaupt ins Leben gerufen, soll er anfänglich Theologiestudenten den Zugang zu kirchenkritischen Schriften ermöglichen und sie zugleich vor Übergriffen seitens der Jesuiten schützen. Die Mitglieder betrachten sich als Perfektibilisten, glauben also an die Vervollkommnungsfähigkeit des Menschen. In den nächsten Jahren verbreitet sich der Illuminatenorden, dem zeitweilig auch Knigge, Herder und Goethe angehören, mit großem Erfolg. Ebenso rasch steht er allerdings im Ruf, das Staats- und Kirchenwesen von innen heraus auszuhöhlen, weshalb der Orden in Bayern bereits 1784 wieder verboten wird. Einen nicht minder zweifelhaften Ruf handeln sich die Illuminaten ein, als man beginnt, andere Logen gezielt zu unterwandern, um in ihnen das Gehorsams- und Schweigegebot, die sogenannte ‚strikte Observanz', durchzusetzen und gleichzeitig Mitglieder abzuwerben. In *Über den Umgang mit Menschen* hat sich Knigge später skeptisch zu dieser Proselytenmacherei geäußert und auch auf Repressalien hingewiesen, mit denen Geheimbünde in der zweiten Hälfte des 18. Jahrhunderts auf Anschuldigungen reagieren:

> Sie sind alle freylich nicht im gleichen Grade, aber doch alle ohne Unterschied, zugleich unnütz und gefährlich. Unnütz sind sie zuerst, weil man in unserm Zeitalter keine Art von wichtigem Unterrichte in Geheimnisse einzuhüllen braucht. [...] Ich rathe daher nochmals, sich auf diese Mode-Thorheit nicht einzulassen [...]; vorsichtig im Reden über diesen Gegenstand zu seyn, um sich Verdruß zu ersparen und weder ein gutes noch böses Urtheil über solche Systeme zu wagen, weil der Grund derselben oft sehr tief verborgen liegt.[10]

Rosenkreuzer

Zu den mystischen Orden des 18. Jahrhunderts gehören die Rosenkreuzer. Ihre Anfänge gehen auf verschiedene Gruppierungen des frühen 17. Jahrhundert zurück, die sich dann um 1750 im süddeutschen Raum zum *Orden der Gold- und Rosenkreuzer* zusammenschließen. Geprägt von pietistischen Glaubensregeln, streben die Mitglieder mit Hilfe kabbalistischer, alchemistischer und magischer Rituale die Vereinigung mit Gott an. Organisiert sind die Rosenkreuzer ähnlich wie die Freimaurerlogen, allerdings bekämpfen sie unter Federführung des preußischen Justizministers Johann Christoph Wöllner und des Generals Hans Rudolph von Bischoffwerder im ausgehenden 18. Jahrhundert gezielt die Aufklärung und wissen sich dabei geschützt vonseiten des Königshauses. Neben Berlin gehört Kassel zu den nördlicheren Zentren der Rosenkreuzer. Hier kommen auch Georg Forster und sein Freund, der berühmte Anatom Thomas Soemmering, mit ihnen in Kontakt. Vieles spricht dafür, dass der Orden mit der Kasseler Hofloge *Zum gekrönten Löwen* zusammenarbeitet und sich beide Professoren von einer Mitgliedschaft eine Gehaltsaufbesserung versprechen. Nach einigen Jahren distanzieren sich Forster und Soemmering jedoch von den okkulten Versuchen, mit der ‚Geisterwelt' zu kommunizieren. Wie Forster in einigen Briefen ergänzt, mussten vor solchen Sitzungen bestimmte Reinigungsrituale durchgeführt werden. Überdies sollte er „allen unschuldigen Freuden des Lebens" entsagen.[11] Rückblickend erklärt sich Forster die Beziehung zu den Rosenkreuzern mit dem sozialen Druck, den die höfische Stadtöffentlichkeit auf ihn ausgeübt habe. Allerdings muss er sich auch eine gewisse Naivität eingestehen.

Lesekultur und Buchmarkt 3.

Lesen anfangs nur wenige Gelehrte, so verändert sich im Verlauf des 18. Jahrhunderts sowohl das Lesepublikum als auch das Leseverhalten. Neben einem schrittweise verbesserten Schulwesen trägt dazu der Anspruch der Aufklärung bei, ihre kulturellen, moralischen und politischen Zielsetzungen sowie das zeitgenössische Wissen zu verbreiten. Da die Aufklärungsliteratur unterschiedliche Textsorten und Printmedien bevorzugt, werden im Verlauf des 18. Jahrhunderts immer weitere Bevölkerungskreise angesprochen. Dieses Spektrum führt in der Leserschaft wiederum zur Ausbildung verschiedener literarischer Geschmacksvorlieben, die ein sich marktwirtschaftlich organisierender Buchmarkt zu befriedigen versucht. Bessere Vertriebswege und Verkaufsstrategien tragen ebenfalls zur Expansion des literarischen Marktes bei.

Leseforschung

Was im Verlauf des 18. Jahrhunderts gelesen wird, rekonstruiert die Leseforschung mit Hilfe von Messkatalogen, die Buchhändler und Drucker auf den jährlichen Buchmessen in Leipzig und Frankfurt tauschen. Wie ihnen zu entnehmen ist, sinkt die Zahl theologischer Publikationen von anfangs fünfzig Prozent Marktanteil auf unter sechs Prozent um 1800. Demgegenüber wächst das Interesse an Reiseberichten, Ratgebern und belletristischer Literatur. Überhaupt steigt die Gesamtzahl der Neuerscheinungen im letzten Drittel des 18. Jahrhunderts kontinuierlich. Sind es in den 1770er Jahren noch jährlich etwa zweitausend Titel, die auf den beiden Messen angeboten werden, so hat sich das Sortiment fünfundzwanzig Jahre später verdoppelt.

Lesefähigkeit

Aufgrund eines zunächst kaum verbreiteten Schulsystems können im 18. Jahrhundert lange Zeit nur wenige Menschen eigenständig lesen. Da zuverlässige Daten fehlen, geht man heute davon aus, dass mit Beginn der Aufklärung etwa zwei bis drei Prozent der Gesamtbevölkerung aktiv liest, einhundert Jahre später sind es dann ungefähr fünfzehn Prozent der zwanzig bis fünfundzwanzig Millionen Deutschen. Allerdings sagen diese Zahlen wenig darüber aus, wie viele Menschen sich seinerzeit tatsächlich mit Literatur jedweder Art beschäftigen. Noch in den 1770er Jahren ist es immerhin üblich, sich in geselliger Runde vorlesen zu lassen. Von der heute kanonisierten Dichtung des 18. Jahrhunderts muss angenommen werden, dass sie nur einige hundert Leser eingehender rezipiert haben.

Extensives Lesen

Bis ins 18. Jahrhundert hinein werden die Bibel und christliche Erbauungsschriften intensiv, also mehrfach gelesen. Dieses Lektüreverhalten verändert sich hin zum extensiven Lesen, als der Buchmarkt wächst und die Verlage dazu übergehen, ihre Waren mit Hilfe der Post, in dringenden Fällen sogar mit Privatreitern zu vertreiben. Aufgrund der vielen Ländergrenzen und Zollgebühren in Deutschland bleiben Bücher allerdings teuer. Zu den extensiven Lesern gehören in der Regel auch die Literaten selbst. Soweit noch erhalten, weisen ihre Hausbibliotheken oft mehrere tausend Titel auf. Zusammen mit den Beständen anderer Privatsammler erlauben solche Bibliotheken heute einen guten Einblick, welche nationale und internationale Literatur im 18. Jahrhundert gelesen wird, respektive einem größeren Interessentenkreis zugänglich ist. Dass aber nicht nur Dichter und Gelehrte zu den Viellesern gehören, sondern in wachsendem Maße auch Frauen und Kinder, ruft in der zweiten Hälfte des 18. Jahrhunderts zahlreiche Pädagogen, Pfarrer oder Mediziner auf den Plan, die vor einer ‚Lesewut' und den gesundheitlichen Folgen häufiger Lektüre warnen.

Zeitschriften

Will man die intellektuellen und moralischen Ziele der Aufklärung einem möglichst großen Publikum nahebringen, bieten sich Zeitungen und Zeitschriften an. Ausgesprochen beliebt sind die Moralischen Wochenschriften nach dem Vorbild britischer Blätter wie dem *Tatler* (1708ff.) und *Spectator* (1711f.). In ihnen finden sich neben Nachrichten und Ratgebern auch Erzählungen oder Fabeln, die aufgeklärtes Gedankengut anschaulich transportieren. Ferner weisen Rezensionen und Verlagsankündigungen auf literarische Neuerscheinungen hin. Zu den ersten Moralischen Wochenschriften hierzulande gehören *Der Vernünfftler*, herausgegeben von Johann Mattheson (1713f.), die von Bodmer und Breitinger besorgten *Discourse der Mahlern* (1721ff.) und die beiden von Gottsched herausgegebenen Wochenschriften *Die vernünftigen Tadlerinnen* (1725f.) und *Der Patriot* (1727ff.). An ihren überregionalen Erfolg versuchen in den nächsten Jahrzehnten mehrere tausende Zeitschriftenprojekte anzuknüpfen. Ab Mitte des 18. Jahrhunderts folgen ihnen literarische Journale, die sich an ein überwiegend gebildetes Lesepublikum wenden. Exemplarisch sei auf Wielands *Teutschen Merkur* (1773-1810), Heinrich Christian Boies *Göttinger Musenalmanach* (1770-1775) sowie dessen *Deutsches Museum* (1776-1791) und Lichtenbergs *Taschenbuch zum Nutzen und Vergnügen* (1778-1784) hingewiesen. Was diese Journale für den zeitgenössischen Literaturbetrieb so bedeutend macht, ist das Angebot an unbekannte Autoren, mit ersten Veröffentlichungen auf sich aufmerksam zu machen. Der Popularität nicht unbedingt abträglich sind auch verschiedene literarische Fehden, die in Zeitschriften ausgetragen werden. So veröffentlicht der Herausgeber der *Bremer Beiträge*, Karl Christian Gärtner, zunächst Aufsätze und kürzere Werke aus der sächsischen Dichterschule um Gottsched. Als aber der Druck namhafter Literaten auf die Regelpoeten wächst, stellt sich Gärtner auf die Seite der Schweizer Literaturtheoretiker und öffnet seine Zeitschrift für die Dichter der Empfindsamkeit. Begleitet wird dieser einflussreiche Positionswechsel von spöttischen Kommentaren auf den literarischen Gegner.

Fast zeitgleich zu den literarischen Journalen entstehen verwandte Periodika, die sich mit anderen Künsten beschäftigen, sowie zahlreiche wissenschaftliche Fachzeitschriften. Darüber hinaus erscheinen unterhaltsame oder popularwissenschaftliche Magazine für verschiedene Berufsstände und Altersklassen, darunter die *Wochenschrift zum Besten der Erziehung und Jugend* (1771ff.) mit Beiträgen für eine überwiegend jüngere Leserschaft und Sophie von La Roches *Pomona für Teutschlands Töchter*, die erste aufgeklärte Frauenzeitschrift mit Reiseberichten, belehrender Prosa und Antworten auf Erziehungsfragen.

Zeitungen

Periodisch erscheinende Zeitungen, die nach dem heute noch bekannten Schema – Politik, Wirtschaft, Lokales, Bekanntmachungen und Feuilleton – aufgebaut sind, können in Deutschland seit dem frühen 17. Jahrhundert belegt werden. Das auflagenstärkste Blatt des 18. Jahrhunderts ist der *Hamburgische Correspondent* (1732-1934) mit 58000 Verkaufsexemplaren in der zweiten Jahrhunderthälfte. Zu den Zeitungen, die sowohl die Presselandschaft als auch den Literaturbetrieb lange Zeit mitprägen, gehört die *Königlich privilegierte Berlinische Zeitung von Staats- und gelehrten Sachen*. Sie erscheint von 1721 bis 1934 unter verschiedenen Namen. Vorübergehend enthält sie die von Lessing edierte Monatsbeilage *Das Neueste aus dem Bereich des Witzes* (1751). Zu den Vorläufern späterer staatspolitischer Journale gehört der von Matthias Claudius zwischen 1771 und 1775 herausgegebene *Wandsbecker Bote*. In ihm vertritt Claudius als politisch engagierter Journalist die Belange der Aufklärung und versucht, die öffentliche Meinungsbildung zu fördern. Für den Literaturteil seiner Zeitung gewinnt er mit Lessing, Klopstock, Herder und Goethe renommierte Autoren, die sowohl eigene literarische Arbeiten als auch Berichte und Rezensionen beisteuern.

Lesegesellschaften und Leihbibliotheken

Zu den wichtigsten Vermittlungsformen von Literatur gehören im 18. Jahrhundert die Lesegesellschaften und Bibliotheken. In beiden Institutionen trifft man sich zu gemeinsamer Lektüre und anschließendem Meinungsaustausch. Zu Lesegesellschaften können sich literarisch Interessierte zusammenschließen, oft sind es aber Fachgelehrte, welche sich die Anschaffungskosten für teure wissenschaftliche Bücher teilen. Obwohl nur wenige Lesegesellschaften allen Schichten offenstehen und auch Frauen meist der Besuch verwehrt bleibt, gelten sie zunächst als Refugien, in denen sich aufgeklärtes Gedankengut verbreitet. So werden in die Lesegesellschaften des frühen 18. Jahrhunderts nur Mitglieder aufgenommen, die sich für die Verbreitung patriotischer und moralischer Werte engagieren. Spätere Gründungen verstehen sich als Nutzgemeinschaften, die es ihren Mitgliedern ermöglichen, sich einen Überblick über den expandierenden Buchmarkt zu verschaffen.

Bei den Leihbibliotheken mit einem umfangreicheren Buchbestand handelt es sich um Einrichtungen, die sich an ein literarisch breiter gefächertes Lesepublikum wenden. Da sie anfangs noch in privater Trägerschaft stehen, müssen die Mitglieder Gebühren entrichten. Ursprünglich sind diese Leihbibliotheken noch einer Buchhandlung oder einem sogenannten Lesezirkel angeschlossen, werden also im Nebenerwerb betrieben. Größere öffentliche Bibliotheken, in denen dem Publikum ein umfassendes Lektürespektrum zur Verfügung steht, entstehen erst in der zweiten Hälfte des 18. Jahrhunderts.

4. Volksaufklärung

Auch wenn sich die Kultur der Aufklärung von Anfang an um die Verbesserung der Lebens- und Bildungssituation aller Schichten des dritten Standes bemüht, so entwickelt doch erst die Volksaufklärung im letzten Drittel des 18. Jahrhunderts karitative, pädagogische und literarische Konzepte, die auf Bedürfnisse der Landleute, Dienstboten oder einfachen Handwerker zugeschnitten sind. Ein nicht unbedeutender Impuls auf dieses lange vernachlässigte Bildungsanliegen geht von Ulrich Bräkers tagebuchartigem Roman *Lebensgeschichte und natürliche Ebentheuer des armen*

Mannes im Tockenburg (1789) aus, in dem der Autor von seinem Dasein als Schweizer Kleinbauer, Söldner und Seifensieder berichtet. Es ist dieser ungeschönte Einblick in die Welt der Leibeigenen und Tagelöhner, der das gebildete Publikum geradezu schockartig an sein aufgeklärtes Glücksversprechen erinnert.

Erste systematische Schritte zur Verbesserung der Volksbildung unternehmen philanthropische Pädagogen wie Johann Bernhard Basedow, Christian Gotthilf Salzmann und Joachim Heinrich Campe. Überzeugt von der Nützlichkeit jedes Menschen für die Gesellschaft, gründet Basedow 1771 in Dessau das Philanthropinum, in dem Kinder unterschiedlicher sozialer Herkunft gemeinsam unterrichtet und im Geiste einer empfindsamen Aufklärung (Lernen durch Anschauung) erzogen werden. Mit Campe gewinnt er einen engagierten Mitarbeiter, der sich von 1779 an auch als einer der ersten Jugendbuchautoren hervortut (*Robinson der Jüngere, Die Entdeckung von Amerika*, 1781) und später dann in einer preußischen Kommission für staatliche Schulreformen mitarbeitet. Als Reformpädagoge nicht minder berühmt ist der Schweizer Johann Heinrich Pestalozzi. Zwischen 1775 und 1825 eröffnet er verschiedene Waisenhäuser, Armenanstalten und Schulen, in denen er die Kinder nicht nur im Lesen und Schreiben unterrichten lässt, sondern ihnen in Handwerksklassen eine möglichst breite Berufsorientierung zu bieten versucht. Internationales Ansehen gewinnt Pestalozzi mit seinem zwischen 1781 und 1787 in vier Bänden erscheinenden Roman *Lienhard und Gertrud. Ein Buch für das Volk*. Rasch avanciert die Milieustudie zu einem der meistgelesenen Bücher des ausgehenden Jahrhunderts. Plastisch schildert Pestalozzi hier die Armut seiner Protagonisten und zeigt am Beispiel eines demoralisierten Dorfes auf, wie mittels einer ökonomischen Haushaltsführung und der Beschwichtigung mythischer Ängste die Lebensbedingungen vernachlässigter Menschen verbessert werden können.

Aufklärung des Landmannes

Ein verwandter Reformwille grundiert den *Versuch über die Aufklärung des Landmannes* (1785) aus der Feder des Journalisten und Verlagsbuchhändlers Rudolf Zacharias Becker. Eigentlich ausgebildet als Lehrer am Dessauer Philanthropinum, orientiert sich Becker an den bäuerlichen Daseinsbedingungen, um eines der „gemeinnützigsten und rühmlichsten Geschäfte“, die Aufklärung der Leser nach Maßgabe einer ständisch differenzierten Bildung, vorzustellen.[12] Dabei verzichtet Becker darauf, sich umständlich mit aufgeklärten Gesellschaftstheorien auseinanderzusetzen. Vielmehr werden möglichst realitätsnahe Lösungen diskutiert, wie dem „Landmann“ innerhalb seines „persönlichen

Wirkungskreises" die „sittlichen Grundsätze und die Regeln des Verhaltens im häuslichen und bürgerlichen Leben" zu vermitteln sind.[13] Ganz in den Kategorien einer praxisorientierten Aufklärung denkend, ergänzt Becker seine Ausführungen um den Hinweis, angesichts der tatsächlichen Notlage weiter Bevölkerungskreise habe er sich an der praktischen Urteilskraft noch weitgehend ungebildeter Menschen zu orientieren:

> Viele verstehen unter Aufklärung eine unbestimmte Vermehrung der Kenntnisse aller Art, verbunden mit derjenigen Ausbildung der Seelenkräfte und der Freyheit von Vorurtheilen, die durch Speculazion und wissenschaftliche Einsichten erworben sind. Sie verlangen von dem aufgeklärten Kopfe eine Bekanntschaft mit der physischen, politischen, moralischen und gelehrten Welt.[14]

Übertragen auf das „Einschreiben von Wissen und Information" in die agrarische Lebenswelt, fordert Becker vom Staat die Gründung weiterführender Elementarschulen, in denen Jugendliche die regionale Bodenbeschaffenheit, Grundfragen einer gesunden Ernährung und die Notwendigkeit hygienischer Arbeitsbedingungen kennenlernen.[15] In der sittlichen Unterweisung sollte seinen Worten zufolge die Erziehung zu Pflichtbewusstsein und Sparsamkeit im Vordergrund stehen.

Hausbücher

Auch die unbegründete Furcht der Landbevölkerung vor der eigenen Weiterbildung will Becker überwunden sehen. Um das Bewusstsein für die ständige Verbesserung der eigenen Lebensgrundlagen zu wecken, empfiehlt er, Kinder und Heranwachsende schon früh mit der Lektüre von Kalendern und Hausbüchern vertraut zu machen, in denen auf anschauliche Weise über Fortschritte in der Technik, Aspekte des alltäglichen Betragens oder den Wandel in der Kindeserziehung berichtet wird. Zu ergänzen seien solche Ratgeber um Erzählungen, die moralische Orientierungshilfen für die Wechselfälle des Lebens anbieten. Beckers eigenes *Noth- und Hülfsbüchlein oder lehrreiche Freuden- und Trauergeschichte der Einwohner von Mildheim* erscheint 1788 und wird bis 1811 eine Millionen Mal verkauft. In einer fiktiven ländlichen Region angesiedelt, führt Becker eine der Hauptfiguren mit dem sprechenden Namen Wilhelm Denker mit den Worten ein, „durch die immer weitergehende Verbesserung der Felder und des Viehstandes" habe er auch Zeit gefunden, „mit grossen Buchstaben folgende Hauslehren" aufzuschreiben: „Spare in der Zeit: so hast du in der Noth. [...] Nach diesen Sprüchen richtete er sich sorgfältig. Er gab keinen Heller Geld fuer Leckereyen oder fuer Bettelsaat aus".[16]

Neben Beckers Lesebuch erscheinen im letzten Drittel des 18. Jahrhunderts weitere Unterweisungen, die bereits im Titel den vorzugsweise ländlichen Adressaten erkennen lassen. Hierzu gehört das 1796 anonym verlegte *Naturhistorische Noth- und Hülfsbüchlein für deutsche Landmänner, für Forstmänner, Dorfprediger und Dorfschulmeister*. Aber die Volksaufklärung wendet sich auch an Berufsgruppen, die sich im Zuge der Industrialisierung herausbilden. Exemplarisch zu nennen wäre Heinrich Philipp Sextros *Über die Bildung der Jugend zur Industrie* (1785). In der Regel werden diese ‚Klugheitsanweisungen' von Autoren verfasst, die mit den Lebensgrundlagen ihres Publikums und dessen pädagogischer Unterweisung vertraut sind. Im Zuge der Volksaufklärung finden sich darüber hinaus Ratgeber, die sich für die Frauenemanzipation und Mädchenausbildung engagieren. Hierzu gehört auch Theodor Gottlieb von Hippels Traktat *Über die Ehe*, der von 1774 an in immer wieder überarbeiteten Fassungen erscheint. Wie konsequent sich Hippel als einer der angesehensten preußischen Juristen für die Gleichbehandlung der Geschlechter und die freie Berufswahl für Frauen ausspricht, lässt sich allerdings nicht mehr den ideologisch verballhornten Neuausgaben des 20. Jahrhunderts entnehmen. Sein ökonomisches Argument, Frauen zeitlebens auf die Rolle der Mutter und Hausfrau zu fixieren, raube dem Staat fünfzig Prozent seines geistigen Kapitals, führt Hippel umfassender in *Über die bürgerliche Verbesserung der Weiber* (1792) aus. Aus schulpraktischer Perspektive schließt sich ihm Amalia Holst mit ihrer Abhandlung *Über die Bestimmung des Weibes zur höhern Geistesbildung* (1802) an, in der sie über die Misserfolge der bisherigen Schulreformen reflektiert und für den gemeinsamen Unterricht von Mädchen und Jungen eintritt.[17]

Grenzen der Volksaufklärung

Der Erfolg dieser volksaufklärerischen Bemühungen wird unterschiedlich beurteilt. So haben Rolf Engelsing und Wolfgang Ruppert die Auffassung vertreten, die meisten Kalender und Almanache hätten die „traditional gelenkte Alltagswelt sowohl der Bauern als auch der meisten Handwerker" nicht hinreichend berücksichtigt. Vor allem aber ließen sie es an politischer Aufklärung vermissen, wenn sie ihre Leser „zur disziplinierenden Pflicht" anleiten.[18] Solche Vorbehalte basieren jedoch auf ungesicherten empirischen Daten. Über welches politische oder kulturelle Wissen die angesprochenen Bauern und Arbeiter tatsächlich verfügen, lässt sich nämlich nicht mit Sicherheit sagen. Eine skeptische Betrachtung der Ratgeber lässt ferner übersehen, dass Autoren wie Becker oder Holst lange vor der Einführung einer verbesserten Gesetzgebung und allgemeinen Schulpflicht erste Beiträge zur Bildung jener Bevölkerungsgruppen leisten, die in der Aufklärungskultur eher marginalisiert werden.

Zusammenfassung

Neben dem Pietismus bilden sich im 18. Jahrhundert verschiedene theologische Strömungen aus, die insbesondere auf die Bibel- und Kirchenkritik seitens der Aufklärungsphilosophie reagieren. Während in den zeitgenössischen Geheimbünden das egalitäre Zusammenleben ohne ständische Zwänge eingeübt wird, befördern die Lesekabinette die Verbreitung zeitgenössischen Wissens. Mit verwandten Zielen wendet sich die Volksaufklärung bisher vernachlässigten Gesellschaftsschichten zu.

Literatur

Agethen, Manfred: Geheimbund und Utopie. Illuminaten, Freimaurer und deutsche Spätaufklärung. München: Oldenbourg 1991.

Ball, Gabriele: Moralische Küsse. Gottsched als Zeitungsherausgeber und literarischer Vermittler. Göttingen: Wallstein 2000.

Brandes, Helga: Der Wandel des Frauenbildes in den deutschen Moralischen Wochenschriften. Vom aufgeklärten Frauenzimmer zur schönen Weiblichkeit. In: Zwischen Aufklärung und Restauration. Sozialer Wandel in der deutschen Literatur (1700-1848). Hg. v. Wolfgang Frühwald u. Alberto Martino. Tübingen: Niemeyer 1989, S. 80-97.

Dülmen, Richard van: Die Gesellschaft der Aufklärer. Zur bürgerlichen Emanzipation und aufklärerischen Kultur in Deutschland. Frankfurt/Main: Fischer 1986.

Engelsing, Rolf: Der Bürger als Leser. Lesergeschichte in Deutschland 1500-1800. Stuttgart: Metzler 1974.

Grimm, Gunter E.: Letternkultur: Wissenschaftskritik und antigelehrtes Dichten in Deutschland von der Renaissance bis zum Sturm und Drang. Tübingen: Niemeyer 1998.

Kaiser, Gerhard: Pietismus und Patriotismus im literarischen Deutschland. Ein Beitrag zum Problem der Säkularisation. 2. erg. Aufl. Königsstein/Ts.: Athenäum 1973.

Kall, Sylvia: „Wir leben jetzt recht in Zeiten der Fehde". Zeitschriften am Ende des 18. Jahrhunderts als Medien und Kristallisationspunkte literarischer Auseinandersetzung. Frankfurt/Main u.a.: Lang 2004.

Martens, Wolfgang: Literatur und Frömmigkeit in der Zeit der frühen Aufklärung. Tübingen: Niemeyer 1989.

Sparn, Walter: Vernünftiges Christentum. Über die geschichtliche Aufgabe der theologischen Aufklärung im 18. Jahrhundert. In: Wissenschaft im Zeitalter der

Aufklärung. Hg. v. Rudolf Vierhaus. Göttingen: Vandenhoeck & Ruprecht 1985, S. 18-57.
Vierhaus, Rudolf: Deutschland im 18. Jahrhundert. Politische Verfassung, soziales Gefüge, geistige Bewegungen. Göttingen: Vandenhoeck & Ruprecht 1987.

Fragen

1. Was wird unter dem sogenannten Fragmentenstreit verstanden? Welche Autoren sind involviert?
2. Skizzieren Sie die soziale Bedeutung des Logenwesens.
3. Woraus erklärt sich die Beliebtheit der Moralischen Wochenschriften?
4. Charakterisieren Sie die Aufgaben der Volksaufklärung.

Aufbaumodul 1: Ästhetik und Poetik

In diesem Aufbaumodul wird einerseits die Debatte über das ästhetische Regelwissen aufgearbeitet. Andererseits geht es darum, am Beispiel des Wunderbaren, des schönen Denkens und des Mitleids aufzuzeigen, wie sich die Literatur des 18. Jahrhunderts schrittweise von der rationalistischen Dichtungstheorie distanziert und im ästhetischen Subjekt die Voraussetzung für eine Aufklärungskultur findet, die sich nicht in der Umsetzung abstrakter Gesellschaftskonstrukte erschöpfen soll.

1. Ästhetik

1.2 Witz und guter Geschmack

Will sich der einzelne Bürger im frühen 18. Jahrhundert respektabel am Hof repräsentieren, so muss er mit galantem Auftreten und möglichst ‚curiösen' Gesprächen überzeugen. In den überlieferten Verhaltenstraktaten wird dieses Schön- und Gutsein als Performanzstrategie beschrieben, die neben gutem Geschmack auch Stilgefühl und persönliche Urteilskraft voraussetzt. Dieses Vermögen, im Gespräch eigene Standpunkte vertreten zu können und die jeweiligen Dialogpartner gleichzeitig angemessen zu unterhalten, wird im 18. Jahrhundert als ‚Witz' bezeichnet. Ursprünglich stammt der Begriff aus der juristischen Fachsprache, die darunter die ‚Leichtigkeit' versteht, Analogien zwischen verschiedenen Gerichtsfällen zu entdecken. In Anlehnung an das französische ‚esprit' und das englische ‚wit' avanciert der Begriff dann zu einem zentralen Leitwert des bürgerlichen Höflichkeitsrepertoires. Da dieses auf die Darstellung des eigenen ständischen Selbstverständnisses hin angelegt ist, wird der Witz auch ästhetisch aufgeladen. So heißt es in *Zedlers Universallexikon* (1732ff.), in galanten Konversationen zeichne es den Witz aus, das „vernünfftige[] Urtheil" ohne rhetorische Finessen vorzutragen und sich nicht im Rückgriff auf zu tiefsinnige Beispiele „lächerlich zu machen".[1] Beim Witz handelt es sich folglich um ein intellektuelles Schlussverfahren, zu dessen Vorschriften es gehört, mit gedanklicher „Leichtigkeit" zu überzeugen, in geselliger Runde jedoch gleichzeitig darauf zu achten, dass nicht jeder „die Scharfsinnigkeit [...] in einem solchen Grade besitzet".[2]

Kunstgespräche

In der Frühaufklärung wird diese kommunikative Kompetenz häufig am Beispiel des Kunstgesprächs veranschaulicht. In ihm stellt der Bürger seinen Witz unter Beweis, indem er sein ästhetisches Urteil frei von allen Platituden vorträgt. Zu solchen Belanglosigkeiten gehören nach Thomasius höfische Redewendungen, die entweder im Unverbindlichen bleiben oder mangelnde Distanz zum Wahrgenommenen verraten. Über diese geistlose Rezipientenhaltung heißt es im Poesiekapitel der *Höchstnötigen Cautelen für einen Studiosus Iuris* (1713), der beliebte Vergleich, es scheine, als verkünde sich in einem Kunstwerk „was Göttliches", verrate nicht nur ästhetische Hilflosigkeit, sondern ignoriere vollkommen den Anspruch des Künstlers an sein Werk und an das Publikum.[3] Um sich nämlich an „gescheite Leute" zu wenden, demonstriere ein Maler oder Dichter nicht bloß seine handwerkliche „Weißheit", vielmehr schmücke er die darzustellenden „Wahrheiten" mit allerlei „Sinnbilder[n]" aus.[4] Diese Verbindung von technischem Können und motivischem Einfallsreichtum angemessen beurteilen zu können, charakterisiere den Witz des bürgerlichen Kunstrezipienten in gleichem Maße wie die Freiheit, poetischen „Zierrath" oder „allzuviel[] *Figuren* und Gekünstele" zu bemängeln.[5]

Esse est percipi

Dem Witz sind allerdings auch ästhetische Grenzen gezogen. So geben Thomasius und Wolff zu bedenken, dass die Kunst des frühen 18. Jahrhunderts noch von adligen Mäzenen abhängig ist und demgemäß anderen Geschmacksinteressen untersteht. Mit Rücksicht auf die Auftraggeber sei daher in Kunstgesprächen auch Zurückhaltung geboten. Diese Empfehlung verweist einmal mehr auf den inszenatorischen Charakter bürgerlichen Verhaltens in der Öffentlichkeit. Denn bei allem subjektiven Witz gebietet es die politische Klugheit, stets den Schutz der eigenen Person im Umgang mit Mächtigeren im Blick zu behalten. Mit Witz vorgetragene Geschmacksurteile mögen insofern in sich schlüssig sein. Frei von

Abb. 7 Johann Eleazar Schenau: *Das Kunstgespräch* (1772)

Zugeständnissen an den zeitgenössischen Kunstbetrieb und andere ästhetische Vorlieben sind sie nicht. Darauf macht auch der britische Aufklärer George Berkeley im *Essay towards a New Theory of Vision* (1709) und der *Treatise Concerning the Principles of Human Knowledge* (1710) aufmerksam. Gemäß seiner These, erst die aktive Wahrnehmung verhelfe ästhetischen Objekten zur Präsenz, will Berkeley zum einen allerdings die Frage geklärt wissen, wie der Rezipient seine Aufmerksamkeit auf einzelne Aspekte eines Kunstwerks lenkt. Nach Berkeley ist es nämlich zunächst immer erst der Rezipient, der etwas selbstständig Wahrgenommenes in den Rang eines ästhetischen Objekts erhebt und diese Entscheidung auch zu begründen weiß. Zum anderen werden die Künstler ermuntert, ihre Werke mit Reizsignalen auszustatten, die ihrerseits das Interesse auf sich lenken. Demgemäß heißt es über das einzelne Kunstobjekt:

> Die wunderbare Kunstfertigkeit, mit der es den Zielen und Zwecken angepaßt ist, für die es offenbar bestimmt ist, die ungeheure Ausdehnung, Zahl und Mannigfaltigkeit der Objekte, die mit soviel Leichtigkeit, Schnelligkeit und Vergnügen gleichzeitig von ihm suggeriert werden, – all das liefert Stoff für viele und befriedigende Forschungen und, wenn überhaupt etwas, so kann dies uns einen gewissen schimmernden, analogen Vorbegriff von Dingen geben, die jenseits der sichtbaren Entdeckung und Erfassung unseres gegenwärtigen Zustands liegen.[6]

Geistige Beweglichkeit

Der Einfluss, den Berkeleys wahrnehmungsästhetische Betrachtung des Rezeptionsprozesses auf den nachfolgenden Kunstdiskurs nimmt, ist kaum zu unterschätzen. In Deutschland ist es Gottsched, der sich ausführlich mit Berkeley beschäftigt und damit im Übrigen auch eine Brücke zwischen empirischer und rationalistischer Ästhetik schlägt. Indem er sich der Aufwertung des Publikums anschließt und Berkeleys Wahrnehmungsästhetik für seine Interpretation des subjektiven Witzes fruchtbar macht, kann Gottsched in seiner *Critischen Dichtkunst* auch darlegen, warum kritikfähige und geschmackssichere Leser einem maroden Literaturbetrieb wieder zu neuem Leben verhelfen: Mit ihren begründeten Urteilen hindern sie Autoren daran, sich in der Reproduktion des Immergleichen zu verlieren.

Ästhetik der Empfindsamkeit

Der sich mit der Empfindsamkeit andeutende Übergang von der Witz- zur Genieästhetik lässt sich stellvertretend am Beispiel Klopstocks und Lessings darlegen. So führt Klopstock in seinem Aufsatz *Von der heiligen Poesie* (1760) aus, als Bote himmlischer Empfindungen bekehre der Dichter das „Herz“ der Leser. Einer nur geschmackvollen Literatur mangle es dagegen an höherer Weihe: „Es gibt Werke des Witzes, die Meisterstücke sind, ohne daß das Herz etwas dazu beigetragen hatte. Allein, das Genie ohne Herz, wäre nur halbes Genie." Aufgrund seiner metaphysischen Inspiration, so führt Klopstock im Weiteren aus, hinterlasse der genialische Dichter auch „Empfindungen", die „weder die höchste philosophische Überzeugung, noch die andern Arten der Poesie, verursachen können."[7] Mit dieser Apotheose entbindet Klopstock die Dichtung von ihrer in der Aufklärungskultur lange Zeit zentralen Pflicht, den Witz der Leser zu unterhalten und ihren Geschmack zu schulen. Statt sich, wie bislang gefordert, in den Literaturbetrieb einzubringen, soll dem Publikum fortan nur noch die stille Bewunderung des göttlichen Sängers bleiben.

Auch Lessing weist den Witz des Rezipienten in die Schranken. Wie der *Hamburgischen Dramaturgie* (1767ff.) zu entnehmen ist, zeigte sich die Literatur der ersten Hälfte des 18. Jahrhunderts bemüht, die Leser in ihrer selbstverliebten Urteilssucht zu bestärken. Demgegenüber meide der Dichter als Genie alles ästhetisch Überfeinerte und lenke die Aufmerksamkeit des Publikums von der eigenen Scharfsicht auf die Konzeption des Kunstwerks. Was künstlerisches Genie und genießenden Witz grundsätzlich unterscheidet, arbeitet Lessing im dreißigsten Stück der *Hamburgischen Dramaturgie* heraus. Selbstbewusst heißt es über die Geschmacksurteile der Leser, sie orientierten sich weniger am Kunstgemäßen, sondern beschränkten sich auf das Interessante:

> Das Genie können nur Begebenheiten beschäftigen, die in einander gegründet sind, nur Ketten von Ursachen und Wirkungen. [...] Der Witz hingegen, als der nicht auf das in einander Gegründete, sondern nur auf das Ähnliche oder Unähnliche gehet [...], hält sich bei Begebenheiten auf [...]. Aus der beständigen Durchkreuzung solcher Fäden von ganz verschiedenen Farben, entsteht denn eine Kontextur, die in der Kunst eben das ist, was die Weberei Changeant nennet: ein Stoff, von dem man nicht sagen kann, ob er blau oder rot, grün oder gelb ist [...]: das Genie liebt Einfalt; der Witz, Verwicklung.[8]

Witz als Widerstand

Die spätaufklärerische Ästhetiktheorie hat sich diesen Vorbehalten nicht angeschlossen und den Witz wieder zu „den vorzüglichen Gaben des Geistes" gerechnet.[9] Exemplarisch sei auf Herders Verspottung des ‚Schenies' in seiner Studie *Vom Erkennen und Empfinden der menschlichen Seele* (1778) verwiesen. Nachdrücklich warnt er das Publikum, sich auf eine ritualisierte Verehrung des semigöttlichen Künstlers einzulassen. Nicht frei von

Ironie beschreibt auch Johann Georg Sulzer in seiner *Allgemeinen Theorie der schönen Künste* (1771) den Witz als destabilisierendes Mittel, mit dem man sich von der gar zu ‚heiligen' Infragestellung der eigenen Rezeptionsfähigkeit freisprechen kann. Darauf pochend, Kunst ohne Publikum verkomme zum Selbstzweck, appelliert Sulzer daher an das ästhetische Widerstandspotential der Leser: Verweigere sich ein Kunstwerk dem geistreichen Umgang oder versuche es mit der „große[n] und wichtige[n] Wahrheit" zu imponieren, sei ihm mit dem gleichen rebellischen Desinteresse zu begegnen wie Arbeiten, die „das Herz durch pathetische, oder zärtliche Gegenstände" rühren sollen.[10] Wenngleich unter gänzlich umgekehrten Vorzeichen bestätigt Sulzer mit diesen Ratschlägen die Annahme Lessings, der Witz tendiere zu ästhetischer Komplexität, das Genie dagegen zur Ordnung. Verlegt sich Dichtung daher aufs Heilige, entzieht ihr der Rezipientenwitz nach Sulzer kurzerhand das Recht, wahrgenommen zu werden.

1.2 Die Kunst des schönen Denkens

Als philosophische Teildisziplin wird die Ästhetik von Alexander Baumgarten begründet. Seine zweibändige *Aesthetica* (1750/58) gibt ihr den Namen. In dieser umfangreichen Abhandlung setzt sich der Verfasser erstmals ausführlicher mit der Bedeutung der menschlichen Sinnesorgane für die Bestimmung des Schönen auseinander. Da Baumgarten aus der Schule Christian Wolffs kommt, lehnt er eine Erkenntnis exakter Wahrheiten auf der Basis empirischer Anschauungen eigentlich ab. Demgemäß werden auch Sinne und Empfindungen den ‚Dunkelkräften' der menschlichen Seele zugerechnet. Das Schöne begreift Baumgarten dagegen als etwas Vollkommenes, das sich aus wahrgenommenen Impressionen und intellektuellen Betrachtungen zusammensetzt. So müsse die schöne Ausdrucksform eines Gegenstandes erkannt werden, doch dafür sei zunächst das subjektive ‚Ergriffensein' vom Schönen vorauszusetzen. Diese Empfindung in der Seele setze aktive Sinne im Rezeptionsprozess voraus. Um das Zusammenspiel zwischen ihnen und den Geisteskräften vom mathematischen Verstand (cognitio rationalis) unterscheiden zu können, geht Baumgarten von einer weiteren Urteilskraft, dem ästhetischen Erkenntnisvermögen (gnoseologia inferior), aus.

Da diffuse Sinnesreize in rationalistischer Tradition klare Urteile verhindern, begreift Baumgarten die Wahrnehmungsorgane als Filter, die sich geistig optimieren lassen, mithin nur solche

Impressionen an den Intellekt weiterleiten, mit deren Hilfe die Vernunftadäquatheit des jeweils Schönen bestätigt werden kann. Statt also beliebige Außenreize aufzunehmen, sorgt ein entsprechend disponiertes Sensorium dafür, dass sich die ästhetische Erkenntniskraft nur mit ‚sinnvollen' Informationen aus der Außenwelt beschäftigt. Diese Auseinandersetzung mit vorselektierten Wahrnehmungsdaten bezeichnet Baumgarten als ‚Kunst des schönen Denkens' (ars pulcre cogitandi). Indem noch nicht ‚distinkte' Anschauungen miteinander verglichen und geprüft werden, gewinnen sie weiter an ‚Klarheit' und tragen damit zur Vervollkommnung der sinnlichen Wahrnehmung bei. Die rationalistische Vorstellung, das Anmutige oder Wohlgefällige lasse sich unabhängig von den Sinnen bestimmen, lässt sich nach Baumgarten nicht mehr aufrechterhalten.

Der schöne Geist

Welche Anforderungen die Kunst des schönen Denkens an den Rezipienten stellt, diskutiert Baumgartens Schüler Georg Friedrich Meier in den *Anfangsgründen aller schönen Künste und Wissenschaften* (1748ff.).[11] Ausgehend vom „schöne[n] Geist", grenzt er sich zunächst von ästhetischen Theorien ab, die Kunst und Kunsturteil von der Kenntnis wissenschaftlich erwiesener Handwerksregeln abhängig machen. Solche „logischen Erklärungen" des Schönen basieren seinen Worten zufolge auf „ästhetisch dunklen Begriffen", denen es an Anschauungserfahrung fehle.[12] Aus der Unvereinbarkeit von mathematischer Erkenntnis und ästhetischem Denken erklärt sich nach Meier im Weiteren die Verschiedenheit schöner und logischer Urteile: Während letztere „trocken und abstract" allgemeine Wahrheiten formulieren, erkläre der Schöngeist die Welt unter Zuhilfenahme von „ästhetische[n] Bildern oder lebhafte[n] Beschreibungen".[13] Diese schöngeistige Durchdringung der Dinge begreift Meier als Poetisierung eines zunehmend logisch beherrschten Daseins.

felix aestheticus

Aus dieser Bestimmung des ‚felix aestheticus' folgert Meier für den Künstler, als glücklich Wahrnehmender sei er von der Pflicht entbunden, die Ordnungs- und Konstruktionsprinzipien seiner Werke mit gleicher Klarheit herauszuarbeiten wie ein Wissenschaftler, der in seinen Untersuchungen akademischen Regeln folgt. Da sein Ziel ein ästhetisch harmonisches Kunstwerks sei, sollte er sich daher bemühen, den Interpreten möglichst zahlreiche Deutungsangebote zu unterbreiten. Dafür gebe ihm das Schöne „hundert Kunstgriffe an die Hand", um „die Wahrheit unter tausend Gestalten auftreten zu lassen".[14] Wie Meier ergänzt, untersteht deren Verbreitung allerdings nicht mehr dem Anspruch auf Wissensunterweisung. Vielmehr handelt es sich bei den hier verhandelten Wahrheiten um kunstimmanente Gestaltungsmöglichkeiten des Schönen. Mit dieser Autonomieerklärung vollzieht Meier philosophisch, was die Kultur der Aufklärung schon seit längerem für sich beansprucht: Statt nur die Gesetze der Vernunft zu bejahen, positioniert sie sich kritisch und komplementär zum Denken in Prinzipien.

1.3 Lebendige Anschauung

Dass Meier mit dem felix aestheticus das aufgeklärte Menschenbild um den Typus des regellosen Künstlers und Rezipienten ergänzt, deckt sich mit seiner Forderung, alle Kunst habe zur „Versinnlichung des Abstrakt-Deutlichen" beizutragen.[15] Wie selbstbewusst hier die Kultur der Aufklärung von der rationalistischen Philosophie losgesagt wird, lässt sich den Ausführungen zur lebendigen Anschauung entnehmen. Über sie heißt es in Meiers *Auszug aus der Vernunftlehre* (1752), die bloß „gelehrte Erkenntniß" sei hässlich, weshalb ästhetisch Denkende dafür Sorge tragen müssten, das logisch Entstellte wieder in seine ursprüngliche ‚Weitläufigkeit' zu überführen.[16] Meier begründet sein Reästhetisierungsprogramm in Umkehrung der mathematischen Erkenntnismethode: Während diese alle empirischen Einflussgrößen als Beeinträchtigung logischer Operationen zurückweist, lehnt Meier Vernunftschlüsse als pure Spekulation ab, solange sie keiner sinnlichen Überprüfung standhalten. Angesichts der wachsenden Zahl solcher Gesetzmäßigkeiten sei nun wieder Raum zu schaffen für „freye Handlungen" und die „Schönheiten der Erkenntniß".[17] Die „allervollkommenste gelehrte Erkenntniß" im Geiste Wolffs und des Rationalismus will Meier deshalb nicht völlig überwunden wissen.[18] Im Gegenteil: Ihre Verschrobenheiten legitimieren ihm die ästhetische Aufklärung einer Verstandesgläubigkeit, die sich der nichtssagenden Logik unterstellt hat:

> Wer eine gelehrte Erkenntniß erlangen will, die zugleich schön ist, der muß 1) dieselbe nicht auf die Art und in dem Grade logisch vollkommen machen, daß dadurch alle Schönheit derselben verhindert werde; 2) er muß sie nicht dergestalt und in dem Grade verschönern, daß dadurch die erfoderte logische Vollkommenheit derselben unmöglich gemacht werde; 3) er muss die logischen Vollkommenheiten vornemlich zu erhalten suchen, und er muß die Schönheiten nur sparsamer, als eine Verzierung, anbringen.[19]

Ästhetik und Politik

In einem zweiten Schritt wendet sich Meier der Frage zu, warum die Hermeneutik als weitere Konkretion des schönen Denkens auf die Wissenschaften verwiesen bleibt. Als allgemeine Auslegungskunst betrachtet, führe sie das Anschauungs- oder Erfahrungswissen wieder in den akademischen Diskurs ein, trage also ebenfalls zur Reästhetisierung regelgeleiteten Erkennens bei. Als psychologische Auslegungskunst schule sie darüber hinaus die Beschäftigung des Interpretierenden mit seiner lebendigen Anschauung. Dazu gehört auf wahrnehmungstheoretischer Ebene die Annahme, im Unterschied zu vereinfachenden, den Menschen stillstellenden Abstraktionen dynamisiere das schöne Denken die Sinnes- und Geisteskräfte. Legt man sich daher Rechenschaft darüber ab, warum einzelne Wahrnehmungsobjekte „Vergnügen“ oder „Verdruss“ hervorrufen, so erfahre sich die Seele als lebendige „Begehrungskraft“, die sich immer wieder neuen Erfahrungen des Schönen zuwendet.[20] Ob diese Selbstbeobachtung die grundsätzlichen Bedenken vor dem menschlichen Abstraktionsvermögen widerlegt, sei dahingestellt. Für Meier ist das Registrieren innerer Veränderungen im Prozess des schönen Denkens jedoch Grund genug, die psychologische Hermeneutik in den Kapiteln über die Sinne und den Geschmack als Kunst, lebendige Anschauung auch für die Beschäftigung mit politischen Begebenheiten, die uns aktuell „angehen, weil sie in uns würken“, einzuführen. Auf diese Weise schärfe der Einzelne sein Bewusstsein dafür, „daß unsere Empfindungen Vorstellungen [...] des gegenwärtigen Zustandes der Welt sind.“[21] Diese Beschäftigung mit der eigenen historischen Bedingtheit darf als der vielleicht weitreichendste Versuch angesehen werden, die mathematische Erkenntnis des aufgeklärten Rationalismus in Frage zu stellen. Denn das logische Absehen von Empirie und Subjektivität suggeriert nach Meier lediglich ‚reines Denken‘, gelangt aber nicht über eine politisch möglicherweise fatale Beschränkung auf wenige als erkenntniswürdig erachtete Gegenstände hinaus. Demgegenüber wisse der sich selbst beobachtende und ästhetisch denkende Mensch, dass Wahrgenommenes schon unter leicht modifizierten Umständen zu völlig anderen Impressionen und Urteilen führen kann.

Erkenntnistheoretisch wendet Meier hier die Skepsis der Rationalisten vor den sinnlichen Gefährdungen der Vernunft ins Positive. Eben weil letztere nur dann aktiv wird, wenn ihr Erfahrungen zugrunde liegen, ist sie auch in der Lage, ein vielgestaltiges Bild der realen Welt zu erzeugen. Das schöne Denken als hermeneutischer Akt leistet insofern zweierlei: Es verpflichtet die verallgemeinernde Vernunft auf eine komplexe Empirie. Vor allem aber begründet das schöne Denken ein Misstrauen in jenen „herrschenden Geschmack“, mit dem ein „kleiner[] Haufen[] der Menschen“ den „eigensinnigen Widersprechungsgeist“ aller Ästheten zu disziplinieren versucht.[22]

1.4 Antik oder modern? Das Beispiel Ossian

Als der Schriftsteller Charles Perrault am 27. Januar 1687 auf einer Sitzung der Académie Française ein Gedicht vorträgt, in dem er die Nachahmung griechischer Schönheitsideale als hinderlich für den zeitgenössischen Kunstbetrieb beschreibt, setzt er eine Debatte in Gang, die für die nächsten einhundert Jahre in Europa geführt wird. Im Verlauf dieser *Querelle des Anciens et des Modernes* borgen die Parteien bisweilen gegenseitig ihre Argumente, schrittweise setzt sich jedoch die Einschätzung durch, der moderne Künstler beschäftige sich vermehrt mit aktuellen Themen und lasse sich daher nicht auf gräzisierende Geschmacksideale und vermeintlich zeitlose Regeln einschränken. Da Frankreich ohnehin als künstlerisch tonangebende Kultur wahrgenommen wird, reagieren auch die deutschen Literatur- und Ästhetiktheoretiker feinnervig auf den Verlauf des Kunststreits. Deutliche Spuren hinterlässt die *Querelle* beispielsweise in Gottscheds *Critischer Dichtkunst*. So werden ‚irrationale‘ Sujets oder volkstümliche Darstellungsformen in der vierten Auflage zwar weiterhin kritisch, aber doch kompromissbereiter verhandelt als noch in der Erstausgabe des Jahres 1730. Auch Winckelmanns einflussreiche *Gedanken über die Nachahmung der griechischen Werke in der Mahlerey und Bildhauerkunst* (1755) empfehlen nicht mehr allein das gedankenlose Kopieren antiker Kunstwerke, sondern fordern die ‚bildende‘, kreative Adaption. Winckelmanns einfühlende Beschreibungen einzelner Plastiken eröffnen überdies Möglichkeiten einer Kunstaneignung, die Stilempfinden mit maßvoller ästhetischer Eigenständigkeit verbindet. Lessings *Laokoon oder über die Grenzen der Malerei* (1766) reagiert demgegenüber auf die ebenfalls in der *Querelle* aufgeworfene Frage, ob die Malerei oder die Literatur den Rezipienten nachhaltiger anspreche.

Dass mit der Antwort zugleich auch der Rangstreit zwischen beiden Künsten entschieden wird, dokumentieren bereits Roger de Piles' *Cours de peinture par principe* (1708) und Abbé Dubos' *Réflexions critique sur la poésie et sur la peinture* (1719). Da beide Verfasser keinen logoszentrierten Ansatz vertreten, gelangen sie zu dem Ergebnis, die Wirkung eines malerischen Farbgebrauchs sei nicht vorherzuberechnen und eröffne dem Bildbetrachter insofern Freiräume, sich vom disziplinierten Wiedererkennen einzelner Herrscherattribute, historischer Begebenheiten oder bekannter Heiligenfiguren zu entpflichten. Solchen Überlegungen steht Lessing kritisch gegenüber. Überzeugt vom Primat der Sprache, versteht er Literatur als Medium, in dem sich stets auch die Ordnungsgesetze des Schreibens mitteilen. Sie sollen die Einbildungskraft der Leser vor allzu gewagten Texterkundungen bewahren. Lessing begründet diese These mit dem Argument, das Gemälde stelle ohnehin nur einen kurzen Moment aus einem komplexeren Handlungsgefüge dar.

Ossian

Zu den wirkmächtigsten Argumenten der antikisierenden Nachahmungstheoretiker gehört die Behauptung, seit der Renaissance verfalle die Kunst in Mitteleuropa schon deshalb, weil es hier und in den nordischen Ländern keine eigenständige ästhetische Tradition gegeben habe. Den Beweis müssen die niederländischen Maler und Epochen wie das Barock antreten, deren Kunstwerke nach Einschätzung der ‚Antiken' als zweitrangig anzusehen sind. Diese vergröbernde Beweisführung zugunsten griechischer Vollkommenheitsideale ist mitzulesen, will man die Euphorie nachvollziehen, mit der 1760 in Künstlerkreisen das Erscheinen der *Fragments of ancient poetry, collected in the Highlands of Scotland, and translated from the Gaelic or Erse language* begrüßt wird. Kein anderes künstlerisches Ereignis des 18. Jahrhunderts löst in Europa eine solche Begeisterung aus wie diese Liedanthologie, und keine andere ästhetische Sensation inspiriert die Kunstproduktion der nächsten Jahrzehnte so nachhaltig wie die Gesänge des von James Macpherson vermeintlich wiederentdeckten Barden Ossian.[23] Unter den ‚modernen' Ästhetiktheoretikern werden sie als Beweis für eine autonome Entwicklung der nordeuropäischen Kulturen gefeiert. Emphatisch vergleicht sie einer der besten Kenner antiker Literatur, Horace Walpole, sogar mit den Epen des Homer, und in Frankreich zeigt sich Diderot von der Schlichtheit der Gesänge tief ergriffen. Hierzulande ist es insbesondere Herder, der Ossian zu den großen Naturpoeten zählt, die es mit Moses und Hiob aufnehmen können. Ohne hier die zahlreichen künstlerischen Adaptionen der Fragmente eines nordischen Nationalepos aufzählen zu können, sei zumindest auf drei Beispiele hingewiesen. So ist Goethes Werther ganz vom Ossian-Fieber gepackt und zitiert Macphersons Selma-Lieder. Zu den bis heute bekanntesten bildnerischen Gestaltungen des Bardenmotivs gehört Jean-Auguste-Dominique Ingres' Gemälde *Ossians Traum*

Abb. 8 *Ossians Traum*. Gemälde von Jean-Auguste-Dominique Ingres (1813)

(1813). Musikalisch verarbeitet Felix Mendelssohn Bartholdy seine Lektüre- und Reiseerfahrungen im Zeichen Ossians in der *Hebriden-Ouvertüre* (1832).

Obgleich Macphersons *Fragments* zumindest in Teilen als Nachdichtungen entlarvt werden, schadet dies nicht ihrer Popularität. Im Gegenteil: Dass es dem schottischen Hauslehrer gelungen war, im Geiste einer längst verschollenen Kultur zu dichten, bestärkt seine Verehrer in der Annahme, die Lieder Ossians zeugten von einer ästhetischen Ursprünglichkeit und Authentizität, die den mittel- und nordeuropäischen Künstlern des 18. Jahrhunderts sehr viel näher stehe als das antike Schönheitsempfinden. Von solchen Überlegungen ausgehend, nimmt Herder diese progressive Lesart der gälischen Lieder in seinem *Auszug aus einem Briefwechsel über Ossian und die Lieder alter Völker* (1773) zum Anlass, um ihr kulturstiftendes Identitätspotential herauszuarbeiten. Und im gleichzeitig erscheinenden Aufsatz mit dem Titel *Shakespear* heißt es, die Bühnenwerke des britischen Dichters lieferten den schlagenden Beweis, wie sich eine genuine Kunsttradition, die bis auf Ossian zurückreiche, kreativ weiterentwickeln lässt. Den Vorwurf, die Bardengesänge Ossians seien roh und ungestaltet, weist Herder mit der Bemerkung zurück, nur ‚policirte' Geister, die sich den eigenen Ursprüngen künstlerischen Schaffens entfremdet hätten, ließen sich zur Forderung nach einer Schönheitsdoktrin hinreißen, die ästhetische Individualität und kulturelle Eigenständigkeit nivelliert:

> Wissen Sie also, daß je wilder, d.i. je lebendiger, je freiwirkender ein Volk ist, (denn mehr heißt dies Wort doch nicht!) desto wilder, d.i. desto lebendiger, freier, sinnlicher, lyrisch handelnder müssen auch, wenn es Lieder hat, seine Lieder sein! Je entfernter von künstlicher, wissenschaftlicher Denkart, Sprache und Letternart das Volk ist: desto weniger müssen auch seine Lieder fürs Papier gemacht, und todte Lettern Verse sein […]. Je länger ein Lied dauren soll, desto stärker, desto sinnlicher müssen diese Seelenerwecker sein,

daß sie der Macht der Zeit und den Veränderungen der Jahrhunderte trotzen [...].[24]

Mit dieser Rückbesinnung auf die künstlerischen Ursprünge der nordeuropäischen Kulturen gelangt auch die *Querelle des Anciens et des Modernes* an ihr Ende. Als Herder 1778 seine Sammlung *Volkslieder* herausgibt, initiiert er in Europa verwandte Editionsprojekte, darunter die Lieder- und Märchensammlungen der Romantik. Den von rationalistischer Seite erhobenen Tadel, solche Sammlungen stünden in krassem Widerspruch zu den Schönheitsmerkmalen der Antike, widerlegt Herder mit dem Argument, auch die antiken Künstler hätten sich mit einem lokal begrenzten Horizont aus Themen und Gestaltungsvorschriften arrangieren müssen. Angesichts dieser historischen Bedingtheit ihres Schaffens sei nicht einzusehen, warum griechische Plastiken oder Dramenkonzepte zeitlose Gültigkeit beanspruchen sollten.

Poetik 2.

Die poetischen Empfehlungen der Frühaufklärung binden die Autoren noch nicht an strenge Vorschriften. Folgt man Thomasius, braucht „dergleichen armseligen Vorrat nicht", wer ein „*Naturell* zur Poesie hat".[25] Wie dann ab den 1730er Jahren die von Christian Wolff geforderte Praxisorientierung des aufgeklärten Vernunftgebrauchs umgesetzt wird, zeigen Gottscheds *Critische Dichtkunst* und die literaturtheoretischen Schriften Johann Jakob Bodmers und Johann Jakob Breitingers. Während der Leipziger Wolff-Schüler irrationale Sujets für nicht vereinbar hält mit den wissenschaftlichen Grundlagen aufgeklärten Denkens, pochen die beiden Züricher darauf, der Wolffianismus habe die Leser hinreichend über die Unhaltbarkeit eines älteren Wunderglaubens aufgeklärt. Phantastische Figuren oder ästhetisch eigenständige Möglichkeiten der Illusionssteigerung stellten daher keine Gefahr für ein aufgeklärtes Publikum dar.

Dass die Literatur der Aufklärung an ethische Prämissen gebunden bleibt, zeigen auch die Mitleidsästhetik des mittleren 18. Jahrhunderts und die Diskussion über die Verantwortung des Satirikers für sein Publikum. Ob Dichtung also die Empathiefähigkeit des Rezipienten schult oder ihm die Lächerlichkeit menschlicher Schrullen und Fehltritte vor Augen führt – in beiden Fällen geht es um die kulturpraktische Anwendung von Sittlichkeit und Vernunft.

2.1 Gottscheds Regelpoetik

1730 wird Gottsched auf eine Professur für Poesie an die Universität Leipzig berufen. Mit Abhandlungen über die Dichtkunst, die deutsche Sprache, das Theaterwesen oder die Rhetorik, aber auch als Herausgeber literarischer Journale wie *Der Biedermann* gewinnt er in den nächsten Jahren bedeutenden Einfluss auf den zeitgenössischen Literaturbetrieb. Seine Übersetzungen europäischer Aufklärungsphilosophen, darunter Pierre Bayles *Dictionnaire historique et critique* (1697) und Leibniz' *Essais de theodicée* (1710), bestätigen überdies die in der jüngeren Forschung diskutierte These, Gottsched gehöre nur bedingungsweise zu den Verfechtern eines streng rationalistischen Literaturbegriffs.[26] Bayles *Dictionnaire* jedenfalls steht im Ruf, absolute Erkenntnisse radikal zu negieren, und mit der (auszugsweisen) Übertragung von Charles Batteux' *Les Beaux Arts réduits à un même principe* (1746) macht Gottsched in Deutschland einen ‚modernen' Kunsttheoretiker der *Querelle* bekannt, der die Unabhängigkeit der Künste von sozialpolitischen Zwecksetzungen fordert und Schönheitsideale auf ihre je kulturellen Voraussetzungen zurückführt.

Critische Dichtkunst

Unter allen Werken Gottscheds gehört seine *Critische Dichtkunst* bis heute zu den bekanntesten Quellen der früh- und hochaufklärerischen Poetik. Mit ihr verbindet sich der Anspruch, Literatur und ihre Gattungen systematisch zu ergründen und auf das Fundament rationalistisch geprüfter Motive und Gestaltungsvorschriften zu stellen. Dabei scheiden alle Sujets und formalästhetischen Mittel aus, die sich nach Gottsched nicht mit dem zentralen Anliegen aufgeklärter Literatur, der Verbreitung sittlicher und vernünftiger Maximen, vereinbaren lassen. Im Dienste einer Nachahmungsästhetik beschäftigt sich Gottsched vorzugsweise mit solchen literarischen Genres, die historische und hier insbesondere antike Vorläufer haben. Kommt er auf jüngere Gattungen wie den Roman zu sprechen, werden konkrete Namen und Werke benannt, an denen sich Autoren wie Leser orientieren sollen. Die bisweilen harschen Urteile über ‚regellose' Werke dürfen nicht übersehen lassen, dass sich die *Critische Dichtkunst* als Reformprogramm versteht, mit dem die deutsche Dichtung an das Niveau der internationalen Literatur herangeführt werden soll.

Abb. 9 Johann Christoph Gottsched (1744)

Über alles Regelwerk hinaus erbringt die *Critische Dichtkunst* den Nachweis, dass Literatur sich keinem ästhetischen Furor verdankt, sondern einem ausgewogenen, exakt berechneten Gleichgewicht von Inhalt und Form. Überdies geht Gottsched den Fragen nach, wie sich die Bewunderung des Publikums für anspruchsvolle Inhalte und Gestaltungsmittel erregen lässt und welche Bedeutung dem Leser im Rezeptionsprozess zukommt. Ausgangspunkt der Überlegungen ist die Annahme, die Natur sei nach Vernunftgesetzen erschaffen worden und es obliege dem Menschen, sich auch in den Künsten von solchen Konstruktionsprinzipien leiten zu lassen:

> Die Schönheit eines künstlichen Werkes, beruht nicht auf einem leeren Dünkel; sondern sie hat ihren festen und nothwendigen Grund in der Natur der Dinge. Gott hat alles nach Zahl, Maaß und Gewicht geschaffen. Die natürlichen Dinge sind an sich selber schön: und wenn also die Kunst auch was schönes hervorbringen will, so muß sie dem Muster der Natur nachahmen. Das genaue Verhältniß, die Ordnung und das richtige Ebenmaaß aller Theile, daraus ein Ding besteht, ist die Quelle aller Schönheit. Die Nachahmung der vollkommenen Natur, kann also einem künstlichen Werke die Vollkommenheit geben, dadurch es dem Verstand gefällig und angenehm wird: und die Abweichung von ihrem Muster, wird allemal etwas ungestaltes und abgeschmacktes zuwege bringen.[27]

Das Wunderbare

Die zeitgenössische Kritik an Gottscheds Dichtungstheorie entzündet sich weder an diesem Mimesisgebot noch an den Vorschriften, mit denen Gottsched die Literatur von barocker Schwulstsprache oder höfischen Geschmackskonventionen zu befreien versucht. Selbst seine schärfsten Widersacher teilen die Ansicht, eine Dichtung, die sich den Grundlagen aufgeklärter Literaturtheorie verweigere, könne das Publikum nicht von den Zielen einer voranschreitenden Vernunftkultur überzeugen. Auf heftigen Widerstand stößt indes die Skepsis, mit der Gottsched alles Märchenhafte oder Irrationale ablehnt: „Die göttliche Macht erstreckt sich auf alles Mögliche, aber auf nichts Unmögliches: daher muß man sich nicht auf sie berufen, seine ungereimten Einfälle zu rechtfertigen".[28] Dieses Argument bleibt schon deshalb umstritten, weil damit beispielsweise auch biblische Wundergeschichten aus dem Themenspektrum regelhafter Literatur gestrichen werden müssten. Zu solch radikalen Konsequenzen entschließt sich Gottsched allerdings nicht. Gleichwohl begründet er seine Ablehnung des Geheimnisvollen und Übersinnlichen mit der Aufgeklärtheit des Zeitalters. Habe man sich früher noch „mannigfaltige[], unvermuthete[] Zufälle“ als wundersame Schicksalswinke zu erklären versucht, so sei den Lesern des 18. Jahrhunderts solch ein Mysterienglaube nicht mehr zuzumuten: „Je aufgeklärter die Zeiten“ nämlich werden, desto entschiedener böten Götter auf der Bühne oder unglaubwürdige Handlungssprünge der „Vernunft nothwendig lauter Anstoß und Ärgerniß“.[29]

Fabeln

Hiervon ausgenommen sind Fabeln. Mit Rücksicht auf die mangelhafte Bildung weiter Bevölkerungskreise scheinen sie Gottsched in besonderem Maße geeignet, die Leser auf leicht verständliche Weise mit säkularem Gedankengut vertraut zu machen. Dennoch werden die Dichter ermahnt, die Forderung nach „genugsamer Wahrscheinlichkeit“ zu beachten.[30] Ihr zufolge dürfen in einer Fabel Tiere als Protagonisten auftreten, doch dafür ist ihr Verhalten so menschenähnlich zu gestalten, dass die Aufmerksamkeit der Leser nicht vom moralischen Lehrsatz der Fabel abgelenkt wird. Solange diese belehrende Wirkung frei von unvernünftigen Beeinträchtigungen bleibt, billigt Gottsched der Fabel die Verwendung phantastischer Motive zu.

Guter Geschmack

Auf dem Weg zu einer bürgerlich aufgeklärten Dichtung will Gottsched auch den Einfluss des Publikums auf den zeitgenössischen Literaturbetrieb aufgewertet sehen. Damit die Leser angemessen über einzelne literarische Werke urteilen, sollen sie übliche Redewendungen meiden, mit denen das Staunen über besonders gelungene Bücher zum Ausdruck gebracht wird. Ein solch vages Meinungsbild widerspreche dem intellektuellen Anspruch, der an eine aufgeklärte Leserschaft zu stellen ist. Um solchen Unverbindlichkeiten gegenzusteuern, schlägt Gottsched vor, auch das Rezipientenurteil mit Hilfe poetischer Gestaltungsvorschriften zu schulen. Hinzukommen müsse der Mut, von Dichtern zeitgemäße Werke einzufordern:

> Wer einen guten Geschmack hat, der muß richtig von der klar empfundenen Schönheit eines Dinges urtheilen: das ist, er muß nichts für schön halten, was nicht wahrhaftig schön ist; und nichts für häßlich erklären, was nicht häßlich ist. Der Probierstein dieses Urtheils darf nicht weit gesucht werden. Man findet ihn in den Regeln der Vollkommenheit, die sich für jede besondre Art schöner Dinge, a.d.s. Gebäude, Schildereyen, Musiken und s.w. schicken, und die von rechten Meistern derselben deutlich begriffen und erwiesen worden. Ich ziehe also hieraus den Lehrsatz, der in allen freyen Künsten von großem Nutzen seyn wird: *Derjenige Geschmack ist gut, der mit den Regeln übereinkömmt, die von der Vernunft, in einer Art von Sachen, allbereit fest gesetzet worden.*[31]

Von der Annahme, nur eine von Vorschriften geleitete Literatur könne qualitativ überzeugen, rückt Gottsched zwanzig Jahre nach der ersten Veröffentlichung seiner *Critischen Dichtkunst* ab. Merklich konzilianter heißt es in der vierten Auflage (1751), inzwischen müsse den Lesern nicht mehr die „nackte Wahrheit" einer „gründlichsten Sittenlehre" demonstriert werden, vielmehr sollten sich die Dichter beim Schreiben vor Augen führen, dass ihre Werke „philosophischer" sind als eine faktenreiche Historiographie und nicht so „mager" oder „trocken" wie die reine Vernunftlehre. Mit Rücksicht auf diese ästhetische Mittlerfunktion, die Literatur im Aufklärungsprozess inzwischen zustehe, dürfe der Dichter die Wahrheit auch „erbaulich" und „angenehm" verbreiten.[32] Wahrheit

Bodmer und Breitinger: Das Wunderbare 2.2

Der berühmte Literaturstreit zwischen Gottsched und den beiden Schweizer Literaturtheoretikern entzündet sich an zwei Fragen: Verträgt sich die Einbildungskraft des Menschen mit Moral und Logik? Und wie verhält es sich mit phantastischen Figuren oder Handlungsverläufen, die keine Entsprechung in der Wirklichkeit haben? Ausführlicher hatte sich bereits Christian Wolff mit dem Begriff der ‚Einbildungskraft' beschäftigt, ihr dabei aber weder produktive noch poetische Bedeutung beigemessen. In der *Deutschen Metaphysik* heißt es diesbezüglich, bei „Vorstellungen solcher Dinge, die nicht zugegen sind", spreche man von „Einbildungen", die von der Seele ‚hervorgebracht' werden.[33] Dass die Phantasie solche ‚dunklen', ‚undeutlichen' Illusionen eigenmächtig ausgestaltet, dass sie überhaupt seelische Empfindungen oder das geordnete Denken beeinflussen kann, beschäftigt erst Bodmer und Breitinger.[34] Beziehen sie sich in ihren ersten literaturtheoretischen Abhandlungen zunächst noch auf die rationalistische Philosophie Wolffs, so schlägt Bodmer in *Von dem Einfluß und Gebrauche der Einbildungskraft* (1727) vor, die Phantasie als „Instrumente der Sinnen" zu betrachten. Über dieses Vermögen, das nun offenkundig auch in Anlehnung an britische Empiristen untersucht wird, heißt es im Weiteren, Gott habe „die Seele mit einer besonderen Krafft begabet / daß sie die Begrieffe und die Empfindungen / so sie einmal von den Sinnen empfangen hat / auch in der Abwesenheit [...] der Gegenständen nach eigenem Belieben wieder annehmen / hervor holen und aufwecken kan [...].[35]

An diesen Ausführungen wird deutlich, dass Bodmer eine Präsenz der Sinne im begrifflichen Denken annimmt und von Einbildungskraft hier aus auf eine der Einbildungskraft eigene Logik schließt. Für die Literaturdebatte der Frühaufklärung entscheidend ist jedoch der Hinweis, aus verschiedenen Sinneseindrücken könne die Phantasie auch solche Vorstellungsbilder zusammensetzen, über die das begriffliche Denken zunächst einmal keine Urteile zu fällen vermag – ein insofern ‚unerhörter' Gedanke, als damit Dichtung, welche die Phantasie anregen will, die Forderung nach gedanklicher Klarheit und moralischer Belehrung hinter sich zu lassen droht. Als Bodmer und Breitinger diesen Vorsatz mit dem Argument weiterentwickeln, eine die Einbildungskraft der Leser beflügelnde Literatur vermittle aufgeklärtes Gedankengut anschaulicher als jede trockene Lehrdichtung, zeichnet sich der Literaturstreit mit Gottsched ab. Denn für den Leipziger Regelpoeten weisen ästhetische Normen die Phantasie in die Grenzen, um der Vernunft im Rezeptionsprozess zu ihrem Recht zu verhelfen. Zu ersten Meinungsverschiedenheiten kommt es, als Bodmer 1732 mit der Übersetzung von John Miltons *Paradise Lost* (1667) beginnt. Um sich gegen den von Gottsched zu erwartenden Einwand zu wappnen, in seinem Epos lasse Milton mit dem Satan oder den Engeln ein mit der aufgeklärten Vernunft unvereinbares Personal auftreten, veröffentlicht er zusammen mit Breitinger verschiedene Abhandlungen, in denen sie die literarische Behandlung biblischer, mythischer oder märchenhafter Themen verteidigen. 1740 erscheint Bodmers *Critische Abhandlung von dem Wunderbaren in der Poesie*, ein Jahr später folgen seine *Critischen Betrachtungen über die poetischen Gemählde der Dichter*. Breitinger steuert 1740 eine *Critische Abhandlung von der Natur, den Absichten und dem Gebrauch der Gleichnisse* bei. Wie bereits die Titel dieser programmatischen Schriften signalisieren, bemühen die Schweizer für ihre Ausführungen das gleiche ‚critische' Schlussverfahren wie Gottsched. Ihre rational geprüften Thesen können also eigentlich nicht im Widerspruch zur mathematischen Logik stehen. Beruft sich Breitinger darüber hinaus auf die neutestamentlichen Gleichnisse, so spielt er die Autorität der Heiligen Schrift gegen die Nachahmung griechischer Literatur aus.

Das Wunderbare

Um das Wunderbare oder Phantastische als literarisches Sujet zu legitimieren, mit der Dichtung ihre Leser in den Bann zieht, berufen sich Bodmer und Breitinger auf Dubos' Farbenästhetik. Ihr zufolge bewahren exquisite Motive oder überraschende Handlungsmomente die Rezipienten vor jeder normativen Wirkungsabsicht. Stattdessen verursachen sie eine sinnliche Rührung, die den Bildbetrachter zum zweckfreien Sichverlieren im Farbenspiel eines Gemäldes ermuntert. Wie Bodmer und Breitinger hinzufügen, lässt sich die Aufmerksamkeit der Leser in gleichem Maße wecken, wenn ihre Einbildungskraft irrationale Figuren oder Motive in Form von ‚bunten', regellosen Bildern ausmalt. Da es der Phantasie an realen Vorlagen fehle, auf welche sie zur Veranschaulichung dieser ästhetischen Impulse zurückgreifen kann, werde sie förmlich zur illustrativen Eigentätigkeit genötigt. In der Folge sei der Verstand auch im Alltag wachsamer für Überraschendes und Unvertrautes. Dieser ‚critischen' Logik gemäß, genießt der phantasievolle Leser den Vorzug, aufmerksamer im Leben zu stehen als ein regelkonformer Rezipient, der eigenen Anschauungsbildern misstraut.

Im Anschluss an diese wirkungsästhetische Rechtfertigung des Wunderbaren begründen Bodmer und Breitinger ihre Argumentation auch weltanschaulich: Will aufgeklärte Dichtung das Publikum umfassend erreichen, so kann sie sich nicht an der methodischen Strenge wissenschaftlicher Beweisführungen orientieren. Außerdem zeigten sich moderne Menschen längst wieder fasziniert von Zauberwesen, deren fiktive Existenz für den Einfallsreichtum des Dichters spricht. Den Lesern solche künstlerischen Phantasien vorzuenthalten, kommt den Schweizern einer ideologischen Bevormundung des Publikums gleich.

Memoria

Da es Bodmer und Breitinger um die Berechtigung geht, weiterhin märchenhaft zu erzählen oder religiöse Wundergeschichten auszugestalten, berufen sie sich außerdem auf das kulturelle Gedächtnis des Publikums. Immerhin seien weite Teile der Bevölkerung mit den biblischen Motiven, aber auch der volkstümlichen Tradition, unerklärliche Phänomene in Form von Sagen und Legenden zu erklären, hinlänglich vertraut. Mit Hilfe dieser literarischen Aufarbeitung des Unbekannten habe man sich über Jahrhunderte ein gesundes Realitätsbewusstsein bewahrt und die Furcht vor allem Dämonischen besiegt. Die Behauptung Gottscheds, die phantasievolle Beschäftigung mit dem Irrationalen zeitige aufseiten der Leser gesundheitliche Schäden, weisen die Schweizer mit Blick auf den wohltuenden Effekt zurück, der sich einstellt, wenn sich längst fortschrittlich denkende Rezipienten wieder auf eine literarische Fabelwelt einlassen. Erst die Begegnung mit dem Wunderbaren bekräftige nämlich einerseits das Vertrauen in aufgeklärte Welterklärungen und Vernunftpostulate. Andererseits setze eine phantasievolle Dichtung wieder ältere Formen des Erzählens in ihre Rechte ein. Mit ähnlichen Worten widerlegen Bodmer und Breitinger schließlich noch Gottscheds Vorwurf, regellose Literatur forciere in den Unterschichten die Neigung zum Aberglauben. Wer, so heißt es, von streng rational konzipierten und moralisch bedenkenlosen Werken einen solch nachhaltigen Einfluss auf die kaum aufgeklärte Bevölkerung erwarte, überschätze vollkommen das landläufige Interesse an einer nur logisch anregenden Literatur.

Mimesis

Eine der zentralen ästhetischen Kategorien des 18. Jahrhunderts ist die Nachahmung. Seit Aristoteles wird darunter die möglichst realitätsgetreue Darstellung der Wirklichkeit verstanden. Von ihr wird angenommen, der Leser erkenne sich in den literarischen Figuren und Handlungskontexten wieder und konzentriere sich daher auf die moralische Wirkung des Kunstwerks. Für die Ästhetik und Poetik der Aufklärung erwächst aus dieser Beweisführung ein ernstzunehmendes Problem. Denn wie soll ein Künstler das Moralische und Schöne plausibilisieren, ohne dafür das Böse und Hässliche darzustellen? Und wie verhindert man, dass sich Rezipienten nicht für solche Kontrastfiguren und deren Verhaltensweisen interessieren? Die rationalistische Theorie weiß auf solche Fragen schon deshalb keine Antwort, weil sich die ästhetische Attraktivität, die vom ‚Verwerflichen' ausgehen kann, kaum mit einem Menschenbild abgleichen lässt, das allein auf Vernunftwollen und Tugendhaftigkeit aufbaut. Entsprechend problematisch liest sich beispielsweise Gottscheds Vertrauen in den ‚gesunden' Menschenverstand, der das Sympathisieren mit dem Schändlichen aus einem gleichsam natürlichen Bedürfnis heraus meiden soll.

Bodmer und Breitinger lösen dieses Problem, indem sie dem Leser zutrauen, sehr genau zwischen fiktionaler und faktualer Wirklichkeit zu unterscheiden. Demgemäß sei den Rezipienten stets bewusst, in der Dichtung schwierige Charaktere kennenzulernen, deren Anwesenheit für die Konturierung der vorbildhaften Protagonisten notwendig sei. Für die Verwendung tugendloser Figuren gilt nach Bodmer und Breitinger insofern das Gleiche wie für das Wunderbare: Was sich die Phantasie des Autors auszumalen vermag, gehört zu einem erweiterten Verständnis von Wirklichkeit und darf daher literarisch nachgeahmt werden:

> also stehet es in dem Vermögen der poetischen Mahler-Kunst, alles, was mit Worten und Figuren der Rede auf eine sinnliche, fühlbare und nachdrückliche Weise kan nachgeahmet und der Phantasie, als dem Auge der Seele, eingepräget werden, nach dem Leben und der Natur abzuschildern. [...] Und in dieser Absicht kömmt auch dem Dichter alleine der Nahme ποιητού, eines Schöpfers, zu, weil er [...] auch die Dinge, die nicht für die Sinnen sind, gleichsam erschaffte, das ist, aus dem Stande der Möglichkeit in den Stand der Würcklichkeit hinüberbringet [...].[36]

Poetische Illusion und Mitleid 2.3

Der sich in der zweiten Hälfte des 18. Jahrhunderts formierende Widerstand gegen alles Regelpoetische speist sich sowohl aus der ästhetischen Aufwertung der Wahrnehmungsorgane als auch aus dem wachsenden Interesse an den verschiedenen Medien und neuen Gattungen der Literatur. Obwohl das Theater weiterhin die Literaturtheorie dominiert, mehren sich jetzt Abhandlungen, in denen der Illusionismus neuer Erzähl- und Romanformen erörtert wird.

Mit dem Unterhaltungswert des Theaters setzt sich bereits Johann Elias Schlegel auseinander. Die aus seiner Sicht desolate Situation des deutschen Theaters führt er auf die provinzielle Beschränktheit der Bühnenautoren zurück. Wie es in den *Gedanken zur Aufnahme des dänischen Theaters* (1747) ergänzend heißt, gleichen die zeitgenössischen Dramen einer „Studierstube aus Regeln“ und üben daher auf das Publikum keinerlei Anziehungskraft aus.[37] Dazu trage auch das Festhalten an typologisierten Bühnencharakteren bei, mit denen sich aufgeklärte Zuschauer nicht mehr identifizieren. Um nun wieder Interesse für die Bühne wecken zu können, empfiehlt Schlegel den Autoren, sich nicht länger den ästhetischen Bedürfnissen einer im Wandel begriffenen Gesellschaft zu verweigern. Da Schlegel sich aber noch der moralischen Indienstnahme der Dichtung verbunden weiß, lässt er seiner Ermunterung den Hinweis folgen, das modernere, kurzweilige Theatergeschehen dürfe allerdings nicht die Vermittlung sittlicher Werte vernachlässigen. Je genauer es

> die Natur nachahmet, das heißt je schöner es ist und je mehr es vergnügt, desto lebhafter malt es uns die Gemüter. [...] Es verbreitet den Geschmack an Künsten und Wissenschaften; es lehrt auch den geringsten Bürger, Vernunftschlüsse machen und höflicher werden [...]; und sie werden witzig und artig oder wenigstens erträglich im Umgange, ehe sie daran gedacht haben, es zu werden.[38]

Prodesse et delectare

Poetologisch rekuriert die hier eingeforderte Charakterschule auf die bereits von Horaz aufgestellte Forderung, Literatur habe zu nutzen (prodesse) und gleichzeitig zu unterhalten (delectare). Mit Rücksicht auf die ästhetische Debatte über den Witz und guten Geschmack lehnt Schlegel jedoch eine Handlungsführung ab, die sich auf sentenzhafte Merksprüche reduziert und auf Spannungselemente verzichtet. Demgemäß scheint ihm auch das Argument überholt, ein zu bewegtes Bühnengeschehen gefährde „die edeln Empfindungen des Herzens“.[39] Solche Irritationen werden nach

Schlegel vermieden, wenn der Dichter das Handeln seines Personals aus dessen je individuellem Charakter motiviert und positiv besetzte Figuren so authentisch anlegt, dass sich die Zuschauer auch im emotional bewegten Mitvollzug des Bühnengeschehens auf ihre Seite schlagen. Was Schlegel folglich überwunden sehen möchte, ist jene stoische Bewunderung für Protagonisten, die in der frühaufklärerischen Poetik noch das Abschweifen in ästhetische Illusionen verhindern soll. Nur ohne diese distanzierte Perspektive sei es dem Einzelnen möglich, sich an die Stelle eines moralisch vorbildlichen Protagonisten zu setzen. Um solch eine Identifikation vor dem Verdacht zu schützen, der Zuschauer verliere sich im Dargestellten, beruft sich Schlegel auf die sinnliche Wirkung des künstlerischen Illusionismus: Während der bürgerliche Zuschauer im Alltag aus Gründen des Schön- und Gutseins über Fehler und Schwächen anderer Menschen hinwegsehe, leide er mit dem „gedrohten Unglücke" einer integren Bühnenfigur mit. Denn im Rezeptionsprozess werde jene überschüssige Empathie abgebaut, die sich der öffentlich um sein Ansehen bemühte Zeitgenosse versagen muss.[40]

Dass solch eine Erziehung zu „guten Sitten" nicht alle Menschen erreicht, dessen ist sich Schlegel bewusst. Wer jedoch Theater mit der „Absicht" mache, „den Verstand des Menschen auf eine vernünftige Art zu ergetzen", wisse nur zu genau, dass sich sein Publikum ohnehin aus den „vernünftigsten Leuten" zusammensetzt. Im Einklang mit diesem Plädoyer für eine anspruchsvoll unterhaltende und zugleich belehrende Bühne hält sich Schlegel nicht länger mit der Frage auf, ob es sich der Mühe lohnen würde, auch die „ungeschliffenen Menschen" anzusprechen.[41] Erst Georg Friedrich Meiers und Lessings Ästhetik des Mitleids wird sich dem Problem eines aufklärerischen Kunstelitismus stellen, der den sozialen Gemeinsinn lediglich aus der Perspektive ständischer Vernunftprivilegien zu erklären versucht.

Moral Sense

In Anlehnung an britische Empiristen wie Hume und Shaftesbury entwirft Meier in den *Anfangsgründen aller schönen Künste und Wissenschaften* ein grundsätzlich positives Bild des Menschen, demzufolge sich aus sozialen Erfahrungen ein sogenannter Gemeinsinn (moral sense oder common sense) entwickelt. Solchermaßen an die Gesellschaft zurückgebunden, entscheide sich das einzelne Subjekt für das Schön- und Gutsein als Grundlage einer harmonischen Lebensführung. Diesen Gemeinsinn beschreibt Meier auch als Fähigkeit, mit anderen Menschen zu leiden und sich in ihr Wesen einzufühlen. Im Unterschied zu anderen Aufklärungsphilosophen denkt Meier dieses Mitleid aber vom Subjekt her, macht es folglich zur Voraussetzung für moralische, ästhetische und auch mediale Selbstständigkeit. Darüber hinaus billigt er allein der Empathie zu, Menschsein nicht als Objekt gesellschaftlicher Kräfte begreifen zu müssen. Anders jedenfalls lässt sich Meier zufolge nicht erklären, warum sich der natürliche Altruismus des Einzelnen selbst unter ungünstigen Voraussetzungen nie gänzlich verliert. Selbst ein auf den ersten Blick verwerflicher Charakter habe insofern die Chance, sich moralisch wieder zu bessern. Dafür allerdings bedarf es heftiger Sinneseindrücke, die beispielsweise den Gerechtigkeitssinn wachrütteln. Solchermaßen intensiv wahrgenommene Außenreize würden dann zu „Handlungen der Seele", denen sich eine schrittweise moralische Läuterung anschließt.[42] Mit Meiers Worten setzt die soziale Rehabilitierung folglich ein Leiden mit der eigenen Vergangenheit in Gang, an deren Ende eine neuerliche Akzeptanz des Gemeinsinns steht. Über diese Reinigung der Selbstwahrnehmung heißt es: „Je grösser edler und würdiger die Empfindungen sind, je lebhafter richtiger gewisser und lebendiger sie sind, desto mehr werden die Sinne dadurch gestärkt."[43]

Der Schlaf der Vernunft

Macht Meier hier die alte Katharsislehre für eine subjektzentrierende und gemeinschaftsstiftende Theorie des Mitleidens fruchtbar, so liegt es nahe, auch den Künsten einen Einfluss auf die Autopsie des Menschen einzuräumen. Je „besser" nämlich die „Empfindungen sind", die im Rezipienten freigesetzt werden, „desto besser kan auch unsere übrige Erkenntniß seyn".[44] Die Autonomie des Subjekts im Blick, fordert Meier die Autoren jedoch auf, nicht den Eigenanteil zu vernachlässigen, der beispielsweise einem Leser, der im Anschluss an die Lektüre auch in sich „die unedlen und niederträchtigen" Empfindungen „aus dem Wege" räumen will, zu gewähren ist. Ein moralisch gegängelter Rezipient werde demgegenüber niemals „Herr der Sinne", ebenso wenig könne er „nach Belieben" eine geistig fruchtbare Empfindung „verursachen".[45] Ihm nämlich fehle sowohl der eigene Antrieb als auch jener ‚Witz', der nur zu genau um die je individuellen Schwächen weiß und dementsprechende Gegenmaßnahmen ergreift. Wie Meier dem Bühnendichter in den *Anfangsgründen aller schönen Künste und Wissenschaften* abschließend empfiehlt, lässt sich eine Ermüdung des Zuschauerverstands nur umgehen, wenn auf Ermahnungen oder konkrete Verhaltensanweisungen verzichtet wird.

Der mitleidige Mensch

In seinen Abhandlungen zur Mitleidsfähigkeit des Publikums entbindet auch Lessing das Theater von der Pflicht, das Publikum pädagogisch zu bevormunden. Stattdessen habe die Bühne das

Empfindungs- und Einfühlungsvermögen der Zuschauer zu schulen. Demgemäß heißt es 1756 in einem berühmt gewordenen Brief an Nicolai, die Dichtung solle

> *unsre Fähigkeit, Mitleid zu fühlen, erweitern.* Sie soll uns nicht bloß lehren, gegen diesen oder jenen Unglücklichen Mitleid zu fühlen, sondern sie soll uns weit fühlbar machen, daß uns der Unglückliche zu allen Zeiten, und unter allen Gestalten, rühren und für sich einnehmen muß [...]. *Der mitleidigste Mensch ist der beste Mensch,* zu allen gesellschaftlichen Tugenden, zu allen Arten der Großmut der aufgelegteste. Wer uns also mitleidig macht, macht uns besser und tugendhafter [...].[46]

Wie der moralische Sinn angesprochen wird, erklärt sich nach Lessing aus dem Zustand höchster Affekterregung: Durch die Theaterinszenierung in seinen Empfindungen immer aufgewühlter, ‚reinigt' sich der Zuschauer von zweifelhaften Leidenschaften und besinnt sich zugleich auf seine ursprünglich gemeinnützige Natur. Solch eine kathartische Regulierung ist nach Lessing auch auf anderem Wege möglich. Aber die Literatur erreicht dieses Ziel sehr viel nachhaltiger, weil sie mittels Gefühlsüberschwang die Selbstbesinnung des Einzelnen, mithin das Mitleid mit dem eigenen und bisweilen unangemessenen Verhalten herausfordert.

Ermuntert Dichtung dazu, das Mitleiden auch für die eigene Lebensführung fruchtbar zu machen, so stellt sich die Frage, wie es dem Autor gelingt, den Rezipienten zu solch einer Einsicht anzuleiten. Folgt man Lessing, muss Kunst dafür eine zwar aussagekräftige, aber nur dezent wirkende Symbolsprache entwickeln. Lessing erläutert das Gemeinte am Beispiel jener berühmten Plastik aus den Vatikanischen Museen, die den Priester Laokoon und seine Söhne im Kampf mit Seeungeheuern zeigt. Mitte des 18. Jahrhunderts wird an dieser Figurengruppe verschiedentlich diskutiert, ob der Bildhauer seine Hauptfigur schreiend dargestellt habe, was dem

Abb. 10 Laokoon-Gruppe

seit Winckelmann diskutierten Ideal der stillen Seelengröße widersprechen würde, oder ob die Plastik das lautlose Ringen mit dem Tod zeigt. Wie Lessing in seinem *Laokoon* darlegt, handelt es sich um ein Kunstwerk, das dem Betrachter genügend interpretatorischen Freiraum lässt, sich diese Frage selbst zu beantworten: „Der Meister arbeitete auf die höchste Schönheit, unter den angenommenen Umständen des körperlichen Schmerzes. Dieser, in aller seiner entstellenden Heftigkeit, war mit jener nicht zu verbinden. Er mußte ihn also herab setzen; er mußte Schreien in Seufzen mildern".[47] Aus dieser ästhetisch begründeten Affektmodulierung erklärt sich für Lessing jene Appellstruktur, die eine mitfühlende Betrachtung initiiert: So versetzt sich der Zuschauer in die seelische Notlage des vom Tod bedrohten Vaters, der ja auch für seine Kinder kämpft. Ebenso registriert er die körperlichen Qualen des antiken Priesters. Da der Bildhauer das Leiden aber abgemildert darstellte und darauf verzichtete, den Tod symbolisch vorwegzunehmen, mäßigt sich der Betrachter in seinem Mitleiden. In genau diesem Augenblick findet er nach Lessing zurück zu einer inneren Verfasstheit, die ihn vor der Vereinnahmung durch die ästhetische Illusion schützt und zugleich in seiner gemeinnützigen Moralität bestätigt. Was Lessing unter ästhetischer Anschauung versteht, mobilisiert insofern stets auch die Eigenwahrnehmung des Rezipienten. Als mitleidender Mensch avanciert er nach Lessing zu einem besseren Menschen, eben weil er sich aus Sorge um das eigene Selbst nicht von seiner guten und schönen Subjektzentrierung abbringen lässt.

Angewandt auf die Literatur, sollte sich der Dichter nicht im Ausmalen schrecklicher Ereignisse oder nebensächlicher Motive verlieren. Andernfalls gleichen seine Werke einem ‚redenden Gemälde', das nach Lessing allerdings keine allgemeinen oder abstrakten Begriffe darzustellen vermag. Im Unterschied zu Malerei oder Bildhauerei sollte sich Dichtung, die das Mitleiden, die Phantasie und den Gemeinsinn anregen will, auch vor zu viel Plakativität hüten und stattdessen auf ein plausibles Handlungsgefüge bauen. Erst dann entwerfe der täuschende Schein jene Freiräume, die der Rezipient für ein phantasievolles und doch nachdenkliches Ausmalen angedeuteter Konflikte oder tragischer Charaktere benötigt. Die Poetizität der Dichtung bemisst sich für Lessing demgemäß am dezenten Einsatz symbolischer ‚Zeichen', die interpretiert werden müssen. Ihre Moralität bezieht Literatur aus der Rücksicht auf den imaginierenden Rezipienten, der sich im Zuschauen auf die Vervollkommnung des Gemeinsinns und seiner selbst vorbereitet.

2.4 Satirisches Schreiben

Die Aufklärung ist ein streitbares Zeitalter, wofür auch die zahlreich überlieferten Satiren sprechen. Allerdings sollen sie ebenfalls der Verbreitung des vernunftgeleiteten Denkens dienen und zur Betrachtung eigener moralischer Schwächen anregen. Im Gegenzug verpflichten Satiren die Leser auf die kodifizierte ‚Selbstbeschreibung‘ einer Gesellschaft, mithin auf ihren Tugendkanon. Denn satirisches Schreiben setzt immer ein weltanschauliches Bekenntnis und einen sittlichen Maßstab voraus, ohne welche sich törichtes oder normabweichendes Verhalten nicht verlachen lässt. Dieses wertsetzende Potential macht die Satire in der Aufklärungskultur besonders beliebt. Immerhin veranschaulicht sie eine moralische Grenze, die von fiktiven oder realen Personen, sei es aus Unvernunft oder aus Unwissenheit, fahrlässig überschritten wird. Solche Attacken gibt der Satiriker der Lächerlichkeit preis, um den ethischen Zusammenhalt seines Publikums zu stärken. Um dieses Ziel zu erreichen, setzt die Satire auch unter den Lesern einen Konsens hinsichtlich der eigenen Wertewelt voraus.

Das Spektrum satirischen Schreibens umfasst in der Aufklärungsliteratur zahlreiche Reden und Schmähschriften, die ein eigenes Genre bilden. Darüber hinaus finden sich in praktisch allen literarischen Gattungen satirische Elemente, meist in Form eingestreuter Briefe, Dialoge oder Erzählerkommentare. Unterschieden werden zwei Typen der Satire: die Personal- und die Gesellschaftssatire. Skeptiker wenden jedoch ein, die zu rücksichtslos geißelnde Satire auf Standesgenossen mache das Bürgertum in den Augen der Macht lächerlich. Zahlenmäßig überwiegt demgemäß die ‚menschenfreundliche‘ Gesellschaftssatire, die typische Nachlässigkeiten im Umgang mit aufgeklärten Wertvorstellungen bloßstellt.

Satirische Wahrheit

Zu den moderaten Theoretikern der Satire gehört Gottlieb Wilhelm Rabener. In seinem *Sendschreiben von der Zulässigkeit der Satire* (1742) führt er das Satirische als literarische Form des Tadelns ein und legitimiert das Verlachen verschiedener „Fehler“ als eher wohlmeinende, unterhaltliche Ermahnung. Solch eine Form des Belehrens verfehle nicht ihren Zweck, wenn die „Wahrheit“[48] menschlichen Verhaltens von allen Beteiligten als impliziter Wertmaßstab akzeptiert und an anschaulichen ‚Exempeln‘ aufgezeigt wird, wie Einzelne an ihrem Unverstand scheitern: „So lange eine Satyre diese Absicht behält, daß sie die Laster lächerlich machen, und den Menschen einen Abscheu davor beybringen will: So lange sehe ich nicht, warum sie tadelhafter seyn soll, als die tiefsinnigste Abhandlung eines moralischen Satzes".[49] Dass die satirisch pointierte ‚Wahrheit' trotzdem jene Menschen verletzen kann, deren Fehlverhalten man bloßstellt, muss nach Rabener einer Literatur zugestanden werden, die im Dienst der Aufklärung alle Torheiten aufdeckt, an denen Sittlichkeit, Toleranz und Vernunftfortschritt zu scheitern drohen.

Geht es um den angemessenen Stil, empfiehlt Rabener, die Regeln der „geselligen Klugheit" zu beachten. Insbesondere bei Angriffen auf Personen, „welche ihre Gewalt gefährlich" gebrauchen können, sei es besonders wichtig, keine „unbedachtsamen Satyren zu schaffen".[50] In Zeiten absolutistischer Willkürherrschaft muss Rabener seinen Lesern nicht eigens erklären, welche Konsequenzen satirische Hetzen gegen die Obrigkeit nach sich ziehen:

> Von der Schreibart, deren man sich in der Satyre zu bedienen hat, will ich nur noch ein paar Worte sagen. Mein Vortrag muß ordentlich seyn, denn ich will andre überzeugen [...], und meine Überlegung muß mehr Anteil daran haben, als meine Einbildungskraft. Aber dunkel darf er auch nicht seyn; denn ich will den Verstand meiner Leser nicht ermüden, sondern belustigen. Alle niederträchtige, alle anstößige Schreibart muß ich sorgfältig vermeiden; sonst werde ich mehr schaden, als erbauen. Viele glauben, recht beissend zu schreiben, wenn sie schmähen und schimpfen. Allein dies schickt sich für einen Sittenlehrer nicht, welcher die Laster und Fehler der Menschen lächerlich machen will.[51]

Spott und Lachen

Ganz ähnlich äußern sich auch die Literatur- und Satiretheoretiker der Spätaufklärung. Geht es um die angemessene Außendarstellung der Aufklärungskultur, erinnert beispielsweise Sulzer im Satirekapitel der *Allgemeinen Theorie der schönen Künste* daran, „bey einerley rühmlicher Absicht" unterschieden sich „der Satiriker und der Moralist" literarisch nur „durch die Art der Ausführung."[52] Sulzer begründet diese moderate Satirepraxis kulturgeschichtlich: Im Vergleich mit der antiken Empfehlung, „ganz rohen Menschen gewöhnliche Lustbarkeit" zu bieten, zieme es sich nicht mehr für eine aufgeklärte Gesellschaft, das Publikum „mit allerhand Schimpf- und Spottreden" zu unterhalten.[53] Beleidigende Pasquille oder Stachelschriften seien demgemäß „als roheste Gestalt der Satire" abzulehnen.[54] Mit einiger Nähe zu Lessings Mitleidsästhetik heißt es über den angemessenen „Endzwek der Satire", sie habe „Thorheiten, Laster, Vorurteile, Mißbräuche und andre der Gesellschaft" nachteilige „Art[en] zu denken" mit „belustigendem Witz und Laune" zu rügen.[55] Zwar mag Sulzer nicht ausschließen, dass bisweilen auch die Vergehen einzelner Personen unter Nennung konkreter Namen zu bekämpfen sind. Will sich die Satire jedoch als literarisch schärfste Waffe der bürgerlichen Kultur bewähren, so sei dem satirischen Dichter anzuraten, „merklichen Einflus auf die Gesellschaft"[56] zu nehmen, indem er von Attacken, die den eigenen Stand destabilisieren, absehe.

Beförderung des Verstandes

Was die Erregung des Mitleids von der Poetik des Satirischen unterscheidet, ist nach Sulzer die Forderung, direkt den Verstand der Rezipienten anzusprechen. Während der Dramatiker also sein Publikum empathisch schult, übernehme der Satiriker die Aufgabe, als „Wächter" für die Einhaltung einzelner Tugenden zu sorgen. Als „öffentliche[r] Streiter" fördere er dafür konkret den Kampf gegen eine allgemeine Verderbnis.[57] Angesichts dieser Entlarvung all jener „Schwachheiten, Vergehungen und Beleidigungen", die der Gesellschaft schaden, wendet sich Sulzer gegen Ende seines Satire-Kapitels mit der Bitte an die Obrigkeit, der Satire mehr „republicanische[] Freyheit" zuzubilligen als anderen literarischen Genres.[58] Fügt er hinzu, „Ich getraue mir deswegen zu behaupten, daß die Satire wol eine besondere Aufmerksamkeit von Seite der gesezgebenden Macht [...] verdiente", so übernimmt das satirische Schreiben die Funktion staatlicher Kontrollorgane.[59]

Lichtenberg

Sulzers Ausführungen legen noch einmal die Möglichkeiten und Grenzen der Satire offen. Beschäftigt sich das Gros der satirischen Schriften des 18. Jahrhunderts mit der Trunksucht in Honoratiorenkreisen, den Modetorheiten jugendlicher Stutzer oder der Geilheit alternder Schürzenjäger, so sind es mit Rücksicht auf die sozialpolitische Ausgangslage des Bürgertums eher allgemeinmenschliche Schwächen, die geschmäht oder verlacht werden. Georg Christoph Lichtenberg hat diese Einschätzung in seinen *Sudelbüchern* mit den Worten zusammengefasst: „Die erste Satire wurde gewiß aus Rache gemacht. Sie zu Besserung seines Nebenmenschen gegen die Laster und nicht gegen den Lasterhaften zu gebrauchen, ist schon ein geleckter abgekühlter zahm gemachter Gedanke."[60] Dieser Seitenhieb auf die domestizierten Satiren des 18. Jahrhunderts ist selbst nicht frei von Spott, spielt aber implizit auch auf das Schicksal verschiedener Autoren an, die wegen ihrer satirischen Schriften verfolgt wurden, ihre Ämter niederlegen und in einigen Fällen sogar längere Gefängnisstrafen abbüßen mussten. Erst Wieland, Wezel und Lichtenberg selbst werden sich strafender über die intellektuelle und politische Rückständigkeit ihrer Landsleute auslassen, die aristokratische Lebenswelt verspotten und soziale Missstände anprangern. Wieland allerdings reitet seine satirischen Attacken, indem er Handlung und Personal in vergangene Epochen oder fremde Kulturen verlegt. Wezel und Lichtenberg dagegen verspotten mit bisweilen phantastischen Überzeichnungen das naive Vertrauen der Aufklärung in die Soziabilität des Menschen.

Zusammenfassung

Die poetologischen Debatten des 18. Jahrhunderts stehen in engem Zusammenhang mit der gesamteuropäisch geführten *Querelle des Anciens et des Modernes.* In deren Verlauf wird die Nachahmung antiker Schönheitsideale von der ‚Kunst des schönen Denkens' und einer Ästhetik des Mitleids abgelöst. Ein weiterer Impuls auf die Abkehr von literarischem Regelwerk und einem ausschließlich gräzisierenden Geschmack geht ab den 1760er Jahren von den Gesängen des gälischen Barden Ossian aus, deren Wiederentdeckung das Spektrum literarischen Schaffens erweitert.

Literatur

Adler, Hans: Fundus animae – der Grund der Seele. Zur Gnoseologie des Dunkeln in der Aufklärung. In: Dt. Viertelsjahresschrift für Literaturwissenschaft und Geistesgeschichte 62 (1988), S. 197-220.

Baeumler, Alfred: Das Irrationalitätsproblem in der Ästhetik und Logik des 18. Jahrhunderts bis zur Kritik der Urteilskraft. Darmstadt: Wissenschaftliche Buchgesellschaft 1981.

Dürbeck, Gabriele: Einbildungskraft und Aufklärung. Perspektiven der Philosophie, Anthropologie und Ästhetik um 1750. Tübingen: Niemeyer 1998.

Fischer, Bernhard: Von der Ars zur ästhetischen Evidenz. Überlegungen zur Entwicklung der Poetologie von Gottsched bis Lessing. In: Zeitschrift für deutsche Philologie 109 (1990), S. 481-502.

Franke, Ursula: Kunst als Erkenntnis. Die Rolle der Sinnlichkeit in der Ästhetik des Alexander Gottlieb Baumgarten. Wiesbaden: Steiner 1972.

Jacobs, Jürgen: Prosa der Aufklärung: Moralische Wochenschriften, Autobiographie, Satire, Roman. Kommentar zu einer Epoche. München: Winkler 1976.

Jäger, Michael: Kommentierende Einführung in Baumgartens *Aesthetica.* Hildesheim u.a.: Olms 1980.

Hermann, Hans Peter: Nachahmung und Einbildungskraft. Zur Entwicklung der deutschen Poetik von 1670-1740. Bad Homburg u.a.: Gehlen 1970.

Horch, Hans Otto u. Georg-Michael Schulz: Das Wunderbare und die Poetik der Frühaufklärung. Gottsched und die Schweizer. Darmstadt: WBG 1988.

Lippe, Rudolf zur: Sinnenbewußtsein. Grundlegung einer anthropologischen Ästhetik. Reinbek: Rowohlt 1987.
Luserke, Matthias: Die Bändigung der wilden Seele. Literatur und Leidenschaft in der Aufklärung. Stuttgart: Metzler 1995.
Majetschak, Stefan: Ästhetik zur Einführung. 2. Aufl. Hamburg: Junius 2010.
Möller, Uwe: Rhetorische Überlieferung und Dichtungstheorie im frühen 18. Jahrhundert. Studien zu Gottsched, Breitinger und Georg Friedrich Meier. München: Fink 1983.
Scherpe, Klaus R.: Gattungspoetik im 18. Jahrhundert. Historische Entwicklung von Gottsched bis Herder. Stuttgart: Metzler 1968.

Fragen

1. Was versteht man in der Aufklärung unter ‚Witz'?
2. Welche Fähigkeiten räumt Baumgarten den menschlichen Sinnesorganen ein?
3. Warum bedarf die Aufklärung des ‚schönen Denkens'?
4. Weshalb werden die Gesänge Ossians als literarische Sensation gefeiert?
5. Mit welchen Gründen lehnt Gottsched das Wunderbare in der Dichtung ab?

Aufbaumodul 2: Drama

In diesem Aufbaumodul wird begründet, warum die Tragödie in den Dichtungslehren des 18. Jahrhunderts weiterhin hohes Ansehen genießt, dafür aber inszenierungspraktische Konzessionen an das aufgeklärte Publikum machen muss. Neben den Reformen des Schauspielwesens geht es im Weiteren um die Entwicklung von der heroischen Tragödie zum Bürgerlichen Trauerspiel und die Ablösung der Typenkomödie durch Lustspiele, die zum Lachen über Vorurteile ermuntern.

Schauspielreform und Nationaltheater 1.

Bis ins 19. Jahrhundert hinein gibt es in Deutschland nur wenige stehende Bühnen und feste Schauspielensembles. Beherrscht wird das Theaterspiel bis dahin von Wandertruppen, die je nach Publikumsgeschmack tragische oder komische Stücke improvisieren und den Gang der Handlung mit burlesken Einlagen unterbrechen. Besonders beliebt sind artistische oder frivole Szenen, in denen ein Hanswurst seine Späße mit den Zuschauern treibt. Über diese „regellose[] Vorstellung der seltsamsten Verwirrungen" klagt Gottsched in der Vorrede zu seiner Tragödie *Der sterbende Cato* (1732): „Lauter schwülstige und mit Harlekins Lustbarkeiten untermengte Haupt- und Staatsactionen, lauter unnatürliche Romanstreiche und Liebesverwirrungen, lauter pöbelhafte Fratzen und Zoten waren dasjenige, was man daselbst zu sehen bekam."[1] Mit ähnlichen Worten äußert sich auch die bedeutendste Theaterreformerin der Frühaufklärung, Friederike Caroline Neuber, über den verdorbenen Geschmack auf deutsche Bühnen. In der Vorrede zu ihrem Stück *Die Verehrung der Vollkommenheit durch die gebesserten deutschen Schauspiele* (1737) führt die ‚Neuberin' über die aktuelle Inszenierungspraxis aus, sie schade dem Ansehen des Theaters schon deshalb, weil die Trennung von Tragödie und Komödie ignoriert werde. Diesem Missstand sei mit strengen Aufführungsregeln zu begegnen.

Abb. 11 Friederike Caroline Neuber

Die Neubersche Komödiantengesellschaft

Der entscheidende Impuls auf diese umfassende Schauspielreform geht 1727 von der Gründung der *Neuberschen Komödiantengesellschaft* in Leipzig aus. Um ihr Ensemble professioneller zu organisieren, zahlt Neuber ihren Schauspielern regelmäßige Gehälter und sorgt für Wohnraum. Bühnenpraktisch verbessert sie das Gebärdenspiel sowie die Mimik und Aussprache ihrer Akteure; darüber hinaus verzichtet sie auf Ballet- und Prügelszenen. Im gleichen Jahr erhält die Neuberin vom sächsischen Hof das Privileg, ein stehendes Theater einzurichten und den Spielplan nach eigenen Vorstellungen zu arrangieren. Vor allem während der Leipziger Messe, die zahlreiche Besucher in die Stadt lockt, gehört ihr Haus bald zu den gesellschaftlichen Attraktionen. Auch viel beachtete Gastspiele in zahlreichen deutschen und europäischen Städten stärken das Ansehen der Komödiantengesellschaft.

Selbst an Stücken der französischen Klassizisten geschult, lernt die Neuberin mit Gottsched einen theaterbegeisterten Fürsprecher kennen, der ihre Aufführungen seit 1724 in seiner Moralischen Wochenschrift *Die vernünftigen Tadlerinnen* lobend bespricht und für sie in den nächsten Jahren Stücke von Molière oder Racine übersetzt. Besondere Erfolge feiert die Neuberin mit ihren Inszenierungen von Molières *Der eingebildete Kranke*, *Der Geizige* und *Der scheinheilige Betrüger Tartuffe*. 1731 wird im Neuberschen Theater auch Gottscheds aufgeklärte Mustertragödie *Der sterbende Cato* uraufgeführt. Aus diesem Ensemble gehen später mit Johann Friedrich Schönemann, Heinrich Gottlieb Koch und Carl Theophilius Döbbelin namhafte Prinzipale und Schauspieler hervor.

Geschmack und Disziplin

Getragen wird diese Neuausrichtung des Theaters vom Bestreben, das heimische Bühnenwesen dem gesamteuropäischen Niveau anzupassen. Sowohl inzenierungsästhetisch als auch mit Rücksicht auf den Spielplan soll ein vorwiegend bürgerliches Publikum zu eigenen Geschmacksvorlieben erzogen werden, statt sich weiterhin an den italienischen Opern oder französischen Singspielen zu vergnügen, die an den Höfen beliebt sind. Welche Konsequenzen diese Reformen für die Dichter mit sich bringen, kleidet Gottsched in die Forderung, für den bürgerlichen Autor sei ein hohes Maß an Bildung und Menschenkenntnis unabdingbar. Ohne das Wissen um all die charakterlichen Besonderheiten oder Schwächen sei es nicht möglich, interessante Handlungen und Figurenkonstellationen zu erfinden, die den Zuschauer zu einem tugendhaften Leben anleiten. Ein anspruchsvolles Auditorium verlange nämlich, „etwas kluges [zu] sehen", also eine Handlung, die „das ernsthafteste und beweglichste Stück“ trägt, und „Wahrheiten“, welche das Publikum auf seine „eigenen Trübsalen vorbereiten.“[2] Sogenanntes „Episodium“, das der literarischen Ausschmückung dient, sei deshalb ebenso zu meiden wie „Gebethe und Lobgesänge“.[3] Hinsichtlich der weiteren Disziplinierung des Publikums orientiert sich Gottsched in seiner *Critischen Dichtkunst* an der Aufführungspraxis der Neuberin: Aufseiten der Schauspieler sei neben je zeitgemäßen Kostümen auf eine angemessene Vortragsweise zu achten. Diese Aufwertung des gesprochenen Textes halte das Publikum von der Unsitte ab, während einer Inszenierung unmotiviert zu klatschen oder mit Zwischenrufen zu stören.

Nationaltheater

Solange die Bühnen noch von den finanziellen Zuwendungen der Höfe abhängig sind, lassen sich solche Schauspielreformen nur unter Schwierigkeiten durchsetzen. Noch Goethe wird in seinen beiden *Wilhelm Meister*-Romanen (1795f. u. 1829) an die lange gängige Praxis der Wandertruppen erinnern, ihre Aufführungen den jeweiligen Unterhaltungsgewohnheiten des zahlenden Publikums anzupassen. Um solchen Zugeständnissen entgegenzuwirken, reift seit den vierziger Jahren des 18. Jahrhunderts der Plan, ein Nationaltheater einzurichten, von dem als kulturellem Zentrum neue ästhetische Impulse auf das heimische Geistesleben ausgehen. Im Zuge dieser Vorüberlegungen mehren sich in Fachkreisen die Zweifel an den Theaterregeln der Neuberin und Gottscheds. Vor allem die strenge Ausrichtung am antiken Tragödienstil wird von der nachrückenden Autorengeneration abgelehnt. So moniert Johann Elias Schlegel in seinen *Gedanken zur Aufnahme des dänischen Theaters*, der „Witz einer Nation“ lasse sich nicht auf andere Kulturen übertragen. Man solle die Bühne „also nicht so dicht mit ausländischen Arbeiten besetzen, daß den einheimischen der Platz benommen wird.“[4] Schlegel, der von 1748 an in Kopenhagen für das neugegründete *Kongelige Teater* schreibt, begründet seine Anregungen mit Blick auf das britische und dänische Theater. Beide hätten die kulturelle Identitätsbildung ihrer Nationen maßgeblich befördert. Solche Vorschläge werden im territorial zersplitterten Deutschland mit großem Interesse aufgenommen, gleichwohl muss Schiller noch fast vierzig Jahre später in seiner Abhandlung *Was kann eine gute stehende Schaubühne eigentlich wirken?* (1784) konstatieren: „wenn wir es erlebten eine Nationalbühne zu haben, so würden wir auch eine Nation“.[5]

Hamburger Nationaltheater

Die verschiedenen Versuche, ein bürgerliches Nationaltheater ins Leben zu rufen, verlaufen mit eher wechselndem Erfolg. Als richtungsweisend gilt die Gründung des *Hamburger Nationaltheaters* durch den Publizisten Johann Friedrich Löwen. 1766 versammelt er Theaterfachleute und wohlhabende Kaufleute um sich, mit denen das erste Theater in freier Trägerschaft geplant wird. Bestens bekannt mit einem der berühmtesten Darsteller des 18. Jahrhunderts, Konrad Ekhof, engagiert Löwen einen kompetenten Mimen, der bereits seit 1753 in Schwerin die erste deutsche Schauspielerakademie leitet und nun den Auftrag erhält, ein festes Ensemble zusammenzustellen. Löwen selbst handelt sich als Direktor das Recht aus, den Spielplan nicht nur unter kommerziellen Gesichtspunkten zu gestalten. Mit Lessing findet man einen Dramaturgen, der mit seinen Werken die Abkehr vom französischen Klassizismus vollzieht. Den Werdegang der Nationalbühne kommentiert Lessing in seiner *Hamburgischen Dramaturgie*, in der er über einzelne Inszenierungen, aber auch über die Schwierigkeiten berichtet, als Autor und Regisseur zwischen Publikumsgeschmack, eigenen künstlerischen Ansprüchen und ständigen Geldsorgen vermitteln zu müssen. Trotz aller Ambitionen sind dem Theater nur zwei Spielzeiten vergönnt, bereits 1768 muss es aufgrund finanzieller Engpässe schließen.

Wie die Spielpläne des Hamburger Nationaltheaters zeigen, werden vermehrt Stücke deutscher Autoren gespielt. Zu den erfolgreichsten Inszenierungen gehört Lessings *Minna von Barnhelm*. Insgesamt aber müssen Löwen und Lessing ständig Kompromisse eingehen und doch wieder Ballettaufführungen und Operetten ins Programm nehmen. Immerhin fordern die bürgerlichen Investoren alsbald ihre Kapitaleinlagen zurück, was die Zukunft der Theaterdirektion von Kassenerfolgen abhängig macht. In der Praxis führen diese Finanzsorgen dazu, dass man die Zuschauer mit populären Tanzdarbietungen ins Theater lockt, in der Hoffnung, sie schauten sich anschließend noch die neuen Bürgerlichen Trauerspiele an. Trotz all dieser Misslichkeiten findet das Hamburger Theaterprojekt in den nächsten Jahrzehnten verschiedene Nachahmer. 1776 benennt sich das Wiener Burgtheater in *Teutsches Nationaltheater* um, ein Jahr später folgt das Mannheimer Theater und trägt fortan den Namen *Nationalschaubühne*. Auch in Braunschweig, Gotha und Weimar werden stehende Theater mit festen Ensembles gegründet. Obwohl sie abhängig von der Hofgunst bleiben, schaffen sie schrittweise die Voraussetzungen, um das Repertoire deutscher Bühnendichtungen kontinuierlich erweitern und auch den Inszenierungsstandard anheben zu können.

Tragödien und Komödien der Früh- und Hochaufklärung 2.

Das säkularisierte Trauerspiel 2.1

Heroische Tragödien

Historisch knüpfen die heroischen Tragödien der ersten Hälfte des 18. Jahrhunderts an antike Trauerspiele, das Märtyrerdrama des Barock und die französische tragédie classique an. Meist in der Vergangenheit angesiedelt, bestimmen sozial hochrangige Helden, die ihr vermeintlich unerbittliches Schicksal heroisch durchleiden, das Bühnengeschehen. Neben Gottscheds Musterdrama *Der sterbende Cato* (1732) seien exemplarisch Georg Behrmanns *Timoleon. Der Bürgerfreund* (1735), Christoph Otto von Schönaichs *Mariamne und Herodes* (1754), Johann Friedrich von Cronegks *Olint und Sophronia* (1760) sowie Johann Elias Schlegels *Lucretia* (1773) genannt. Ziel dieser Trauerspiele ist es, die Zuschauer zur Bewunderung einer stoischen Beharrlichkeit anzuhalten. Verstanden wird darunter ein kathartischer Rezeptionsprozess, in dessen Verlauf angestaute Affekte – persönliche Enttäuschungen im Umgang mit der Obrigkeit oder politische Resignation – kanalisiert werden. Statt sich also mit einzelnen Protagonisten zu identifizieren, begegnen ihnen die Rezipienten mit wachsendem Respekt. Sozialgeschichtlich korrespondiert diese Schulung der Contenance und Klugheit den zeitgenössischen bürgerlichen Verhaltensvorschriften.

Bewunderung

Der in den heroischen Tragödien aufgebotene Handlungskonflikt basiert auf einer moralischen Schwellensituation, welche die Aufmerksamkeit auf das Fehlverhalten einer ansonsten integren Person lenkt. Hinsichtlich dieser Vorzüge verdienen die Protagonisten schon deshalb Achtung, weil sich an der dramatischen Spannung zwischen Unbescholtenheit und einmaligem Fehlverhalten der drohende Verlust eines moralisch wertvollen Menschen ermessen lässt. Um diese Anerkennung einer prinzipiell vorbildlichen Lebensführung nicht zu hintertreiben, treten die aristotelischen Wirkungsabsichten, Jammer (eleos) und Schrecken (phobos), in den Hintergrund. Würde das Publikum den Leidenden nämlich ein zu tiefes Mitgefühl entgegenbringen, dann beeinträchtigte diese empathische Reaktion das subjektive Urteilsvermögen. Ein tief empfundener Schrecken angesichts des dargestellten Leidens könnte demgegenüber eine aufgeklärte und damit schicksalskritische Weltanschauung diskreditieren. Bezeichnenderweise führt Gottsched das Bewundern als ästhetische Kategorie ein, die eine selbstbewusste Beschäftigung mit dem heroischen Bühnenpersonal unterstützen soll, ohne ständig dessen soziale Privilegierung kritisch zu hinterfragen. Über diese sittliche Bestätigung der frühaufklärerischen ,Conduite' heißt es in der Vorrede zu Gottscheds *Der Sterbende Cato*, die Hauptfigur erwerbe durch ihre Tugendhaftigkeit „unter den Zuschauern Freunde. Man bewundert, man liebet und ehret ihn. [...] Allein, er treibt seine Liebe zur Freiheit so hoch, so daß sie sich in einen Eigensinn verwandelt. [...] Und also begeht er einen Fehler, wird unglücklich und stirbt: Wodurch er also das Mitleiden seiner Zuhörer erwecket, ja Schrecken und Erstaunen zuwege bringet".[6]

Ständeklausel

Dass Gottsched die Tragödie über die Ständeklausel definiert und nur Adligen ein hehres Schicksal vorbehält, wird bisweilen als Konzession an die Feudalgesellschaft kritisiert. Gottscheds „bürgerliche Absicht", so heißt es etwa, erweise sich „ohnmächtig" gegenüber der Tradition „höfischer Bühnenkunst".[7] Mit Rücksicht auf die Abhängigkeit des zeitgenössischen Theaters von aristokratischen Mäzenen und deren Einfluss auf das Bühnenprogramm lassen sich solche Vorbehalte kaum bezweifeln. Hinsichtlich des Vertrauens, das Gottsched in die Bewunderungsfähigkeit des Publikums setzt, bleibt jedoch zu anzumerken, dass tragische Figuren wie sein Cato noch fest daran glauben, über ihnen walte ein unabänderliches Fatum. Demgemäß sieht sich Cato im Unterschied zu seinem Gegenspieler Cäsar noch als ein von den Göttern eingesetzter Herrscher, der unverschuldet für seine Aufrichtigkeit bestraft wird. Sein soziales Umfeld lässt hingegen erkennen, dass in einer nicht mehr durchgängig mythisch beherrschten Zeit immer mehr Menschen dazu übergehen, Verantwortung für ihr Denken und Handeln zu übernehmen. Weltanschaulich distanziert sich die heroische Tragödie der Früh- und Hochaufklärung also durchaus vom aristokratischen Fatalismus. Obwohl die Zuschauer den realen Herrschaftsverhältnissen ihren Respekt zollen, wissen sie sich über deren mythische Legitimierung erhaben.

Mitleid

Um diese distanzierte Bewunderung entsprechend zu motivieren, legt Gottsched den Tragödiendichtern eine weitere Erziehungsaufgabe nahe: das Mitleid. Auch mit seiner Hilfe soll sich das bürgerliche Publikum der Vorzüge einer aufgeklärten Weltanschauung bewusst werden. Indem das Mitleid die tragischen Geschicke eines Bühnenhelden erträglich macht, warnt es die Zuschauer innerlich vor einer unbedachten Lebensführung, die langfristig ebenfalls ins Verderben führt. Angesichts solch einer Gedankenlosigkeit ließe sich das von Gottsched intendierte Mitleid als Aufmerksamkeit des Zuschauers für eigene Schwächen im Umgang mit der Obrigkeit umschreiben. Intendiert ist insofern eine Schulung jener politischen Klugheit, die in den von

Gottsched geforderten Tragödien eine moralische Grenze zwischen bürgerlicher und feudaler Wertewelt zieht. Denn im Mitleiden verständigt sich das Publikum gleichsam symbolisch über die standeseigene Verhaltensempfehlung, dem aristokratischen Selbstverständnis auch im Alltag skeptisch zu begegnen. Im Unterschied zu Lessings Mitleidstheorie ist damit gemeint: Solange die heroische Tragödie die soziale Vorherrschaft des Adels nicht konsequent in Frage stellen kann, bleibt dem Genre allein der Freiraum, ein schicksalshöriges Leben zu bemitleiden und daraus die eigene Standeswürde zu beziehen. Nicht mehr, aber auch nicht weniger Distanz zu einer befremdlichen Semiosphäre darf sich der damalige Zuschauer erlauben. Nicht von ungefähr pocht Gottsched darauf, das adlige Bühnenpersonal als unentschiedene Grenzgänger einzuführen. Obwohl sie der Aufklärungskultur moralisch schon nahestehen, solle es ihnen noch an Weitsicht und Selbstvertrauen fehlen. Denn mit den Worten der *Critischen Dichtkunst* verfolgt die heroische Tragödie die Absicht,

> durch die Unglücksfälle der Großen, Traurigkeit, Schrecken, Mitleiden und Bewunderung bey den Zuschauern zu erwecken. *Aristoteles* beschreibt sie derowegen, als eine Nachahmung einer Handlung, dadurch sich eine vornehme Person harte und unvermuthete Unglücksfälle zuzieht. [...] Und das eben will Aristoteles haben, wenn er sagt: die Helden einer Tragödie müßten weder recht schlimm, noch recht gut seyn: nicht recht schlimm, weil man sonst mit ihrem Unglücke kein Mitleiden haben, sondern sich darüber freuen würde; aber auch nicht recht gut, weil man sonst die Vorsehung leicht einer Ungerechtigkeit beschuldigen könnte, wenn sie unschuldige Leute so hart gestrafet hätte.[8]

Fürstenschule

Als ‚Moralische Anstalt' verzichtet das Theater der Früh- und Hochaufklärung darauf, menschliche Vorzüge oder Schwächen nur am Beispiel typisierter Bühnencharaktere zu porträtieren. Kein Fürst ist daher auf der Bühne durch und durch verdorben, kein Bürger aber auch gänzlich frei von Fehlern. Vielmehr sind beide differenzierter angelegt. Warum die Tragödiendichter dennoch das adlige und bürgerliche Verhalten kontrastieren sollten, erläutert Gottsched im Kapitel *Von Tragödien, oder Trauerspielen*. Dort entwirft er den Plot für ein historisches Drama, dessen Hauptfigur ein Prinz ist, „der sehr viel gute Eigenschaften an sich hatte, aber dabey verwegen, argwöhnisch und neugierig war."[9] Erschlägt er bei seinem Regierungsantritt den eigenen Vater, sei dies eine so unerhörte Tat, dass sie die „Gemüthsbewegungen der Zuschauer" auf eine „der Tugend gemäße Weise" erregen sollte.[10] Argwohn oder Verwegenheit lassen sich nach Gottsched nämlich weder mit dem bürgerlichen Galanteriemodell vereinbaren noch gelten sie als harmlose Charakterschwächen. Folglich bemüht die fiktive Prinzengeschichte – es handelt sich um Ödipus – eine der bürgerlichen Wertewelt verwandte, aber nach den Regeln der Klugheit noch ‚dunkle' Auffassung von Ordnung und Moral. Dass sich der Bürger als Zuschauer nicht von der historischen Wirkmacht solcher Denk- und Verhaltensweisen blenden lässt, sondern ihre Überkommenheit bestätigt sieht, davon ist Gottsched grundsätzlich überzeugt.

Der sterbende Cato

Seine heroische Tragödie *Der sterbende Cato* markiert den Übergang vom barocken Märtyrerdrama zum aufgeklärten Trauerspiel. Steht im 17. Jahrhundert noch der Konflikt zwischen einem tugendhaften Helden mit einem machtbesessenen Tyrannen im Vordergrund, so verlagert Gottsched diesen staatstragenden Dissens ins Seelenleben seines Protagonisten. Als römischer Statthalter in Afrika versucht Cato demgemäß, in sich „stoische[] Standhaftigkeit" und „patriotische[] Liebe zur Freiheit" zu vereinen.[11] Bedroht sieht er sich von Cäsar, der Utica im Zuge der römischen Bürgerkriege belagert und die Republik zugunsten des Kaisertums abschaffen will. Als Cäsar mit dem Burgherren verhandeln möchte, lehnt Cato alle Gespräche ab und begeht schließlich Selbstmord. Dass seine Freiheitsliebe dabei selbstgefällige, ja sogar tyrannische Züge annimmt, kleidet Phenice im Verlauf der Handlung in die Worte: „Er ist so streng und hart und weicht dem Ungelücke / So wenig als ein Gott! Kein Mitleid nimmt ihn ein, / Denn weil er selbst nicht fehlt, so will er nie verzeihn."[12]

Empfindungslosigkeit

Lässt man die These gelten, von Catos erstem Auftritt an ahne der Zuschauer die Selbsttötung aus ethischer Überzeugung, dann lenkt Gottsched die Aufmerksamkeit auf einen tugendhaften Stoizismus, der den Regenten handlungsunfähig macht. Entsprechend passiv beruft sich Cato auf seine Freiheitsrechte, ignoriert dabei aber, welches Schicksal seiner Familie und der von ihm verwalteten Provinz nach dem Selbstmord droht. Für diese fatalistische Lesart der Tragödie spricht, dass Cato seine Autonomie nicht als Recht, sondern als unhintergehbare Bestimmung begreift:

> Rom seufzet, und es steht das Capitol in Flammen!
> Hier zieht die Freiheit noch die letzte Kraft zusammen,
> Mit der die Republik gewiß zugrunde geht,
> Und wenn sie einmal fällt, wohl niemals aufersteht.
> [...]
> Mein Schicksal lenkt mich stets, die Bosheit zu bestreiten,
> Und sollt ich mir dadurch mein eigen Grab bereiten![13]

Fokussiert man demgegenüber Catos politische Überzeugung, dann wirft Gottscheds heroische Tragödie die Frage auf, für welche Gesinnung der Statthalter einsteht. Ist er ein protodemokratischer Republikaner, der Politik als öffentliche Angelegenheit versteht und sich für eine plebiszitäre Verfassung engagiert? Ganz in diesem Sinne appelliert Cato an Cäsar: „Laß Rom in Freiheit stehn und Rat und Volk regieren!“[14] Doch warum schlägt Cato das Friedensangebot aus und legt Cäsar damit nahe, weiterhin Krieg in Afrika zu führen? Und mit welcher Begründung weigert er sich schließlich, einem Angreifer mit Widerstand zu begegnen? Da Cato keine Antwort zu kennen scheint, verfällt er in Resignation und akzeptiert Cäsar bereits als zukünftigen Kaiser. Was ihm am Ende bleibt, ist der tragische Glaube, die moralische Integrität und Freiheit des altrömischen Bürgers sei höher zu veranschlagen als die sich politisch abzeichnende Neuordnung der Herrschaftsverhältnisse. Gerade ihr arbeitet Cato freilich zu, indem er, begleitet von rhetorischem Pomp, den Freitod wählt.

Tragischer Held?

Diese Widersprüche und Spannungen in der Mustertragödie sind in der Forschung hinlänglich diskutiert worden, weshalb Gottscheds Cato als Protagonist einer Übergangszeit gilt, in der sich für Dichter eine weltanschaulich selbstbewusstere Aufarbeitung des historischen Stoffs noch verbietet. Stützen lässt sich diese Einschätzung mit Catos Hinweis, Roms politische Souveränität verdanke sich dem Pflichtbewusstsein jedes Einzelnen: „Ein Bürger dient dem Staat, der Staat dem Bürger nicht.“[15] Cato als Repräsentant eines frühaufgeklärten Bürgertums zu deuten, das sich realpolitisch noch mit solch zynischen Machtpraktiken zu arrangieren hat, beantwortet aber nicht die Frage, welche Wesenszüge der zeitgenössische Zuschauer an Cato eigentlich bewundern soll. Seine zögerliche Verteidigung einer kompromisslosen Gehorsamsethik liefert allenfalls den Beweis, Herrschaft komme ohne Weitsicht und Verantwortungsbewusstsein aus. Und dass die von Cato angemahnte Freiheit im frühen 18. Jahrhunderts noch eine leere Formel bleibt, sollte das Gros des Publikums ohnehin begriffen haben. Für beide Sichtweisen dürfte man damals also kaum Bewunderung oder Mitleid aufgebracht und sich überdies in der eignen aufgeklärten Denkungsart bestätigt gesehen haben. Insofern liegt es nahe, Gottscheds Tragödie als Exempel einer Poetik zu betrachten, die Wirkungsabsichten mit logischer Genauigkeit vorausberechnet, dabei aber den ‚ungeregelten‘ Widerstand der Zuschauer unterschätzt.

Zeitgenössische Kritik

Jakob Immanuel Pyra, ein entschiedener Kritiker Gottscheds, hat in seiner *Untersuchung der innern Einrichtung des teutschen*

‚*Cato*' (1744) vorgeschlagen, die Tragödie als sarkastische Abrechnung mit einem moralisch fragwürdigen Herrschertypus zu lesen: „Niemals darf er sich an die von Gott oder der Obrigkeit bestätigte Ordnung vergreifen. Kronen, Wappen, Hirtenstäbe, Thronen, Altäre, Lehrstühle müssen ihm unentweihet stehen bleiben. Nur allein Lorbeerkränze darf er von geistlosen und unverdienten Köpfen reißen".[16] Aus Pyras Perspektive taugt Cato als bewundernswerte Herrscherfigur folglich schon deshalb nicht, weil seine Aufrichtigkeit nicht frei von Ehrsucht bleibt. Bezeichnenderweise wirft ihm der eigne Sohn, Portius, vor: „Worte taugen nichts, wo man nichts weiter tut".[17] In der Summe scheidet Cato damit als Stoiker aus dem Leben, der seine Ruhe höher schätzt als jede Verantwortung für Staat und Familie. Über diese Uneinsichtigkeit notiert ein weiterer Rezensent: „Man tadelt gleichsam bei sich selbst den Cato, daß er so eigensinnig alles verwirft und dem so schön vorgestellten Cäsar mit solcher Grobheit begegnet."[18] Auch andere Theaterkritiker bestätigen, dass sich die zeitgenössischen Zuschauer mit Cäsar identifizieren und Gottscheds Wirkungsabsichten insofern ‚umkodieren'.

Publikumsreaktionen

Folgt man diesen überlieferten Rezensionen, ist es Cäsars unprätentiöse Selbsteinschätzung, denen das Publikum mit Sympathie begegnet. Zwar gibt er durchaus anmaßend zu verstehen, nach zahllosen erfolgreichen Schlachten stehe ihm ein römisches Konsulat zu. Allerdings verzichtet der Feldherr darauf, Catos Provinz den Krieg zu erklären. Unterbreitet er dem alten Potentanten schließlich sogar ein Friedensangebot, so überzeugt dies das damalige Publikum ebenfalls von Cäsars Aufrichtigkeit. Catos Prinzipientreue wird dagegen als sinnfreie Weltflucht interpretiert. Warum diese Sichtweise durchaus begründet ist, beantwortet sich mit Cäsars Frage, ob Cato bereit sei, die politische Verantwortung für den sich anbahnenden Überfall auf Utica zu übernehmen:

> Und Ihr verlanget nichts als Unglück und Verderben!
> Ihr wollt entfernt von Rom in Gram und Kummer sterben,
> Nur stets geschlagen sein und daß ich eifersvoll
> Die Hände stets im Blut der Römer baden soll.
> Den Frieden schlagt Ihr aus und hasset doch das Kriegen?
> An wem wird wohl die Schuld des ganzen Unglücks liegen?
> [...]
> Denn wahrlich, überall wohin mein Schwert gekommen,
> Hat auch der Tränen Zahl ganz merklich abgenommen.[19]

Womit sich Cato vollends das Mitleid des damaligen Publikums verscherzt haben dürfte, ist seine leicht zu durchschauende Taktik, Cäsar in die Rolle des unbelehrbaren Tyrannen zu drängen und den eigenen Freitod märtyrerhaft zu verklären. Mit solch einer fintenreichen Selbststilisierung im Dienste einer konturlosen Freiheit identifiziert sich kein Bürger, für den Verantwortung im Urteilen und Handeln zu den aufgeklärten Pflichten gehört.

Vergnügen

Die gegen seine heroische Tragödie erhobenen Einwände haben Gottsched nachweislich getroffen und ihn zu umfangreichen Gegendarstellungen veranlasst. Gleichwohl löst die alternative Rezeptionshaltung des Publikums ab Mitte des 18. Jahrhunderts eine breite Diskussion über zeitgenössische Wirkungspotentiale des Theaters aus. An ihr beteiligen sich neben Johann Elias Schlegel auch Friedrich Nicolai und Lessing. Gemeinsam gehen sie der Frage nach, ob Bewunderung ausreicht, um die Zuschauer zu begeistern. Wie Schlegel stellvertretend in seinen dramentheoretischen Schriften herausarbeitet, lassen sich „Geschmack an Schauspielen und Liebe zum Theater" nur dann befördern, wenn die moralische Absicht verschleiert und das tragische Geschehen möglichst unterhaltsam dargeboten wird. Mit seinem 1746 entstandenen *Canut* widerfährt Schlegel indes das gleiche Schicksal wie Gottsched. Statt sich mit dem historischen Helden zu identifizieren, fühlt sich das Publikum seinerzeit von der „seltnen Vollkommenheit" des Protagonisten abgestoßen und solidarisiert sich mit dem „schöne[n] Ungeheuer" Ulfo.[20]

Typenkomödie und Lustspiele in Versen 2.2

Wurden in der Komödie traditionell Bürger, Bauern oder Dienstboten verlacht, so bemühen sich Lustspielautoren wie Luise Adelgunde Victorie Gottsched, Theodor Johann Quistorp, Adam Gottfried Uhlich und Johann Elias Schlegel um ein höheres Ansehen der Gattung. In der Folge lösen typisierte Hauptfiguren, die allgemeinmenschliche Schwächen verkörpern, das ehedem tölpelhafte Bühnenpersonal ab. Ihre Laster – Klatschsucht, Renommisterei oder Liebestollheit – erklären sich demgemäß nicht mehr aus ihrer sozialen Herkunft. Statt bloß ‚pöbelhafte' Unterhaltung zu bieten, weisen die Typenkomödien darüber hinaus Möglichkeiten auf, die in Rede stehenden Unarten abzulegen.

Narrenpossen

Um dieser „Verbesserung" vorzuarbeiten, erinnert Gottsched in seiner *Critischen Dichtkunst* daran, bereits die „mittlere Komödie der Griechen" (gemeint ist die seit Aristoteles anspruchsvollere Lustspieldichtung) hätte sich um würdigere Figuren und Handlungen bemüht, die das Publikum „angenehm und erbaulich" unterweisen.[21] Eingedenk dieser Tradition sollten sich auch zeitgenössische Autoren vor „schimpflichsten Lieder[n]“, „Narrenpossen“ oder „garstigen Schimpfreden“ hüten.[22] An welchen ästhetischen und moralischen Prämissen sich die aufgeklärte Komödie zu orientieren hat, begründet Gottsched mit dem endgültigen Verzicht auf den Harlekin, der die Aufführungen bisher mit subversiven Zwischeneinlagen unterbrach. Zu meiden seien ferner Charaktertypen wie der betrogene Ehemann oder die lüsterne Magd. Auch solche trivialen Bühnenfiguren schadeten der Tugendunterweisung. Mit Rücksicht auf die gesellschaftlichen Machtverhältnisse ergänzt Gottsched seine Ausführungen um den Hinweis, der Respekt gegenüber der adligen Führungsschicht verbiete es, in der Komödie feudale Standesprivilegien in Frage zu stellen: „Die Personen, die zur Komödie gehören, sind ordentliche Bürger, oder doch Leute von mäßigem Stande [...]: nicht, als wenn die Großen dieser Welt keine Thorheiten zu begehen pflegen, die lächerlich wären; nein, sondern weil es wider die Ehrerbietung läuft, die man ihnen schuldig ist, sie als auslachenswürdig vorzustellen.“[23]

Bürgerliche Lachkultur

In der ersten Hälfte des 18. Jahrhunderts übernimmt die Typenkomödie folglich zwei Aufgaben: Zum einen trägt sie zur Verbreitung bürgerlicher Tugenden bei, zum anderen anerzieht sie dem Publikum eine Lachkultur, die zwischen moralischen Verfehlungen und standesbedingten Marotten unterscheidet. Während über geringfügige sittliche Entgleisungen gelacht werden darf, gebietet es die alltägliche Klugheit, jede Abweichung vom bürgerlichen Verhaltensrepertoire als lächerliche Attacke auf die eigene Vernunftwerdung abzugelten. Auf diese Weise schützt sich das Bürgertum vor dem Einwand, seine Moralität wirke angesichts der realen Machtverhältnisse eher anmaßend oder belustigend. Diese Umsicht im Komischen ist mitzulesen, wenn Gottsched die Komödiendichter ermahnt, zwischen Lastern und Fehlern zu unterscheiden:

> Die Komödie ist nichts anders, als eine Nachahmung einer lasterhaften Handlung, die durch ihr lächerliches Wesen den Zuschauer belustigen, aber auch zugleich erbauen kann. [...] Es ist also wohl zu merken, daß weder das Lasterhafte, noch das Lächerliche für sich allein, in die Komödie gehöret; sondern beydes zusammen [...]. Vieles läuft wider die Tugend: ist aber mehr strafbar und widerlich, oder gar abscheulich, als lächerlich. Vieles ist auch lächerlich; wie zum Beispiel die Harlekinspossen der Italiener: aber darum ist es doch nicht lasterhaft. [...] Die Komödie will nicht grobe Laster, sondern lächerliche Fehler der Menschen verbessern.[24]

Komödienregeln

Im Unterschied zu seinen Ausführungen über die Tragödie beruft sich Gottsched im Komödienkapitel der *Critischen Dichtkunst* nur ansatzweise auf französische Vorbilder. Zwar lobt er die Regelmäßigkeit der Komödien Philippe Néricault Destouches' oder Charles Rivière Dufresnys. Da sie jedoch um die Gunst des Adels buhlen, verhöhnten beide Autoren die bürgerlichen Emanzipationsbemühungen. Auch Molière trifft der Vorwurf, in Stücken wie dem *Bourgeois gentilhomme* (1679) „das Laster gar zu angenehm, die Tugend aber gar zu störrisch, unartig und lächerlich gemacht" zu haben.[25] Alle weiteren Regeln, die Gottsched für das Komödienfach aufstellt, lehnen sich an seine Ausführungen zur Tragödie an: Neben der Einheit von Ort, Zeit und Handlung empfiehlt er gemischte Charaktere und ein möglichst wahrscheinliches Bühnengeschehen. Hinsichtlich der zu erregenden Affekte heißt es schließlich noch, „heulende" Lustspiele, die sich seit dem späten 17. Jahrhundert wachsender Beliebtheit erfreuen, widersprächen dem Gattungsprofil aufgeklärter Lustspiele.[26]

Typenkomödie

Zu den beliebtesten Motiven in den Komödien der Früh- und Hochaufklärung gehören Rechthaberei, Geiz, provinzielle Verbohrtheit sowie religiöse Intoleranz. Sie alle stehen einer klugen und umsichtigen Lebenspraxis fern. Um solche Schwächen zu hintertreiben, tragen die Bühnenfiguren sprechende Namen wie Grobian, Magister Scheinfromm oder Frau Zanckenheimin. Entsprechend tolldreist handeln sie auf der Bühne, legen ihre Grillen jedoch ab, wenn fürsorgliche Mitmenschen sie auf die Folgen dieses Unsinns hinweisen. Musterproben solcher Typenkomödien veröffentlicht Gottsched in seiner zwischen 1740 und 1745 erscheinenden Dramentextsammlung *Deutsche Schaubühne nach den Regeln und Mustern der Alten*. Hier erscheinen Quistorps *Der Bock im Processe* und *Der Hypochondrist*, Adam Gottfried Uhlichs Lustspiel *Der Unempfindliche* oder auch die von seiner Frau geschriebenen Komödien *Die ungleiche Heirath, Das Testament* sowie *Der Witzling*. Eine der schärfsten Attacken gegen Bigotterie und religiöse Schwärmerei, das ebenfalls von der Gottschedin verfasste Lustspiel *Die Pietisterey im Fischbein-Rocke*, bleibt indes aus Vorsichtsgründen unberücksichtigt. 1736 anonym publiziert, löst es massive Proteste aus.

Abb. 12 Luise Adelgunde Victorie Gottsched. Porträt von Elias Gottlob Haußmann (um 1750)

Die Pietisterey

Als Abrechnung mit verschiedenen Strömungen des protestantischen Pietismus spielt die Komödie in Königsberg, damals Hauptsitz der Frömmigkeitsbewegung. Dort wird *Die Pietisterey im Fischbein-Rocke* auch gleich nach Erscheinen verboten. Als Verfasser wird der Hamburger Pastor Erdmann Neumeister vermutet, einer der heftigsten Kritiker des Pietismus, der bereits mehrfach den Unmut der Behörden auf sich gezogen hatte. Um die Verbreitung des Stückes zu unterbinden, verschärfen schließlich auch andere deutsche Staaten „Verhöre von Buchhändlern" und die „Zensurbestimmungen".[27]

Auslöser für das Bühnengeschehen ist Frau Glaubeleichtins Dummheit, sich auf die Schmeicheleien des Magisters Scheinfromm einzulassen. Kaum hat man sich bekannt gemacht, nutzt dieser Sektierer nämlich Herrn Glaubeleichts zweitägige Abwesenheit, um mit seiner Anhängerschaft das Anwesen der Familie zu besetzen und die Hausherrin zum Pietismus zu bekehren. Besorgt äußert die Magd Cathrine schon nach wenigen Stunden, Herr Glaubeleicht würde sicherlich verwundert reagieren, wüsste er, was in den vier Wänden der Familie vorgeht:

> Mich dünckt aber er wird bey seiner Wiederkunft sehr erschrecken, wenn er [...] sein Haus in diesem schönen Zustande finden wird. Sein Keller ist zur Buchdruckerey; seine Böden sind zu pietistischen Buchläden; und seine Zimmer zu Winckel-Kirchen geworden. Wie wird er nicht erstaunen, wenn er einen Hauffen begeisterter Böhmisten und Quäcker finden, und seine Frau als eine Päbstin unter ihnen sitzen sehen wird. Die Laquaien selbst zancken sich schon über die dunckeln Schrifft-Stellen; und ich hörte nur noch neulich, daß der Kutscher seine Pferde vor Orthodoxen schalte; weil er kein ärger Schimpf-Wort wuste.[28]

Im zweiten und dritten Akt erlebt der Zuschauer mit, wie Scheinfromm die Tochter der Glaubeleichts mit dem tölpelhaften Muckerdorff zu verkuppeln sucht. Ein von ihm aufgesetzter Ehevertrag sieht ferner die Überschreibung des Familienvermögens zugunsten des Magisters und seines Verwandten vor. Mit dem Auftritt der Almosensammlerin Frau Bettelsackin und eines Buchhändlers, der pietistische Lektüre feilbietet, folgen mehrere religiöse Dispute, die das lange Streitgespräch zwischen Frau Glaubeleichtin, Frau Zanckenheimin und Frau Seuffzerin vorbereiten. Alle diese Kontroversen entlarven auf satirische Weise die unterschiedlichen Spielarten des protestantischen Pietismus. Parallel dazu wird am Beispiel der drei Hausfrauen herausgearbeitet, welche Folgen die religiöse Verblendung für eine aufgeklärte Gesprächskultur mit sich bringt: Statt Vernunft, Entgegenkommen und Höflichkeit herrschen Rechthaberei, Eitelkeit und Vorteilsstreben. Erst als Frau Glaubeleichtin die kriminellen Machenschaften Scheinfromms durchschaut und von seiner bevorstehenden Inhaftierung erfährt, bereut sie ihre Gedankenlosigkeit und bittet den zurückgekehrten Ehemann um Vergebung.

Satirische Seitenhiebe

All diese satirischen Seitenhiebe werden heute unterschiedlich bewertet. Während einige Literaturwissenschaftler in der Gottschedin eine Autorin sehen, die gewissenhaft den bühnenästhetischen Richtlinien ihres Mannes folgt, billigen ihr andere zu, sie habe die Dezenzforderungen der *Critischen Dichtkunst* unterlaufen. Je für sich genommen, werden beide Einschätzungen der Komödie nur bedingt gerecht. Bereits die zwei Vorreden komplizieren das spöttische Spiel mit theologischen Überzeugungen. So scheint sich die Verfasserin, die sich hinter einer männlichen Autorenrolle versteckt, auf „die grössten GOttes-Gelehrten" wie Luther zu berufen und damit die Partei der protestantischen Orthodoxie zu beziehen.[29] Nimmt man diese Vorsichtsmaßnahme ernst, dann hätte Luise Gottsched ihre beißende Kritik am Pietismus mit Hilfe einer Amtskirche legitimiert, die damals noch unnachgiebig sektiererische Glaubensabweichler verfolgt. Gleichzeitig lässt sie mit Herrn Wackermann einen Bürger auftreten, der für Toleranz auch im religiösen Leben eintritt, sich aber dennoch nicht die Warnung verkneifen kann, besonders die Gutgläubigen gingen den Glaubensfanatikern leicht ins Netz: „sie haben ein gutes Herz; sie sind Gottesfürchtig; deswegen war es leicht, daß sie durch die Scheinheiligkeit dieser Leute verführet werden."[30] Diesen Vorwurf, so formuliert es die Gottschedin im Vorwort, müssen sich allerdings auch „längst verständige Männer" in den „Theologische[n] Facultäten" gefallen lassen.[31] Ohne folglich den Glauben an sich in Frage zu stellen, wendet sich Luise Gottsched gegen eine institutionalisierte Religionspraxis, die Menschen zu pedantischen, engstirnigen Verfechtern ihrer Lehre macht – ein ‚Laster', wie es in der *Critischen Dichtkunst* genannt wird, das blindes Vertrauen in die eigenen Überzeugungen voraussetzt und deshalb Intoleranz begünstigt. Würde dieser religiöse Fanatismus bloß der Lächerlichkeit preisgegeben, hätte sich die Gottschedin an die Lustspielempfehlungen ihres Mannes gehalten. Da sie aber auch die Aufklärungstheologie angreift und darüber hinaus den Einfluss des Pietismus auf die Herrschaftskreise aufdeckt, lässt ihre Komödie die Anweisung der *Critischen Dichtkunst*, Kleriker zu schonen, hinter sich.

Lustspiele in Versen

Luise Gottscheds *Die Pietisterey im Fischbein-Rocke* verzichtet auf eine versifizierte Sprache zugunsten des Prosa-Dialogs. In der *Critischen Dichtkunst* wird diese Wahl mit Blick auf die Ständeklausel und die traditionell ‚hohe Sprache' der Tragödie gerechtfertigt:

> hierinn ist die Komödie von der Tragödie sehr unterschieden. Das macht, daß dort fast lauter vornehme Leute; hier aber Edelleute, Bürger und geringe Personen, Knechte und Mägde vorkommen: dort die heftigsten Gemüthsbewegungen herrschen, die sich durch einen pathetischen Ausdruck zu verstehen geben; hier aber nur lauter lächerliche und lustige Sachen vorkommen, wovon man in der gemeinen Sprache zu reden gewohnt ist.[32]

Komödien in Versen werden hier nicht explizit ausgeschlossen, jedoch gibt Gottsched zu bedenken, dass Figuren aus unteren Gesellschaftsschichten, welche auf der Bühne die „täglichste[] Sprache des Umganges" in gebundener Rede deklamieren, unfreiwillig komisch wirken.[33] Johann Elias Schlegel hat dieser Einschätzung entgegengehalten, erst die anspruchsvolle Bühnensprache verleihe der Komödie künstlerisches Ansehen und schütze sie vor dem Vorwurf, sich mit niederen Themen und Motiven zu beschäftigen. Ein besonders erfolgreiches Beispiel für Schlegels eigene Verskomödien ist das Lustspiel *Die stumme Schönheit* (1747), in dem ein weiteres Mal die Rolle der Frau in der Aufklärung verhandelt wird. Im Gegensatz zu seinem Lehrer Gottsched verzichtet Schlegel allerdings auf jede moralpädapogische Belehrung, und an die Stelle des Vernunftappells lässt er ein Happy End treten, das die bürgerliche Lachkultur einer harten Probe unterzieht.

3. Das Bürgerliche Trauerspiel

Gattungsästhetisch ist das Bürgerliche Trauerspiel zwischen der traditionellen Tragödie und dem rührenden Lustspiel anzusiedeln. Unter Umgehung der Ständeklausel stammen seine Figuren aus dem Bürgertum und niederen Adel. Deren verwandte Werte- und Gefühlskultur bestimmt auch die psychologisch detailliertere Charakterisierung der einzelnen Handlungsträger. Statt die dramatischen Ereignisse in einer ‚heroischen' Vergangenheit anzusiedeln, spielt das Bürgerliche Trauerspiel in der Gegenwart des 18. Jahrhunderts. Thematisiert werden familiäre Krisen, insbesondere Missverständnisse zwischen Vater und Tochter.

International einflussreich sind George Lillos Drama *The London Merchant* (1731), das vom deutschen Übersetzer 1752 als bürgerliches Trauerspiel angekündigt wird, und Diderots Dramen *Le fils naturel* (1757) und *Le père de famille* (1758). Alle drei Stücke verraten schon im Titel den sozialen Handlungsort oder die Standeszugehörigkeit der Protagonisten. Als erstes deutsches Trauerspiel mit bürgerlichem Figurenensemble gilt Christian Leberecht Martinis *Rhynsolt und Sapphira* (1753/55). Doch erst Lessings *Miß Sara Sampson* (1755), *Emilia Galotti* (1772) und später Schillers *Kabale und Liebe* (1784) begründen den Bühnenerfolg des jungen Theatergenres. Beide Dichter spitzen das dramatische Geschehen zu, indem sie am Beispiel der weiblichen Hauptfigur die Folgen unstandesgemäßer Liebesbeziehungen aufzeigen.

Lessings Theorie des Mitleids 3.1

Was das Bürgerliche Trauerspiel von seinen Vorläufern unterscheidet, ist die kritische Revision des älteren bürgerlichen Verhaltensmodells. Dessen allein auf Außenwirkung bedachte Klugheitsempfehlungen fügen sich Mitte des 18. Jahrhunderts nicht mehr zu den nun auch emotional zu verteidigenden Tugenden des dritten Standes. Dass die Wahrung häuslicher Privatheit in Konflikt mit den öffentlichen Repräsentationspflichten des Bürgers geraten kann, Mitleid und eine klug inszenierte Moralität also nicht immer miteinander vereinbar sind, gehört zu den häufig gewählten Sujets des Bürgerlichen Trauerspiels. Wird die Privatsphäre beispielsweise durch ein Familienmitglied verletzt – in der Literatur des 18. Jahrhunderts eine Selbstbeschreibungskrise par excellence –, leidet darunter auch das öffentliche Ansehen der Familie. Versagt dann noch das Mitgefühl für die eigene Persönlichkeit, droht ein schreckliches Ende.

Um solche Grenzfälle zwischen zwei wesensverschiedenen Welten wirkungsvoll herausarbeiten zu können, treten im Bürgerlichen Trauerspiel libertinäre Verführer oder rachsüchtige Intrigantinnen auf, die das Bürgertum mit einem schichtfremden Moralverständnis bedrohen. Angesichts solcher Attacken muss sich das bürgerliche Bühnenpersonal zu der Einsicht durchringen, dass ein rational begründeter Tugendkatalog nicht ausreicht, um sich vor eigennützigen Machenschaften zu schützen. Um so leidenschaftlicher müssen die bürgerlichen Normen, aber auch die Familienordnung verteidigt werden, was freilich eine tief empfundene Scham über eigene Fehltritte erheblich verstärken kann.

Welche Bedeutung dabei dem Mitleid zugedacht ist, erläutert Lessing im *Briefwechsel über das Trauerspiel* (1756/57). In ihm wird der Empathie eingeräumt, den Bürger zu sittlicher Vollkommenheit anzuleiten. Mit der berühmten Formulierung, „*Der mitleidigste Mensch ist der beste Mensch*"[34], ermahnt Lessing zugleich die Aufklärungskultur, sich selbstbewusster von ihr fremden Verhaltensstandards abzugrenzen:

> Wie unendlich besser und sicherer sind die Wirkungen meines Mitleidens! Das Trauerspiel soll das Mitleiden nur überhaupt *üben*, und nicht uns in diesem oder jenem Falle zum Mitleiden bestimmen. Gesetzt auch, daß mich der Dichter gegen einen unwürdigen Gegenstand mitleidig macht, nämlich vermittelst falscher Vollkommenheiten, durch die er meine *Einsicht* verführt, um mein Herz zu gewinnen. Daran ist nichts gelegen, wenn nur mein Mitleiden rege wird, und sich gleichsam gewöhnt, immer leichter und leichter rege zu werden. [...] Ich glaube, der ist der größte Geck, der die Fertigkeit im Bewundern hat; so wie ohne Zweifel derjenige der beste Mensch ist, der die größte Fertigkeit im Mitleiden hat.[35]

Ästhetik des Mitleids

Hatte die Regelpoetik bislang eine möglichst anschauliche Illustration konkreter Handlungsanweisungen eingefordert, so soll das Theater nun zur Passionierung der bürgerlichen Moralität beitragen. Für die Umsetzung dieser Aufgabe reflektiert Lessing die von Aristoteles als ‚eleos' und ‚phobos' bezeichneten Wirkungskategorien der Bühne unter ethischen Prämissen. Um seine Neuerung veranschaulichen zu können, ist zunächst an den sogenannten Tragödiensatz in der *Poetik* des Aristoteles zu erinnern. In ihm hatte der Philosoph von ‚phobos' gesprochen, um die Reaktion des Publikums auf das Schicksal des Tragödienhelden zu beschreiben. Gemeint ist damit das ‚Erschauern' über ein plötzlich und unverdient hereinbrechendes Unglück. Ihm folgt ein psychischer Erregungszustand, der mit Wolfgang Schadewaldt mit ‚Jammern' oder ‚Rührung' (eleos) zu übersetzen ist. Beide Begriffe sind bei Aristoteles noch weitgehend frei von jeder moralischen Konnotation und mit vorreflexiven Empfindungen wie Scham oder Ekel vergleichbar. Da es sich bei ‚eleos' und ‚phobos' um aufeinander folgende Stimmungsschwankungen handelt, die den Zuschauer aus dem seelischen Gleichgewicht

Abb. 13 Gotthold Ephraim Lessing. Gemälde von Anna Rosina de Gasc (1768)

bringen können, trägt Aristoteles der Tragödie die Aufgabe an, das Publikum von solchen Gefühlsirritationen zu reinigen.[36]

Im Januar 1768 schlägt Lessing eine eigene Übertragung des aristotelischen ‚eleos' vor, um die sittliche und selbsttherapeutische Wirkung eines emotional gesteigerten Miterlebens tragischer Bühnenhandlungen deutlicher betonen zu können. Wie es im 74. Stück der *Hamburgischen Dramaturgie* heißt, sei der Begriff mit ‚Mitleid' zu übersetzen: „‚Das Mitleid', sagt Aristoteles, verlangt einen, der unverdient leidet: und die Furcht einen unsersgleichen. Der Bösewicht ist weder dieses noch jenes: folglich kann auch sein Unglück weder das erste noch das andere erregen.'"[37] Lessing begründet seine begriffliche Neufassung in Anlehnung an Shaftesburys Philosophie des ‚Moral sense', also jenes angeborenen Sittlichkeitsgefühls, das den Menschen unangenehme Situationen meiden lässt und es ihm unter entsprechender Anleitung ermöglicht, die Angemessenheit des eigenen Denkens und Handelns zu überwachen. Unter Mitleid ist folglich ein Einfühlungsvermögen zu verstehen, das stets auch selbstbezüglich organisiert ist. Lessing verdeutlicht das Gemeinte am Beispiel eines Dramenhelden, dessen ‚gemischter Charakter' schon deshalb Mitleid erregt, weil der Protagonist weder „ein ganz tugendhafter" Mensch noch „ein völliger Bösewicht" ist.[38] Dessen Leiden am eigenen Fehlverhalten nachzuempfinden, falle dem Zuschauer leicht, weil er sich eingestehen muss, selbst nicht frei von „vermischte[r] Empfindung" zu sein.[39]

Mitleid als Selbstsorge

Um diese intrinsische und extrinsische Mitleidsfähigkeit ausführlicher darlegen zu können, unterscheidet Lessing im *Briefwechsel über das Trauerspiel* zwischen primären und sekundären Leidenschaften. Zu letzteren gehören die beiden aristotelischen Wirkungsabsichten, also Furcht und Schrecken. Da sie nur als angenehm oder unterhaltsam empfunden werden, aber nicht die Selbstprüfung des Zuschauers in Gang setzen, handle es sich bei beiden um *„zweite"* Affekte.[40] Von solch folgenlosen Gefühlen abzugrenzen ist der primäre Affekt des Mitleidens: „Denn diesen Affekt empfinden nicht die spielenden Personen, und wir empfinden ihn nicht bloß, weil sie ihn empfinden, sondern er entsteht in uns ursprünglich aus der Wirkung der Gegenstände auf uns".[41]

Nachvollziehbarer wird diese Gegenüberstellung von ersten und zweiten Affekten, wenn unter ‚Leidenschaft' nach damaligem Sprachgebrauch ein starkes Empfinden unter dem Eindruck äußerer Reizsignale verstanden wird. Dabei gibt es sozial verträgliche Leidenschaften und solche, die „unter Hintansetzung aller Klugheit" zu törichtem Verhalten führen.[42] Folgt man *Zedlers Uni-*

versallexicon (1732ff.), dann obliegt es dem Mitleid als „Beschaffenheit des Gemüths“, nach den „Grund-Sätzen der Vernunfft“ zu prüfen, ob das „Empfinden“ beim Betrachten fremder Schicksale weder der „Liebe seiner selbst“ noch der Liebe zu anderen Menschen zuwiderläuft. Gleichzeitig regt das Mitleid ein Nachdenken darüber an, wie das Leben eines bedrohten Menschen „beglückt und vergnügt zu erhalten“ ist.[43] Das Mitleiden gehört insofern nach damaliger Vorstellung zu den gleichsam reflektierten Leidenschaften, mit denen man entweder Tugenden verteidigt oder die Prüfung des anderen zu gewährenden Mitleids veranlasst.

Dass im Artikel *Mitleidigkeit* des *Universallexicons* mehrfach auf die „Gegeneinanderhaltung unsers eigenen Nutzens und des Nutzens unsers Nächsten“ hingewiesen wird, erklärt sich aus den intrinsischen Verpflichtungen dieser Tugend, die nun zusehends mit Leidenschaft aufgeladen wird: Mit einem anderen Menschen zu ‚leiden‘, setzt nämlich sowohl Aufmerksamkeit für das Gegenüber als auch Rücksicht auf die eigene Wohlfahrt voraus. Ein mitleidender Mensch, der sich in seinen Gefühlen für andere aufopfert, würde diesen Respekt vor dem eigenen Ich verlieren. Gleiches gilt nach Auskunft des Lexikons für Zeitgenossen, die ihrer eigenen Tugendhaftigkeit mit zu viel „Zufriedenheit“ begegnen.[44] In diesem Fall wird Mitleid inaktiv und damit unsozial. Umgehen lässt sich die Infragestellung jener in der Empfindsamkeit zentralen Leidenschaft fürs Moralische, wenn der Einzelne wieder „Vergnügen“ an seinem Einfühlungsvermögen findet und es als Chance begreift, sich im Mitleiden als vernünftig handelndes Subjekt zu erfahren.

Mitleid und Moral

Diese Selbstreferentialität mag befremdlich wirken, wenn Mitleid mit christlicher Nächstenliebe oder Humanität verglichen wird. Beide setzen ja eher ein Hochmaß an ‚Selbstlosigkeit‘ voraus. In der Moral-sense-Philosophie und der Empfindsamkeit wird der Begriff ‚Mitleid‘ aber als Medium verstanden, das sowohl die Liebe für Mitmenschen als auch „das auf uns selbst bezogene Mitleid“ schult. Über diese Doppelperspektive mitleidigen Verhaltens führt Lessing im 74. bis 78. Stück der *Hamburgischen Dramaturgie* aus, ohne „Liebe zur Tugend und Haß gegen das Laster“ verblasse die aufgeklärte Moral zu einer Leistungsethik, die pflichtschuldig oder eigennützig realisiert wird.[45] Erfahre sich der Mensch im Mitleiden dagegen als autonom handelnd und leidenschaftlich tugendhaft, werde auch der kalt berechnende Verstand von der Liebe zum Guten überzeugt. Sich im Mitleiden als Selbst zu gewahren, meint also auch, intellektuell die Freiheit zur Moral anzuerkennen und dabei alle klügelnden Erwägungen hinter sich zu lassen. Mit Blick auf die Kalokagathie der Frühaufklärung entbindet Lessing insofern das Schön- und Gutsein einerseits von jener taktischen Umsicht, mit der das eigene Verhalten den jeweiligen gesellschaftlichen Erfordernissen angepasst wird. Wer daher die eigene moralische Integrität zu lieben gelernt hat, handelt nicht mehr berechnend, sondern in der Überzeugung, stets das Gute zu wollen. Andererseits intendiert Lessings Mitleidstheorie die habituelle Distanz zum eigenen Handeln: Zwar verwirklicht der mitleidige Mensch die „Triebe zur Menschlichkeit" leidenschaftlich statt bloß mechanisch oder gehorsam.[46] Um sich aber nicht als Subjekt zu verlieren, bleibt er sich seiner selbst stets bewusst und verhindert damit das völlige Aufgehen in der Tugendpassion.

Um des Einflusses willen, den das Mitleid auf Emotionen und Vernunft hat, soll daher auch das bürgerliche Trauerspiel nicht länger tugendhafte Lehrsätze veranschaulichen. Solch eine Demonstration würde nach Lessing allein den Intellekt des Publikums ansprechen, nicht aber die Emotionen und das Selbstwertgefühl des einzelnen Zuschauers. Statt folglich zu belehren, lenkt die empfindsam reformierte Bühne das Mitleid auf den emphatischen Nachvollzug der dargestellten Handlung und zugleich auf die leidenschaftliche Beschäftigung mit der eigenen Liebe zur Moral.

Moralische Exerzitien: *Miß Sara Sampson* 3.2

Lessings erstes bürgerliches Trauerspiel wird 1755 uraufgeführt und gehört seither zu den meistgespielten Stücken der deutschen Theatergeschichte. Da das Stück auf polaren Gegensätzen aufbaut – bürgerliche Familie und höfische Gesellschaft, Saras Selbstverwirklichungsdrang und ihre übersteigerte Tugendhaftigkeit, das empfindsame Subjekt angesichts objektiver Gesellschaftszwänge –, liegt es nahe, diese scheinbar unvereinbaren Widersprüche für eine Interpretation des handlungsauslösenden Konflikts heranzuziehen. Doch im Unterschied zu rührenden Komödien wie Gellerts *Die zärtlichen Schwestern* belässt es Lessing nicht dabei, die Sphäre bürgerlicher Privatheit mit einer rohen Außenwelt zu konfrontieren. Darüber hinaus weist er Probleme auf, die eine nach außen streng geschützte Privatheit und die unbedingte Tugendhaftigkeit mit sich bringen können. So weicht Saras Einfühlungsvermögen einem todbringenden Handlungsmechanismus, als sie

Lady Marwoods Kritik am Frauenbild des 18. Jahrhunderts ignoriert. Auf dieser vorurteilskritischen Metaebene überbietet Lessing die dem Trauerspiel zugrunde liegenden Oppositionsstrukturen.

Libertinage

Mit Sara und dem adligen Libertin Mellefont prallen in Lessings Trauerspiel zwei entgegengesetzte Lebenswelten aufeinander. Während Sara als empfindsame Frau für bürgerliche Werte, private Familiarität und aufrichtige Liebe einsteht, kommt Mellefont aus einem Stand, in dem das Ausleben erotischer Leidenschaften so üblich scheint wie eher oberflächliche Beziehungen zu anderen Menschen. Mellefonts ehemalige Geliebte, Lady Marwood, umschreibt diese Freizügigkeit verschiedentlich mit ‚Inbrunst', ‚Hitze' oder ‚Fieber'. Seit Mellefont sich jedoch in Sara verliebt hat, zeigt er sich bemüht, ihre strengen Keuschheitspflichten zu respektieren. Mit Sir William Sampson tritt schließlich ein empfindsamer Vater auf, der Saras heimliche Verlobung mit dem Lebemann Mellefont missbilligt und seiner Tochter nachreist, um sie zur Besinnung zu bringen. Zwar kann er ihr die übereilte Flucht noch vergeben, Saras Tod aber nicht mehr verhindern.

Schauplatz der Handlung ist eine Herberge nahe der englischen Küste. Von hier aus wollen Sara und Mellefont nach Frankreich reisen, um sich dort trauen zu lassen. Wie sich jedoch herausstellt, zögert Mellefont die Überfahrt hinaus. Da er sich einer gemeinsamen Zukunft mit Sara noch nicht sicher ist, behauptet er ihr gegenüber, auf ein ihm in Aussicht gestelltes Erbe zu warten. In der Zwischenzeit kündigt Sir William brieflich seine Anreise an, außerdem trifft Lady Marwood mit ihrer Tochter Arabella in der Herberge ein. Umgehend nehmen die tragischen Ereignisse ihren Lauf, denn Lady Marwood setzt alles daran, ihren ehemaligen Liebhaber zurückzuerobern. Nachdem sie Sara vergiftet hat, erdolcht sich Mellefont aus Gram über die Unfähigkeit, Lady Marwoods Verbrechen zu sühnen. Die Tragödie endet mit Sir Williams Worten, er werde Arabella erziehen, weil sie „ein Vermächtnis meiner Tochter" ist.[47]

Vater und Tochter

Im ‚weinenden Saeculum' fließen die Tränen über dieses tragische Ende reichlich. Glaubt man dem Direktoriumsmitglied des königlichen Schauspielhauses in Berlin, Karl Wilhelm Ramler, dann haben die Zuschauer während der Uraufführung des Stückes am 10. Juli 1755 im Frankfurter Exerzierhaus „drey und eine halbe Stunde zugehört, stille geseßen wie Statüen, und geweint".[48] Neben Saras Tod dürfte vor allem Sir Williams rückblickendes Bekenntnis, er habe die väterliche Liebe zu seiner Tochter vernachlässigt, zur Ergriffenheit des Publikums beigetragen haben:

„Ich habe selbst den größten Fehler bei diesem Unglücke begangen. Ohne mich würde Sara diesen gefährlichen Mann nicht haben kennen lernen. Ich verstattete ihm, wegen einer Verbindlichkeit, die ich gegen ihn zu haben glaubte, einen allzufreien Zutritt in meinem Hause".[49] Solch eine enge Vater-Tochter-Bindung gehört im bürgerlichen Trauerspiel zu den bevorzugten Motiven, um die Tragfähigkeit des bürgerlichen Familienideals demonstrieren zu können. Immerhin gilt der Mann als ‚Schwachstelle' in liebevollen Privatverhältnissen. Entweder droht er als Repräsentant der Familie an den Verlockungen einer nicht durchgängig disziplinierten Außenwelt zu scheitern oder er versagt emotional im Umgang mit den Kindern. Bewährt sich Sir William daher als alleinerziehender Vater, so demonstriert er zugleich, was eine tugendstrenge Selbstkontrolle und ein Gefühlshaushalt, der sich einer ‚zärtlichen' Verantwortung unterwirft, im Schutzraum der Familie zu leisten vermögen. Andernfalls würde er sich den Vorwurf einhandeln, als mitfühlender Vater und beherrschter Mann versagt zu haben.

Verhinderte Versöhnung

Dass Sir William seiner Tochter einen Brief schreibt, weil sich seine Abreise noch verzögert, erhöht in *Miß Sara Sampson* die dramatische Spannung. Denn als private Mitteilung überbrückt ein Brief eigentlich die räumliche Distanz zwischen Briefschreiber und Adressatin, bezieht also Sara wieder mit in die intime Familiensphäre ein. Sir Williams Ankündigung, seiner Tochter zu verzeihen, verfehlt allerdings die erhoffte Wirkung. Jenseits der schützenden Grenze zwischen Privatheit und Außenwelt fehlt es offensichtlich an jenem zwischenmenschlichen Mitleid, das im familiären Gespräch auch die Erörterung heikler Themen ermöglicht. Sara jedenfalls verliert mit der Nähe zu ihrem Vater zunehmend an dieser kommunikativen, aber eben auch selbstsorgenden ‚Leidenschaft'. Im Gegenzug nimmt ihre Tugendhaftigkeit immer hypertrophere Züge an, so dass sie schließlich nicht mehr in der Lage ist, die Tragweite des väterlichen Versöhnungsangebots zu überblicken. Je energischer Sara also in der Fremde auf moralische Strenge pocht, desto nachhaltiger blockiert sie ihr Mitgefühl mit sich als Familienmensch. Mit Lessings Worten erinnert ihre leidenschaftliche Tugend jetzt an einen sekundären Affekt, dem es auch an Rücksicht für das eigene Ich fehlt. Wie die Szene zeigt, in der Sara den Brief Sir Williams in den Händen hält, erkaltet Familienmoral umgehend zu einer selbstlosen Pflicht. Ohne sich selbst noch im System der Verhaltensnormen verorten zu können, sieht sich Sara als Verstoßene, die keine Vergebung mehr annehmen darf:

> Einen Vater, wie ihn, zu betrüben: dazu habe ich noch den Mut gehabt. Allein ihn durch eben diese Betrübnis, ihn durch seine Liebe, der ich entsagt, dahin gebracht zu sehen, daß er sich alles gefallen läßt, wozu mich eine unglückliche Leidenschaft verleitet: das, Waitwell, das würde ich nicht ausstehen. [...] Er will kommen, und seine Kinder selbst zurückholen. Seine Kinder, Waitwell! Das geht über alles! [...] Oh! hätte er sie nie gehabt, diese unglückliche Tochter![50]

Die ‚Heilige'

Dass Sara nun die Sorgen und Schuldgefühle ihres Vaters mehrt, darauf macht sie erst Waitwell aufmerksam, als er ihr den väterlichen Brief mit den Worten überbringt: „Ach! Miß, Sie werden sich diesen Vorwurf noch weniger machen dürfen, wenn Sie itzt seine Liebe wieder ergreifen, die ja alles vergessen will."[51] Im Grunde bereitet diese berühmte Briefszene im dritten Akt schon Saras Ende vor. Zuvor vergleicht Mellefont die Geliebte aber noch mit einer ‚Heiligen', die sich ihrem Glauben an das Gute aufopfert. Bereits vollkommen passiv in ihrer Leidenschaft für das Tugendhafte, steigert sich Sara in einen Altruismus, der sie sogar die Intrigen ihrer Rivalin, Lady Marwood, verzeihen lässt. Dabei nimmt Saras moralische Obsession allerdings weltverachtende Züge an.[52] Je schwerer sie nämlich ihren Verstoß gegen die bürgerlichen Familiennormen auf sich lasten fühlt, desto mehr schwindet auch das Vertrauen in ihre Mitmenschen. Erst als Lady Marwood sie auf die Folgen aufmerksam macht, die solch ein Mitleidsmissbrauch nach sich zieht, findet Sara für einen Moment noch einmal auf den Boden der Realität zurück. Schon vom Gift zerfressen, gesteht sie Mellefont, ihr nur extrinsisches Pochen auf bürgerliche Tugenden habe sie von der Eigenverantwortung absehen lassen. Prompt sei ihre Pflicht zur Selbstsorge in Hass gegen das eigene Ich umgeschlagen. Über diesen Identitätsverlust, der die Plausibilität einer aufgeklärten Ethik mehr gefährdet als jede bloß pedantische Tugendhaftigkeit, heißt es: „Wie schlau weiß sich der Mensch zu trennen und aus seinen Leidenschaften ein von sich unterschiedenes Wesen zu machen, dem er alles zur Last legen könne, was er bei kaltem Blut selbst nicht billiget."[53]

Mitleidspathos

Für eine Heiligsprechung mag sittliche ‚Schwärmerei', wie Sara sie praktiziert, vorausgesetzt werden.[54] In *Miß Sara Sampson* endet sie jedoch in Befangenheit und Weltflucht. Im bürgerlichen Trauerspiel darf die Protagonistin daher nicht als Heilige sterben, die Mitleid mit jenseitiger Vollkommenheit verwechselt. Für diese kritische Sicht auf eine spiritualisierte Tugendleidenschaft wirbt keine Geringere als Lady Marwood, und es ist ihre Einsicht in Saras selbstzerstörerische Moralität, die gegen die Behauptung spricht, Lessing habe in seinem Stück die höfische Welt als grundverdorben eingeführt. Hinsichtlich ihrer psychologischen Charakterzeichnung weist die Marwood im Vergleich mit Saras Tugendstrenge sogar eine differenziertere Persönlichkeit auf. Zwar rächt sie mit taktischer Finesse ihre enttäuschte Liebe. Doch bereits ihre ersten Worte im Stück signalisieren, dass sich Lady Marwood im Unterschied zu allen anderen Figuren bewusst ist, als Frau, Adlige und Buhlerin nur eine gesellschaftliche Rolle zu spielen: „Sieh in mir", so droht sie Mellefont, „eine neue Medea!"[55] Literaturgeschichtlich hinkt dieser Vergleich, denn seit der Antike verkörpert Medea die rächende Frau, die ihre Enttäuschung als verlassene Ehegattin mit wohlüberlegten Strafen für ihren Mann überwindet. Seit Euripides' ältester Bearbeitung der antiken Medea-Gestalt tötet sie sogar die eigenen Söhne, um Jasons neues Glück an der Seite einer jüngeren Frau zu zerstören. Lady Marwoods soziale Ausgangslage ist jedoch eine andere: Da ihre Tochter keiner Ehe entstammt, hat sie nach damaliger Überzeugung die Folgen einer Liebschaft allein zu verantworten. Als sie in dieser Situation registriert, dass Mellefont noch vor einer Heirat mit Sara zurückschreckt, rechnet sie sich natürlich gute Chancen aus, den Kindsvater wieder für sich zu gewinnen. Die Rolle der Medea nimmt sie allerdings eher unentschlossen an: „Wie soll ich ihn empfangen? Was soll ich sagen? Welche Miene soll ich annehmen?"[56] Nun mag man solche Unsicherheiten auf Lady Marwoods Kalkül oder auf ihre adlige Herkunft zurückführen. In beiden Fällen werden dann aber die vom Bürgertum reklamierten Familiengefühle ausgespart, die Marwood ihren ursprünglichen Plan, nämlich die Tötung Arabellas, verwerfen lassen. Und wie treffsicher Lessing auch im Weiteren mit den Standesvorurteilen seines Publikum spielt, verrät ein ausführliches Gespräch zwischen Lady Marwood und Mellefont. In dessen Verlauf weiß die betrogene Liebhaberin und Mutter sehr genau die soziale Schieflage zu benennen, in welche Mellefont sie gebracht hat. Darüber hinaus wird man ihr zugestehen müssen, den Geliebten nicht von aller Verantwortung für das Scheitern ihrer Beziehung freizusprechen. Inwieweit Lady Marwood bereits familiär argumentiert, offenbart freilich erst der Vorwurf, Mellefont distanziere sich mit der gleichen Maßlosigkeit von ihr, die Sara dazu verführt, sich mit einer Heiligen zu verwechseln. Gemeint ist der Versuch, sich auf Kosten dritter von jeder Schuld loszusagen, um so (erfolglos) die eigene Integrität zu wahren:

Medea?

> Ist der Teufel ärger als du, der schwache Menschen zu Verbrechen reizet, und sie, dieser Verbrechen wegen, die sein Werk sind, her-

> nach selbst anklagt? [...] Habe ich dir meine Tugend nicht preisgeben können, so habe ich doch meinen guten Namen für dich in die Schanze geschlagen. [...] Ward ich nicht von dir beredt, daß du dich in keine öffentliche Verbindung einlassen könntest, ohne einer Erbschaft verlustig zu werden, deren Genuß du mit niemand als mit mir teilen wolltest?[57]

Tödliches Mitleid

Solche Äußerungen sind mit jeweils guten Gründen kontrovers diskutiert worden. Aber rächt sich an Lady Marwood tatsächlich bloß die freizügige Lebensführung des Adels, oder scheitert ihr Ränkespiel, weil sie gegen die bürgerliche Werte- und Vernunftordnung nichts mehr auszurichten vermag?[58] Solche Fragen scheinen sich leichter zu beantworten, wenn Interpreten eine probürgerliche Position beziehen und Lessings *Miß Sara Sampson* als intellektuellen und sittlichen Triumph über aristokratische Libertinage würdigen. Dann jdeoch müsste auch einlässlicher begründet werden, warum Lady Marwood treffsicher zu benennen weiß, weshalb das bürgerliche Mitleids- und Weiblichkeitsideal übersteigerte Züge annimmt, sobald es beiden an verantwortungsbereitem und sich emanzipierendem Selbstwert mangelt: „Wir Frauenzimmer sollten billig jede Beleidigung, die einer einzigen von uns erwiesen wird, zu Beleidigungen des ganzen Geschlechts und zu einer allgemeinen Sache machen".[59] Keineswegs hadert die Marwood also nur mit dem eigenen Schicksal, ebenso wenig erklärt sich der Mord an Sara nur unter Berufung auf eine Feudalgesellschaft, die sich willkürlich das Recht auf drastische Strafexerzitien nimmt. Gegen solch eine Schwarzweißmalerei spricht in *Miß Sara Sampson* nicht zuletzt die doktrinäre Tugendhaftigkeit der Protagonistin.

Mit Rücksicht auf Lady Marwoods Mitleidsfähigkeit scheint es daher plausibler, sie als intrinsischen Gegenentwurf zu Sara zu betrachten: Während diese sich ganz auf die äußere Wirkung ihres Einfühlungsvermögens kapriziert und darüber ihr Ich vergisst, gewinnt die Marwood im Verlauf des Stücks an innerer Achtung. Noch aber wird ihre Forderung, die Frauen aller Stände nicht länger als Opfer gesellschaftlicher Zwänge zu akzeptieren, in der Öffentlichkeit als aristokratische Finte fehlinterpretiert. Ohne ihr Verbrechen an einer Geschlechtsgenossin herunterzuspielen, tötet Lady Marwood daher, weil sie ihr Mitleid nur halbherzig praktizieren darf. Denn obgleich der ‚Trieb zur Menschlichkeit', wie Lessing die extrinsische Einfühlung genannt hat, bereits vorhanden ist, reduziert man sie auf den Respekt vor dem eigenen Selbstsein. Die Verantwortung dafür müssen die zeitgenössische Gesellschaftsordnung und ein adelsskeptisches Publikum übernehmen. Insofern erinnert auch Marwood die Zuschauer daran, dass ein primärer Affekt wie das Mitleid nur dann soziale Vorurteile überwinden kann, wenn eine standesbewusste Selbstbeschreibung nicht zum unumstößlichen Maßstab erhoben wird.

Bürgerliche Komödien 4.

Lessings Theorie des Lachens 4.1

Schon mit seinen ersten Komödien – *Der junge Gelehrte* (1747), *Der Misogyn* (1748), und *Der Freigeist* (1750) – distanziert sich Lessing von der Typenkomödie aus dem Umfeld Gottscheds. Bis zum Erscheinen der *Minna von Barnhelm* im Jahr 1767 entwickelt er dann eine Theorie des Lachens, die er auch dramenästhetisch untermauert. Wichtige Impulse empfängt er von Plautus und Gellert, vor allem aber von Carlo Goldoni, der in den 1740er Jahren mit den zotigen Einlagen der Commedia dell'arte bricht, um die Sittenkomödie weiterzuentwickeln. Mit verwandten Argumenten heißt es bei Lessing, während das ältere „*Possenspiel*" das Publikum auf eine eher triviale Weise „zum Lachen bewege[]", rühre das „*weinerliche Lustspiel*" den Zuschauer, ohne ihn zu erheitern. Was Lessing in beiden populären Genres vermisst, ist ein befreiendes Lachen, das trotzdem „einen allgemeinen Nutzen zu stiften" vermag.[60]

Kritik an der Verlachkomödie

Seine Theorie des Lachens skizziert Lessing erstmals im 22. Stück der *Hamburgischen Dramaturgie*. Hier findet sich auch der zentrale Hinweis, die Komödie müsse sich enger an der sozialen Wirklichkeit des Publikums orientieren. Ausgangspunkt der weiteren Überlegungen sind zwei seinerzeit aktuelle Aufführungen: Gellerts Komödie *Die kranke Frau* (1746) und Theodor Gottlieb von Hippels Lustspiel *Der Mann nach der Uhr* (1766). An Gellerts Stück lobt Lessing das „Familiengemälde", an Hippel kritisiert er dagegen, alle „Torheiten" seien vorauszusehen.[61] Beide Stücke verbinde indes die Tendenz, dem Publikum das spontane Lachen über komische oder unerwartete Effekte abzuerziehen. Welcher Widerspruch sich damit zwischen Bühnen- und Alltagswelt auftut, begründet Lessing mit der Beobachtung, „im gemeinen Leben" sehe man entweder voller „Gutherzigkeit" über eine „schmutzige[] Nachlässigkeit" hinweg oder stelle aufgrund fahrlässiger Fehler gleich den ganzen Menschen in Frage.[62] Ein therapeutisches Lachen, das frei von Häme bleibt, scheint den Zeitgenossen folglich ebenso abhanden gekommen wie ein weniger aufgeregter Umgang mit typischen Schwächen. Wie sich der Komödienschreiber vor solch einer „allzuflachen Manier“ schützen kann, verdeutlicht Lessing am Beispiel von Molières *Le Misanthrope*. In dieser Komödie entlocke der bisweilen schrullige Umgang des Protagonisten mit seinen Mitmenschen jedem Zuschauer ein herzhaftes Lachen, ohne dass diese Reaktion „unserer Hochachtung“ für die Tugendhaftigkeit des vermeintlichen Menschenfeinds „das geringste“ nehme.[63]

Einüben in das Lachen

Das Lachen selbst definiert Lessing im 29. Stück der *Hamburgischen Dramaturgie* in Anlehnung an seine Ausführungen zum Mitleid. Da es sich auch hierbei um einen Primäraffekt handelt, soll das Lachen ebenfalls soziale Zuwendung im Verbund mit der Selbstsorge befördern. Emotional und intellektuell unterscheidet sich das Lachen allerdings insofern vom Mitleid, als die Aufmerksamkeit stärker auf die unfreiwilligen oder gedankenlos reproduzierten Widersprüchlichkeiten im öffentlichen Leben gelenkt wird. Wer über solche Verquertheiten zu lachen versteht, beteiligt sich nach Lessing aktiv an der Fortentwicklung einer aufgeklärten Kultur. Um sowohl dieses handlungsleitende Interesse als auch das Gespür für alles Lächerliche zu schulen, rät er dem Komödiendichter, die Schieflagen der nur auf Außenwirkung bedachten Selbstinszenierungen auf die Bühne zu bringen. Allerdings seien die Beweggründe für das komische Gebaren zu kontextualisieren:

> Die Komödie will durch Lachen bessern; aber nicht eben durch Verlachen; nicht gerade diejenigen Unarten, über die sie zu lachen macht, noch weniger bloß und allein die, an welchen sich diese lächerliche Unarten finden. Ihr wahrer allgemeiner Nutzen liegt in dem Lachen selbst; in der Übung unserer Fähigkeit das Lächerliche zu bemerken; es unter allen Bemäntelungen der Leidenschaft und der Mode, es in allen Vermischungen mit noch schlimmern oder mit guten Eigenschaften, sogar in den Runzeln des feierlichen Ernstes, leicht und geschwind zu bemerken.[64]

Dialektik des Lachens

Hat es der Zuschauer gelernt, über Schrullen zu lachen, ohne sich anmaßend über sie hinwegzusetzen, kann er nach Lessing wieder mit Verstand lachen. Mit dieser Schlussfolgerung wird in der *Hamburgischen Dramaturgie* zu den möglichen Themenfeldern der Komödie und deren Adressatenkreis übergeleitet. Wie es unter Berufung auf Lessings *Philotas* (1759) heißt, sollten zeitgenössische Lustspiele „national“ statt „provincial“ ausgerichtet sein. Statt also regionale „Gewohnheiten“ lächerlich zu machen, habe die Komödie zur Förderung der „eigentlichen Sitten des gemeinschaftlichen Vaterlandes“ beizutragen.[65] Dass darunter aufgeklärte Moral- und Wertvorstellungen zu verstehen sind und keine bornierte Deutschtümelei, darauf weist Lessing am Beispiel des Siebenjährigen Kriegs (1756-1763) hin. Ihn habe ein expansiver Chauvinismus verschuldet, der den Prozess der Aufklärung erheblich gefährde. Über diesen Rückschritt in der allgemeinen Vernunftwerdung schreibt Lessing 1758 in einem Brief an Gleim:

> Der *Patriot* überschreiet den Dichter zu sehr, und noch dazu so ein soldatischer Patriot, der sich auf Beschuldigungen stützet, die nichts weniger als erwiesen sind! Vielleicht zwar ist auch der Patriot bei mir nicht ganz erstickt, obgleich das Lob eines eifrigen Patrioten, nach meiner Denkungsart, das allerletzte ist, wonach ich geizen würde; des Patrioten nämlich, der mich vergessen lehrt, daß ich ein Weltbürger sein sollte.[66]

Diese komödiantische Erziehung zum Nationalbewusstsein schafft folglich die Voraussetzungen für ein kulturell geeintes Vaterland, ohne sich mit einer kriegerischen Okkupationspolitik gemein zu machen. Solch eine Perspektivierung des Deutschseins im Horizont einer kosmopolitisch gebildeten Menschheit ist mitzudenken, will man über einen Charakter wie Major von Tellheim in Lessings *Minna von Barnhelm* lachen. Mit ihm tritt über weite Strecken des Bühnengeschehens ein Offizier auf, der jeden inneren und äußeren Halt verliert, sobald ihm sein Ehrgefühl abgesprochen wird. Darin gleicht er dem Typus des Soldaten in der früh- und hochaufgeklärten Verlachkomödie. Lessing zitiert dessen starren Gesinnung aber nur, um ihn zugunsten alternativer Lebensformen inmitten eines gehorsamsbegeisterten Preußenkults zu überwinden.

Minna von Barnhelm 4.2

Seit der Uraufführung am 30. September 1767 in Hamburg gehört auch Lessings *Minna von Barnhelm oder das Soldatenglück* zu den beliebtesten Komödien auf deutschen Bühnen. Trotz des phasenweise tragischen Handlungsverlaufs loben schon die zeitgenössischen Rezensenten, das Bühnenpersonal sei besonders natürlich gezeichnet. Ebenso oft findet sich der Hinweis, bisweilen rühre das Stück eher zum Weinen als zum Lachen. Das sicherlich prominenteste Lob stammt von Goethe, der sich in *Dichtung und Wahrheit* erinnert, *Minna von Barnhelm* habe vor allem wegen der kritischen Aufarbeitung des preußischen Soldatentums überzeugt. Dieses Urteil fasst zutreffend die politischen Vorbehalte des Stückes zusammen, denn als preußischer Offizier verkörpert Tellheim das unerschütterliche Vertrauen in einen militärischen Machtapparat, der sich als willkürlich und despotisch entlarvt. Nicht von ungefähr streuen die staatlichen Behörden nach der Premiere den Verdacht, Lessing habe mit *Minna von Barnhelm* dem Ansehen des Landes geschadet. Streicht Goethe in *Dichtung und Wahrheit* überdies das Nationale der Komödie heraus, so stützt er sich dafür auf die Beobachtung, dass sich vom Major bis zum Diener fast alle Bühnenfiguren von ihren militärischen und aristokratischen Ehrenpflichten emanzipieren. Solch eine Freiheit von ständischer Bevormundung, die im Adel traditionell auch soldatisch grundiert ist, lässt sich in *Minna von Barnhelm* zwar nur über den Rückzug aus der Gesellschaft verwirklichen. Doch mit der versöhnlichen Eheschließung retten sich Minna und Tellheim in ein Privatglück, das sich der bürgerlichen Familiarität angleicht. Insofern überwindet die Komödie auf teils dramatische, teils humorvolle Weise das Befangensein in einem feudalständischen Machtdiskurs.

Intrigen

Die eigentliche Handlung ist rasch erzählt: In Unehren aus der Armee entlassen, wartet Tellheim in einem Berliner Gasthof auf seinen Prozess. Vorgeworfen wird ihm, den Befehl des preußischen Königs, von den besiegten Kriegsgegnern entsprechende Kontributionen einzufordern, sträflich missachtet zu haben. Tatsächlich aber hatte der Major die Sonderzahlungen aus eigener Tasche vorgestreckt. Diese Schonung des ohnehin gedemütigten Gegners deckte sich mit Tellheims soldatischem Rechtsempfinden. Da er die Angelegenheit vornehm verschwiegen hatte, sieht er sich jetzt in juristischen Schwierigkeiten. In dieser prekären Situation weigert er sich, seine Verlobte Minna zu heiraten. Als er schließlich seinen Verlobungsring versetzen muss, um Schulden im Wirtshaus zu begleichen, inszeniert Minna eine kleine Intrige und gaukelt Tellheim vor, sie sei inzwischen ebenfalls verarmt. Angesichts dieser Annäherung ihrer sozialen Lage stellt ihr der Major eine baldige Eheschließung in Aussicht. Überschattet werden diese Pläne allerdings von Tellheims Ehrverlust, denn solange er im Verdacht steht, sich als preußischer Offizier nicht korrekt verhalten zu haben, bleibt er nach damaligem Rechtsempfinden gesellschaftlich kompromittiert. Im Falle einer Hochzeit wäre damit auch Minnas Standesehre bis auf weiteres befleckt. Erst der Brief des Königs stellt wieder das Ansehen Tellheims her und ermöglicht dem Paar eine angemessene Heirat.

Ehre

Heutigen Zuschauern ist Tellheims psychische Zwangslage als entehrter Adliger weitgehend fremd, denn ein Ehrverlust machte einen Aristokraten und Offizier praktisch rechtlos. Berufsverbot, Entzug des zustehenden Erbes oder das Verbot, die eigenen Kinder finanziell zu versorgen, sind nur einige Konsequenzen, die Ehrlosigkeit im 18. Jahrhundert für Adlige nach sich zieht. Hinzu kommt, dass sich der Gruppenzusammenhalt des Feudalstandes ebenfalls über die Ehre definiert. Insofern gefährdet der Ehrverlust eines Einzelnen stets auch das Ansehen des gesamten Standes. In der Folge drängen vom König bis zum niederen Landadel alle Angehörigen der Aristokratie darauf, diese Schmach aus der Welt zu schaffen. Hilfe vonseiten der eigenen Standesgenossen darf der Entehrte dabei nicht erwarten. Im Gegenteil: Solange er seinen Leumund nicht wiederhergestellt hat, gilt er als vogelfrei und darf daher vertrieben oder getötet werden. Wie energisch die adligen Ehrenpflichten eingefordert werden, mag schließlich noch die Tatsache belegen, dass zu den wenigen Scheidungsgründen, die adlige Frauen im 18. und 19. Jahrhundert vor Gericht geltend machen können, die Ehrlosigkeit ihrer Ehemänner zählt. Mit einer bürgerlichen Pflichtverletzung ist der soziale Druck, unter dem Tellheim in Lessings Komödie steht, also kaum zu vergleichen. Äußert der Major beispielsweise Minna gegenüber, „Ich brauche keine Gnade; ich will Gerechtigkeit. Meine Ehre“, so verschweigt er diskret, was ihm öffentlich und familiär bevorsteht: der Entzug aller gesellschaftlichen Privilegien. Hält ihm Minna daraufhin entgegen, er fürchte sich zu sehr vor dem „Gespenst der Ehre“, so gilt ihr Spott der Mutlosigkeit eines Mannes, der nicht mehr, aber auch nicht weniger als den Ausstieg aus einer vertrauten Welt wagen muss, solange seine Ehre noch nicht rehabilitiert ist.[67]

Verbürgerlichung

Wie tief sich Tellheim verletzt fühlt und mit wie viel Scham ihn sein Ehrverlust erfüllt, wird gegen Ende des Stückes offenbar. In der Zwischenzeit bereitet Minna seine Verbürgerlichung vor. Welcher Erfolg ihr dabei beschieden ist, verdeutlicht ein kurzer Monolog. In ihm gesteht sich der Major, erst Minnas finanzielle Probleme hätten ihm vor Augen geführt, dass ihn die eigene Notlage nicht blind machen darf für die Sorgen der Geliebten: „Meine ganze Seele hat neue Triebfedern bekommen. Mein eignes Unglück schlug mich nieder, machte mich ärgerlich, kurzsichtig, schüchtern, lässig: ihr Unglück hebt mich empor, ich sehe wieder frei um mich“.[68] Nur wenige Szenen später wird aber ebenfalls deutlich, wie tief Tellheim die adligen Ehrpflichten verinnerlicht hat. Als Friedrich II. ihn von allen Anschuldigungen freispricht, reagiert er mit großer Erleichterung. Umgehend sieht sich Tellheim auch berechtigt, die Verbindung mit Minna bekannt zu geben. Zuvor jedoch straft ihn seine Verlobte, die Ehre mit Familiarität gleichsetzt und sich nicht auf ihre Adelsrolle reduzieren lassen will, ein letztes Mal für sein Standesbewusstsein:

> Konnte nur sein wiederkehrendes Glück ihn in dieses Feuer setzen? – Er erlaube mir, daß ich, bei seiner fliegenden Hitze, für uns beide Überlegung behalte. – Als er selbst überlegen konnte, hörte ich ihn sagen: es sei eine nichtswürdige Liebe, die kein Bedenken trage, ihren Gegenstand der Verachtung auszusetzen. – Recht, aber ich bestrebe mich einer ebenso reinen und edeln Liebe als er. – Jetzt, da ihn die Ehre ruft, da sich ein großer Monarch um ihn bewirbt, sollte ich zugeben, daß er sich verliebten Träumereien mit mir überließe? [...] Ich weise Sie in die große Welt, auf die Bahn der Ehre zurück, ohne Ihnen dahin folgen zu wollen![69]

Liebe

Auf die Konsequenz, mit der Minna immer wieder die Initiative ergreift und Tellheim aus seiner Befangenheit zu befreien versucht, hat das zeitgenössische Publikum völlig anders reagiert als die heutige Fachliteratur. Während Minna inzwischen als eine der ersten modernen Frauen der deutschen Literatur wahrgenommen wird, kritisiert man damals ihr Ränkespiel. Ein Grund für diese skeptische Betrachtung dürfte in der Tatsache zu suchen sein, dass die Typenkomödie noch Frauencharaktere kennt, die auf so hinterlistige wie burleske Weise ihre Heiratsabsichten verfolgen. Doch genau diese Tradition des Verlachens will Lessing der Lächerlichkeit preisgeben, was für die Wirkungsästhetik seiner Komödie voraussetzt, Minnas Projekt der Verbürgerlichung eine ähnliche ‚Blauäugigkeit' anzuverwandeln wie dem Ehrbewusstsein des Offiziers. Lessing inszeniert dieses Spiel mit der Theatertradition, indem er die aus der Typenkomödie bekannte Paarkonstellation zitiert und seinen beiden Protagonisten jedes mitleidige Feingefühl füreinander vorübergehend entzieht. So gehören Minnas Spötteleien eigentlich zu ihrem Umerziehungsplan, allerdings unterschätzt sie mehrfach Tellheims psychisches Leiden. Stellvertretend sei eine Szene gewählt, in welcher Minna dem Verlobten wieder einmal die Trivialitäten des adligen und soldatischen Ehrdenkens darlegen will. Tellheim jedoch nimmt ihre Worte, „Sie treten wieder in seine Dienste; der Herr Major wird Oberstlieutnant, Oberster vielleicht. Ich gratuliere von Herzen.", für bare Münze und sieht sich endlich von Minna verstanden.[70]

Wie auch der Doppeltitel der Komödie anzeigt, prallen in *Minna von Barnhelm* zwei soziale Lebenskonzepte aufeinander, die gegensätzlicher nicht sein können. Dabei vertritt Minna durchaus souverän einen seinerzeit noch recht jungen Liebesbegriff, der freie Partnerwahl fern von allen sozialen und wirtschaftlichen Interessen voraussetzt. Entsprechend häufig spricht Minna von echter Liebe, Zärtlichkeit und Gleichheit, die sie von einer Beziehung mit Tellheim erwartet. Gleichzeitig durchschaut sie früh schon, wie leicht Menschen zu lenken sind, die sich auf soldatischen Gehorsam und eine unbedingte Ehrgesinnung haben einschwören lassen. Aber gehört Minna deshalb schon zu den unpatriotischen Weltbürgern, die Lessing in der Komödie auf die Bühne bringen will? Zweifelsohne darf sie für sich beanspruchen, den Schritt über die Grenze ständischer Konventionen hinaus bereits gewagt zu haben: „Ich bin eine große Liebhaberin von Vernunft". Schon der Nachsatz verrät jedoch, wie ungenau sich Minna die intellektuellen Voraussetzungen aufklärerischen Denkens angeeignet hat: „ich habe sehr viel Ehrerbietung für die Notwendigkeit".[71] Unter Notwendigkeit wird in der zeitgenössischen Philosophie ein allgemeiner Erfahrungsgrundsatz verstanden und kein Gesetz historischer Folgerichtigkeit. Tellheim untersteht also keineswegs einem Statut, demzufolge ihn die Bürgerlichkeit als notwendig plausiblere Weltanschauung überzeugen muss. Hätte Lessing eine solch polemische Werbung für das Liebesmodell des dritten Standes intendiert, dann stünde *Minna von Barnhelm* der trivialen Logik der älteren Typenkomödie nahe. Um deren Vertrauen in eine berechnende Vernunft zu verspotten, lässt Lessing seine Hauptfigur von einem Liebesidyll sprechen, dessen Rhetorik es bisweilen am Realitätssinn mangelt.

Märchenglück

Über weite Strecken der Komödienhandlung vermag sich auch Tellheim nur mit bildhaften Umschreibungen auszumalen, wie eine Zukunft mit Minna jenseits gesellschaftlicher Zwänge aussehen könnte. So äußert er beispielsweise, nach ihrer Heirat „wollen wir um uns sehen, und wollen in der ganzen weiten bewohnten Welt den stillsten, heitersten, lachendsten Winkel suchen, dem zum Paradiese nichts fehlt als ein glückliches Paar."[72] Angelegentlich erwägt der Major sogar eine Auswanderung. Die Gründe für solche Pläne liefert wiederum das geltende Ehrprinzip. Als der König brieflich Tellheims Reputation bestätigt, ist dieser sich sofort im Klaren, in welche Pflicht ihn der Gnadenakt nimmt: Würde er seine Ehrenrettung ablehnen, wäre die soeben wiedererlangte Reputation neuerlich diskreditiert. Anerkennt er dagegen die königliche Wiedereinsetzung seiner Ehre, käme die Flucht ins Ausland einem Schuldeingeständnis gleich. Angesichts dieser Zwangslage entscheidet sich Tellheim, mit der Vergangenheit als

Offizier und Ehrenträger zu brechen. Wie seine Worte jedoch nahelegen, weiß er noch nicht, wo er mit Minna leben wird und wie die gemeinsame Zukunft konkreter zu gestalten ist:

> Nein, da mir das Glück soviel zurückgibt, als genug ist, die Wünsche eines vernünftigen Mannes zu befriedigen, soll es einzig von meiner Minna abhangen, ob ich sonst noch jemanden wieder zugehören soll, als ihr. Ihrem Dienste allein sei mein ganzes Leben gewidmet! Die Dienste der Großen sind gefährlich und lohnen der Mühe, des Zwanges, der Erniedrigungen nicht, die sie kosten. Minna [...] wird mich um mich selbst lieben, und ich werde um sie die ganze Welt vergessen.[73]

Die Komödie endet insofern versöhnlich, als Minna ihrem Verlobten die Flucht in ein fremdes Land ausredet und ihm eine private Existenz außerhalb der adligen Konventionen vorschlägt. Tellheim ersetzt folglich die ihm anerzogene Selbstbeschreibung zugunsten einer anderen Semiosphäre. Fügt Minna jedoch ergänzend hinzu, ihre Liebe müsse fortan hellsichtig sein, gesteht sie implizit, die Schlagworte bürgerlicher Liebesversprechen nun auch ihrerseits mit Inhalten füllen zu müssen. Mit einer paradiesischen Liebeslust hat diese Aufgabe wenig gemeinsam. Dagegen spricht schon die letzte Szene der Komödie. Schlagartig rückt sie wieder die mentale Disposition des mittleren 18. Jahrhunderts ins Bewusstsein der Zuschauer: Mit patriotischem Schneid macht Tellheims Diener Werner seiner Verlobten einen Heiratsantrag und bemüht dafür einen so zackigen wie lebensfeindlichen Borussismus: „Geben Sie mir Ihre Hand, Frauenzimmerchen! Topp! – Über zehn Jahr ist Sie Frau Generalin, oder Witwe!“[74]

Zusammenfassung

Während die Tragödie auch im 18. Jahrhunderts die Gattungshierarchie dominiert, steht die Komödie lange im Ruf, bloß den dritten Stand zu verlachen. Als das Bürgerliche Trauerspiel mit der Ständeklausel bricht, entwickelt sich das Theater zu einem Medium, das es den Zuschauern ermöglicht, ihr eigenes sittliches Verhalten kritisch zu reflektieren. Demgegenüber leitet die Komödie das Publikum jetzt an, persönliche Fehler oder moralische Nachlässigkeiten im befreienden Lachen zu überwinden.

Literatur

Alt, Peter-André: Tragödie der Aufklärung. Eine Einführung. Stuttgart: Francke 1994.
Barner, Wilfried u.a.: Lessing. Epoche – Werk – Wirkung. 5. Aufl. München: Beck 1987.
Beise, Arnd: Untragische Trauerspiele. Christian Weises und Johann Elias Schlegels Aufklärungsdrama als Gegenmodell zur Märtyrertragödie von Gryphius, Gottsched und Lessing. In: Wirkendes Wort 47 (1997), S. 188-204.
Benjamin, Walter: Ursprung des deutschen Trauerspiels. In: Ders.: Gesammelte Schriften. Hg. v. Rolf Tiedemann u. Hermann Schweppenhäuser. Frankfurt/Main: Suhrkamp 1972ff., Bd. I, S. 203-430.
Borchmeyer, Dieter: Staatsraison und Empfindsamkeit. Johann Elias Schlegels *Canut* und die Krise des heroischen Trauerspiels. In: Jb. d. dt. Schillergesellschaft 27 (1983), S. 154-171.
Doering, Sabine: Märtyrer mit Familie: Gottscheds *Sterbender Cato* im Gattungsspektrum des Aufklärungsdramas. In: Resonanzen. Hg. v. Sabine Doering u.a. Würzburg: Königshausen & Neumann 2000, S. 47-59.
Meier, Albert: Johann Elias Schlegel: Canut. Ein Trauerspiel. In: Interpretationen. Dramen vom Barock bis zur Aufklärung. Stuttgart: Reclam 2000, S. 251-273.
Scheuer, Helmut: Väter und Töchter: Konfliktmodelle im Familiendrama des 18. und 19. Jahrhunderts. In: Der Deutschunterricht 46 (1994), S. 18-31.
Schöneborn, Martina: Tugend und Autonomie. Die literarische Modellierung der Tochterfigur im Trauerspiel des 18. Jahrhunderts. In: ‚Öffentlichkeit' im 18. Jahrhundert. Hg. v. Hans-Wolf Jäger. Göttingen: Wallstein 1997, S. 199-224.
Schulz, Georg-Michael: Die Überwindung der Barbarei. Johann Elias Schlegels Trauerspiele. Tübingen: Niemeyer 1980.
Schulz, Georg-Michael: Tugend, Gewalt und Tod. Das Trauerspiel der Aufklärung und die Dramaturgie des Pathetischen und Erhabenen. Tübingen: Niemeyer 1988.
Sørensen, Bengt Algot: Herrschaft und Zärtlichkeit. Der Patriarchalismus und das Drama im 18. Jahrhundert. München: Beck 1984.

Fragen

1. Was sind die wichtigsten Bühnenreformen der Neuberin?
2. Welche Wirkungsabsicht verfolgt die heroische Tragödie?
3. Warum übersetzt Lessing den aristotelischen Theaterbegriff ‚eleos' mit ‚Mitleid'?
4. Worauf soll die Aufmerksamkeit der Zuschauer, die über das Treiben in der bürgerlichen Komödie lachen, gelenkt werden?

Aufbaumodul 3: Lyrik

Im dritten Aufbaumodul werden zunächst die verschiedenen Formen der Lehrdichtung vorgestellt, die sich mit wissenschaftlichen Erkenntnissen des 18. Jahrhundert, aber auch zunehmend kritisch mit der Vernunftlehre der Aufklärung auseinandersetzen. In einem nächsten Schritt geht es um Oden der Hoch- und Spätaufklärung, in denen ‚heilige Sänger' Themen wie die Freundschaft oder das Göttliche in der Natur besingen. Abschließend wird im Aufbaumodul darlegt, welche Bedeutung dem Volkslied im ausgehenden 18. Jahrhundert beigemessen wird.

1. Lehrgedichte

Aufgrund ihrer Nähe zur versifizierten Epik wird die Lyrik in der ersten Hälfte des 18. Jahrhunderts noch nicht als eigenständige Gattung wahrgenommen. Da sich in der Kasualdichtung seinerzeit noch kein lyrisches Ich ausmachen lässt, liest man die beliebten Lehrgedichte, welche in antiker Tradition über aktuelle Wissensgebiete informieren, als didaktische Literatur. Meist von Wissenschaftlern verfasst, entwerfen sie einen Kosmos aufgeklärter Gelehrsamkeit und tragen damit zu einer Revision des älteren theologischen Weltbilds bei. Diese enge Verbindung von akademischer Wissens- und säkularer Vernunftkultur macht das Lehrgedicht für viele Jahrzehnte zu einem wichtigen literarischen Verbreitungsmedium der Aufklärung. Indem es in anschauliche Worte fasst, was Fachleute ansonsten in einer formalisierten Sprache vorzutragen pflegen, setzt es als Schnittstelle zur zeitgenössischen Forschung eines der vordringlichsten Ziele der Epoche um: die Verbesserung der allgemeinen Bildung. Als Ende der sechziger Jahre des 18. Jahrhunderts das Interesse an Lehrgedichten vorübergehend nachlässt, erwägen Autoren wie Johann Philipp Lorenz Withof oder Johann Jakob Dusch den Wechsel zu erfolgversprechenderen Genres. Demgegenüber verteidigen Herder und Goethe die Lehrdichtung mit dem Argument, kein anderes literarisches Genre trage so nachhaltig zur Repoetisierung einer zunehmend logifizierten Wirklichkeitssicht bei.

Lehrdichtung der Frühaufklärung 1.1

Die Lyrik der Frühaufklärung fasst Gottsched unter dem Sammelbegriff ‚dogmatische Gedichte' zusammen. Verstanden wird darunter das „Unterrichten" in Fragen der „Weltweisheit". Neben griechischen Vorläufern nennt Gottsched Beispiele aus dem Alten Testament (Hiob, Salomo).[1] Als vorbildhaft für das 18. Jahrhundert betrachtet er allerdings die Oden des Horaz. Nach dessen Vorbild sollten zeitgenössische Lyriker „philosophische", „natürliche" und „sittliche Materien", aber auch „Sachen" der Künste und Wissenschaften in Versen abhandeln.[2] Gottscheds Zusatz, die Lehrgedichte seien in ihrem Anspruch ‚dogmatisch', leitet sich vom griechischen Wort ‚Dogma' ab und kann mit Lehrmeinung übersetzt werden. Mit dieser Gattungscharakteristik betont er die Aufklärungsabsicht des Genres, grenzt die Lehrdichtung zugleich aber auch von der Poesie im engeren Sinne ab. Denn akademische Standpunkte sind wissenschaftlich zu begründen oder gegen andere Positionen zu verteidigen. Auch Breitinger teilt diese Einschätzung, gibt darüber hinaus jedoch zu bedenken, traditionell hätten sich die Lehrdichter durch ihre ‚malenden Beschreibungen' ausgezeichnet. Breitinger begründet seinen Einwand mit dem Hinweis, ohne poetische Gestaltungsmittel finde gereimte Wissensvermittlung kaum ein gesteigertes Publikumsinteresse.

Gottesdienst

Als besonders stilsicher gilt beiden Literaturtheoretikern der Hamburger Barthold Heinrich Brockes. Dessen dogmatische Lehrgedichte erscheinen erstmals 1721 in der Sammlung *Irdisches Vergnügen in Gott*, die bis 1748 fortlaufend ergänzt wird. Wie bereits der programmatische Titel erkennen lässt, versteht Brockes seine Lyrik als Gottesdienst, in dem er sowohl für die Vernunftbegabung des Menschen als auch die neu erworbene Freiheit vom Aberglauben dankt. Im Anschluss wendet sich Brockes voller Optimismus der Natur im Großen wie im Kleinen zu, beschreibt in paarigen Alexandrinern eine *Heerde Kühe* oder die vier Elemente und lobpreist durchgehend die *Liebreiche Gerechtigkeit Gottes*. In solchen Versen wird nicht nur die natürliche Ordnung des Makro- und Mikrokosmos sowie die Vielfalt ihrer Anschauungsangebote herausgearbeitet. Unter Berufung auf die Physikotheologie nimmt Brockes auch die Weisheit und Erkenntnisfähigkeit der aufgeklärten Leser in die Pflicht, in Gottes Auftrag die Großartigkeit der Schöpfung kennenzulernen. Dass diese Anschauung sinnliches Vergnügen bereitet, stellt für Brockes keinen Widerspruch dar. Hatte die Theologie den Körper und die Wahrnehmungsorgane bislang als sündhaft ausgewiesen, so besteht für den Lehrdichter kein Zweifel daran, dass Gott den vernunftbegabten Menschen nicht ohne Grund mit verschiedenen Sinnesvermögen ausstattete. Sich dieser eben auch lustspendenden Naturentdeckung zu verweigern, käme daher einer Versündigung am himmlischen Schöpfungsplan gleich. Entsprechend detailliert widmet sich Brockes zahlreichen Einzelbeobachtungen und schildert in *Die kleine Fliege* beispielsweise das Farbenspiel eines Insektenflügels:

> Neulich sah ich, mit Ergetzen,
> Eine kleine Fliege sich,
> Auf ein Erlen-Blättchen setzen
> [...]
> Wenn die Sonne sie beschien,
> Färbt' ein Roth fast wie Rubin,
> Das, indem es wandelbar,
> Auch zuweilen bläulich war.
> Liebster GOtt! wie kann doch hier
> Sich so mancher Farben Zier
> Auf so kleinem Platz vereinen[3]

Sinnliches Ergötzen

Brockes dogmatische Lehrgedichte sind ein anschauliches Beispiel, wie sich frühaufklärerische Dichtung zur rationalistischen Philosophie stellt: Weder kann seine Lyrik als Ausdruck naiver Gläubigkeit gelesen werden noch als schlichte Affirmation des sich nur im Denken selbst gewahr werdenden Menschen. Ähnlich wie seine britischen Vorbilder, James Thomson und Alexander Pope, feiert er eine Natur, die selbst in der Wollust einen „Magnet" gefunden hat, um die Menschen an ihre Leiblichkeit zu erinnern.[4] Empfiehlt Brockes seinen Lesern daher mit weltlichem Impetus, sich als vollkommen zu akzeptieren, sollte nicht der Hinweis überlesen werden, in einer göttlichen Natur könne es nichts Hässliches oder Unlauteres geben:

> Sag, o Mensch! auf welche Weise
> Kann sich zu des Schöpfers Preise,
> Unsre Seele schöner schmücken,
> Als wenn wir von Seinen Wercken,
> Dadurch, daß wir sie bemercken
> In den Geist ihr Bildniß drücken?
> Was an den Geschöpfen schön,
> Kann der Schöpfer in den Seelen,
> Welche solchen Zierrath wehlen,
> Doppelt und vergeistert sehn.[5]

Brockes *Irdisches Vergnügen in Gott* und seine Übersetzungen von Thomsons Lehrgedicht *The Seasons* (1726-1730) oder Popes *Essay on Man* (1733f.) finden in der dogmatischen Lyrik der nächsten Jahrzehnte verschiedene Nachahmer. Zu nennen wären Justus Friedrich Wilhelm Zachariäs *Die vier Stufen des weiblichen Alters* (1757) oder Jakob Friedrich Schmidts Sammlung *Poetische Gemälde und Empfindungen* (1759). Zu besonderem Ruhm gelangt Ewald Christian von Kleists *Der Frühling* (1749) – eines der ersten Lehrgedichte, in denen sich ein fiktiver Sprecher findet. In Anlehnung an Charles Batteux' Abhandlung *Les Beaux Arts réduit á un même principe* (1747) geht es um individuelle Stimmungen und Gefühle, die sich im lyrischen Ich bei der Betrachtung großartiger Naturprospekte einstellen. Was Kleists *Der Frühling* freilich von Brockes stilbildenden Lehrgedichten unterscheidet, ist ein melancholischer Pessimismus. So wird die heimatliche Landschaft zunächst in ihrer Schönheit besungen, in hartem Kontrast dazu schildert Kleist dann die Folgen eines „frässigen" Krieges, der, vom „zähnebleckenden Hunger" und von „wilden Schaaren begleitet [...] oft Arbeit und Hoffnung" zerstört.[6]

Nachahmer

Wissenschaftliche, weltanschauliche und philosophische Lehrgedichte 1.2

Wenngleich die Grenzen zwischen den Genres früh- und hochaufklärerischer Lehrgedichte fließend sind, tritt der physikotheologische Schönheitsbegriff in den wissenschaftlichen, weltanschaulichen und philosophischen Lehrgedichten schrittweise in den Hintergrund. Die hier als ‚wissenschaftlich' bezeichneten Werke informieren stattdessen über aktuelle Forschungsergebnisse und verteidigen deren Anwendbarkeit unter Berufung auf eine kritisch geprüfte Methodik. Gleichzeitig werden zukünftige Arbeitsfelder umrissen. Über diese Form der Wissensvermittlung gehen die weltanschaulichen Lehrgedichte insofern hinaus, als sie die historische Bedingtheit theologischer und wissenschaftlicher Meinungen herausstellen. In den philosophischen Lehrgedichten geht es schließlich um die Rolle der Vernunft und Tugend bei der Verwirklichung des Guten, beide werden allerdings im Horizont verschiedener aufgeklärter Strömungen reflektiert. Was die drei in Rede stehenden Gedichtgruppen formalästhetisch verbindet, ist ihre Nähe zu wissenschaftlichen Abhandlungen. So werden Zitate eingefügt, um verschiedene Lehrmeinungen zu kontrastieren, ferner Exkurse und Beispielanalysen, in denen die Verfasser die Stichhaltigkeit ihrer Ausführungen überprüfen. Anmerkungen und bibliographische Hinweise tragen ebenfalls zum Charakter akademischer Fachliteratur bei.

Wissenschaftliche Lehrgedichte

Die wissenschaftliche Lehrdichtung kennt eine Vielzahl akademischer Disziplinen und Themen, die sich von der Astronomie über die Volkskunde und Medizin bis hin zu den Philologien und Altertumswissenschaften erstrecken. Titel wie *Die Wässerung der Äcker* (1761) von Vinzenz Bernhard Tscharner oder *Geprüfte Pocken-Injoculation* (1766) von Daniel Wilhelm Triller lassen erkennen, dass ihre Autoren als Fachleute auftreten, die dem Publikum die Bedeutung ihrer Arbeit für die Aufklärungskultur darlegen. Einer dieser dichtenden Aufklärungspraktiker ist der Arzt, Pädagoge und Professor der Geschichte Johann Philipp Lorenz Withof. In seinem Lehrgedicht *Der medicinische Patriot* (1746) nutzt er die dialogische Struktur des Alexandriners, um das Für und Wider seiner Argumentation auszuloten. Den insgesamt vierhundertzehn Versen liegen dabei zwei Thesen zugrunde: Zum einen soll gezeigt werden, dass moderne Wissenschaft die Freiheit von den „Grillen kranke[r] Nonnen“ voraussetzt; zum anderen will Withof die ästhetisch grundierte Ethik Shaftesburys für die Reaktivierung eines ins Stocken geratenen Aufklärungsprozesses fruchtbar machen.[7]

Der medicinische Patriot

Withof begründet dieses Anliegen zunächst gesellschaftskritisch: Obwohl die Philosophie des 18. Jahrhunderts die Menschen über den säkularen Gebrauch der Geisteskräfte aufgeklärt habe, wachse in der Bevölkerung wieder die Furcht vor jenseitigen Schicksalsmächten und kirchlichen Dogmen. In der Folge habe man auch im alltäglichen Umgang verlernt, auf die natürliche Güte des Einzelnen zu vertrauen. Dem wissenschaftlichen Fortschritt stehen damit wieder der Aberglaube und ein nicht minder problematischer Vertrauensverlust entgegen: „Die Wahrheit leuchtet dir schon in deine Wiege; / [...] / Im Anbeginn empfängt ihn ungemeine Wonne, / Hernach, wie Kenntniß blüht, so keimt sein Ungemach.“[8] Verantwortlich für diese regressiven Tendenzen der Jahrhundertmitte zeichnet nach Withof aber auch ein lebensfeindlicher Rationalismus, der sowohl die Wissenschaftspraxis als auch die menschliche Anschauungsvielfalt boykottiert:

> Die Ruhe muß, sobald der Mensch sich kennt, entweichen:
> Ein Narr erforscht sich nicht und lebe der längste gut,
> Sein Schwindel übersieht durch unbeseufzte Tage
> Das ihm entzogne Glück und die vorhandne Plage.
>
> Mühselige Vernunft, mit aller Lust zu hadern,
> Das ist der erste Lohn, den eigne Kenntniß hebt.

[...]
So hilft die Weisheit nur, die Klage fortzupflanzen,
Sie, die wie Thorheit auch und gar auf Reue fehlt.
Das Schöne, das sie weiß, ist Schönheit nur im Ganzen;[9]

Angewandte Wissenschaft

Im Anschluss an die Einwände gegen die „Vernunft aus Raserey" schildert der Arzt verschiedene Krankheiten wie die ängstliche Selbstquälerei im Umgang mit dem eigenen Körper oder Nervenstörungen, welche eine weltfeindliche Aufklärungsphilosophie zu verantworten hat.[10] Um seine Fachkollegen wieder an ihre Verantwortung für die Menschen zu erinnern, beruft Withof kurzerhand den praktischen Mediziner zum Anwalt einer weitsichtigeren Lebensführung: „Ärzte sind gesandt zu heilen und zu mildern."[11] Welche ihrer Therapiemethoden nachweislich Erfolge verbuchen konnten, veranschaulicht Withof, indem er sich im Lehrgedicht den Verbesserungen der hygienischen Verhältnisse oder den Erfolgen einer abwechslungsreicheren Kinderernährung zuwendet. Darüber hinaus gebühre den zeitgenössischen Medizinern das Lob, zahlreiche Väter von ihren Pflichten bei der Kindeserziehung überzeugt zu haben.

Weltanschauliche Lehrgedichte

Zur Gruppe weltanschaulicher Gedichte gehören Didaskalien, in denen das Verhältnis von Glaube und Vernunft im Zentrum steht. Im Unterschied zu Lehrgedichten, die sich mit religionswissenschaftlichen Fachfragen auseinandersetzen, geht es in ihnen um grundsätzliche Konflikte zwischen Aufklärungs- und Religionspraxis. Überprüft wird ferner die Vernunftfähigkeit kirchlicher Verhaltensanweisungen. In den hier in Rede stehenden Lehrgedichten muss sich die Aufklärungsphilosophie aber auch den Vergleich mit dem wesentlich älteren Wissen der Theologen gefallen lassen. So wird verschiedentlich das natürliche Vertrauen des Menschen in Gott mit einem mathematisch exakten Denken verglichen, das seelische oder rituelle Bedürfnisse nicht hinreichend berücksichtigt. Der Gewährsmann für solche Infragestellungen ist Leibniz, für den sowohl die natürliche Religion als auch jede Form von Vernunft die Gottesebenbildlichkeit des Menschen bestätigt. Zur Gruppe weltanschaulicher Gedichte, die sich mit Religion und Mythologie beschäftigen, gehören Gottscheds *Hamartigenia* (1737), Johann Josias Sucros *Die beste Welt* (1746) oder Magnus Gottfried Lichtwers *Das Recht der Vernunft* (1758). Da sich auch Albrecht von Haller und Friedrich von Hagedorn mehrfach mit der Bedeutung des Glaubens für die Vernunftwerdung des Menschen auseinandersetzen, stehen viele ihrer Lehrgedichte dem weltanschaulichen Genre nahe, so Hallers *Die Alpen*

(1729), die *Gedanken über die Vernunft* oder das *Unvollkommene Gedicht über die Ewigkeit* sowie Hagedorns *Der Gelehrte* (1740), *Der Schwätzer* (1744) und die *Schriftmäßigen Betrachtungen über einige Eigenschaften Gottes* (1744).

Die Alpen

In *Die Alpen* beschreibt Haller in neunundvierzig Strophen die grandiose Alpenlandschaft seiner Schweizer Heimat. Als Universalgelehrter von europäischem Rang dankt er seinem Schöpfer für dieses imponierende Panorama und vergleicht anschließend die Annehmlichkeiten des Landlebens mit einer verdorbenen Stadtkultur. Inspiriert von antiken Lehrgedichten wie Vergils *Georgica* und Lukrez' *De rerum natura*, gehört für Haller die harte körperliche Arbeit der Alpenbevölkerung zu den Voraussetzungen, um zivilisationsbedingten Lastern wie Neid, Ehrgeiz oder Dünkel vorzubeugen. Aber auch vernünftige Leitwerte wie soziale Gleichheit und Toleranz lassen sich nach Auskunft des weltanschaulichen Lehrgedichts allein in einer noch harmonisch befriedeten Gesellschaft verwirklichen:

> Hier herrschet die Vernunft, von der Natur geleitet,
> Die, was ihr nötig, sucht und mehrers hält für Last.
> Was Epiktet getan und Seneca geschrieben,
> Sieht man hier ungelehrt und ungezwungen üben.
>
> Hier herrscht kein Unterschied, den schlauer Stolz erfunden,
> Der Tugend untertan und Laster edel macht;
> Kein müßiger Verdruß verlängert hier die Stunden,
> Die Arbeit füllt den Tag und Ruh besetzt die Nacht;
> Hier läßt kein hoher Geist sich von der Ehrsucht blenden,
> Des Morgens Sorge frißt des Heute Freude nie.
> Die Freiheit teilt dem Volk, aus milden Mutter-Händen,
> Mit immer gleichem Maß Vergnügen, Ruh und Müh.[12]

Die in Hallers Lehrgedicht charakterisierte Natürlichkeit und Schönheit der Bergwelt bereitet einer Diskussion über das ästhetisch Erhabene den Weg. In deren Verlauf werden großartige Naturprospekte zum Anlass genommen, um das Erhabene als ‚delightful horror' (E. Burke) respektive geistige Ohnmachtserfahrung (Kant) von wissenschaftlichen Schönheitsbegriffen abgrenzen zu können. Mit den Ausführungen über eine naturnahe Erziehung weisen Hallers *Die Alpen* aber auch auf Rousseaus Zivilisationskritik voraus. Indem sich der zeitgenössische Rationalismus vorhalten lassen muss, er habe bislang nur mit „eiteln Lehren" geprahlt, nimmt Haller die Perspektive einer vermeintlich naiven Landbevölkerung ein, die seit Generationen ihre „Freiheit“ zu schätzen weiß.[13] Verglichen mit dieser alpinen Selbstbeschreibung, erweisen sich die Vordenker der Vernunft als weltfremde Eindringlinge. Vorurteilsbeladen äußern sie sich über eine vermeintlich rückschrittliche Kultur, deren Tragfähigkeit sie mit ihren universalen Kategorien allerdings nicht differenziert genug beurteilen können. Frei von Zwängen oder gelehrten Spekulationen gestaltet sich auch der ländliche Glaube an Gott. Weil Hallers Alpenbewohner noch von der Sinnhaftigkeit der Natur überzeugt sind, zweifeln sie weder an ihrem Körper und Geist noch zeigen sie Verständnis für den Glauben an ein Schicksal. Wie Haller auch in seinem späteren Lehrgedicht *Über den Ursprung des Übels* (1734) darlegt, resultieren solche Ängste aus einer kulturellen Überspanntheit, die das selbstzerstörische Grübeln begünstigt.

Philosophische Lehrgedichte

In den philosophischen Lehrgedichten wird entweder die Vernunftfähigkeit des Menschen oder die Notwendigkeit der Tugend im Kampf um das Gute diskutiert. Autoren wie Withof und Haller stellen ferner Bezüge zwischen Aufklärungsphilosophie und christlicher Ethik her oder erörtern die Merkmale und Vorzüge gesamteuropäischer Aufklärungsströmungen, darunter der französische Sensualismus und britische Empirismus. Insbesondere diese umfassendere Perspektivierung der Aufklärung rechtfertigt es, Lehrgedichte wie Withofs *Der moralische Ketzer, Sokrates, Die Redlichkeit* und *Sinnliche Ergötzungen*, Wielands *Die Natur der Dinge in sechs Büchern* (1752), seine *Musarion* (1768) oder Johann Peter Uz' *Theodizee* (1755) zu einer eigenen Gedichtgruppe zusammenzufassen.

Theodizee

Mitte des 18. Jahrhunderts droht der Aufklärungsprozess vor den politischen, ökonomischen und infrastrukturellen Schwierigkeiten, die sich den praktischen Reformbestrebungen vermehrt in den Weg stellen, vorübergehend zu kapitulieren. Immer häufiger muss sich die Philosophie vorhalten lassen, für die alltäglichen Sorgen des Menschen – Krieg und politische Repressalien, frühkapitalistische Berufs- und Wirtschaftszwänge, bürokratische Willkür – keine praktikablen Lösungen gefunden zu haben. Einer der rührigsten Kritiker solch einer abstrakten Vernunftlehre ist Uz. Als Verfasser meist anakreontischer Gedichte veröffentlicht er eine Reihe moralphilosophischer Didaskalien, in denen er sich mit Leibniz' Harmoniebegriff auseinandersetzt und die konsequente Hinwendung der Aufklärungskultur zu den dringendsten sozialen Problemen einfordert.

Wie sich Vernunft im Hier und Jetzt praktizieren lässt, diskutiert Uz in seiner 1755 veröffentlichten Lehrode *Theodicee*. In ihr beobachtet ein Wanderer zunächst aus schwindelerregender Berghöhe die sich unter ihm ausbreitende Welt. Aus dieser Perspektive erscheint ihm die Klage über das Böse insofern kurzsichtig, als so manches „Übel", das „wir im Staube schelten", aus distanzierterer Sicht „zum Wohl oft ganzer Welten" dient.[14] In diesem Zusammenhang wird an Leibniz' Lehre von der besten aller möglichen Welten erinnert, derzufolge alles in der Natur vollkommen ist. Demgemäß relativiert sich das Unglück angesichts einer vom Menschen nicht überschaubaren Schöpfungsordnung. Was dieser als moralische Verfehlung interpretiere, sei tatsächlich Bedingungsgrund einer höheren Notwendigkeit. Gottes Plan mit Misstrauen zu begegnen, gehöre dagegen zu den selbstverschuldeten Übeln.

Diese Beweisführung grundiert die ersten sieben von insgesamt dreiundzwanzig Strophen. In den folgenden fünf Strophen der *Theodicee* wird begründet, warum das, „was geschieht, aufs beste stets geschiehet"[15]: Es ist allein der menschliche Verstand, der das vermeintliche Übel nicht differenziert genug zu betrachten vermag. Von der achtzehnten Strophe an entwickelt Uz schließlich eine schöpfungsgeschichtliche Anthropologie, nach welcher der Mensch sozial und politisch weiterhin dem „Wurme" gleicht.[16] Im Unterschied zum Tier entwerfe er zwar famose Gedankengebäude, um seiner „engen Sphäre" zu entfliehen. Jenen verdächtig „Klugen" aber, die dem „armen Sterblichen" im Verlauf der Geschichte mehrfach „des Willens Freyheit" genommen haben, sei der Mensch trotz aller Weltverbesserungsideen immer wieder auf den Leim gegangen.[17] Uz rechtfertigt diese Beobachtung organologisch und grenzt sich dafür nun auch von Leibniz ab, der sich die Natur noch als eine in sich abgeschlossene Schöpfung vorgestellt hatte. Weil sich solch eine Vorstellung evolutionsbiologisch inzwischen nicht mehr halten lasse, sieht Uz das organische Leben „stufenweise" auf einer „güldnen Leiter" emporsteigen – eine These, mit der im Weiteren die uralte Behauptung, dem Menschen gebühre die Krone der Schöpfung, widerlegt und die Möglichkeit höherer Lebensformen in Erwägung gezogen wird.[18] So heißt es im Weiteren, der Mensch nehme nur die „mittlern Sprossen" ein.[19] Gemäß dieser naturgeschichtlichen Zurechtweisung empfiehlt Uz abschließend, sich bescheidener auf das irdische Dasein einzulassen und die mentalen Fähigkeiten als Chance zu nutzen, sich um das Weiterleben der Seele nach dem Tod zu sorgen.

Empfindsame Lehrgedichte 1.3

Mit dem Aufkommen empfindsamer Lehrgedichte konturiert sich zunehmend ein lyrisches Ich, das die Wissensunterweisung um gefühlsbetonte Digressionen ergänzt. Außerdem treten bisweilen fiktive Figuren auf, die das lyrische Ich zur angeregten Unterhaltung über die in Rede stehenden Lehrgegenstände ermuntern. Hinzu gesellen sich Reflexionen über einzelne Empfindungen oder Monologe, die zur Charakterisierung des dialogisierenden Personals beitragen.

Nachtgedanken

Großen Einfluss auf die empfindsame Lehrdichtung üben Edward Youngs *The Complaint, or Night Thoughts on Life, Death and Immortality* (1742ff.) aus. Mit ihrem Erscheinen werden die *Nachtgedanken* in ganz Europa so euphorisch aufgenommen, dass Youngs Meditationen über Tod und Unsterblichkeit zu einem der international erfolgreichsten Bücher der zweiten Hälfte des 18. Jahrhunderts gehören. Von Klopstock bis Novalis inspirieren sie zahllose Grab- und Sterbegedichte. Auch der hohe Stil, mit dem Young über den alles relativierenden Tod nachdenkt, und seine erschütternden Erinnerungen an Verstorbene, die ihm nahestanden, wirken stilbildend auf den Lyrismus des sentimentalischen Lehrgedichts. Was die *Nachtgedanken* ideengeschichtlich bedeutsam macht, ist die kritische Auseinandersetzung mit dem Vernunftmenschen: Als Ideal der Aufklärungsphilosophie stelle er sich in den Dienst einer gesellschaftlichen Utopie, ohne dass ihm Raum gegeben wird, über sein Verwiesensein auf den Tod nachzudenken. Folgt man Young, führt diese Vernachlässigung zum Verlust der subjektiven Würde. Um solch ein Defizit kompensieren zu können, strebe der Einzelne entweder nach Ruhm oder verfalle in übersteigerte Todesangst. Als Trost empfehlen die *Nachtgedanken* den Rückzug in die Einsamkeit. Wer sich ihr hingebe, müsse sich nicht länger seiner Tränen über die vernunftverschuldeten Verletzungen seiner Seele schämen.

Abb. 14 William Blake: Illustration zu den *Night Thoughts* (1797)

Einsamkeit

Trotz aller Begeisterung, mit der die *Nachtgedanken* auch in Deutschland aufgenommen werden, teilen empfindsame Lehrdichter wie Johann Friedrich von Cronegk oder Friedrich Karl Kasimir von Creutz die Radikalität, mit der Young die Aufklärung als Unterdrückung individueller Stimmungen und Ängste angreift, nicht in aller Konsequenz. Wie Cronegks Lehrgedicht *Einsamkeiten* (1758) zeigt, übernimmt der Dichter zwar die melancholische Stimmung der *Nachtgedanken* und das Motiv verzweifelten Weinens. Allerdings wird Youngs schwermütige Stimmung zugunsten eines irdischen Vertrauens in die Unsterblichkeit der eigenen Seele abgemildert. Von dieser Zuversicht getragen, schildern die einleitenden Zeilen des ersten Gesanges ein menschenleeres Naturidyll, dem sich der an seiner Gegenwart leidende Dichter anvertraut. Nur hier vermag er sich als ein zum Großen befähigter Geist wiederzuentdecken:

> Dir, schauervolle Nacht der heilgen Einsamkeit,
> Dir, traurge Stille, sei mein zärtlich Lied geweiht!
> Die müde Seele sucht, in deinen Dunkelheiten,
> Die beim mühsamen Schwarm scheinbarer Eitelkeiten
> Von allen Sterblichen umsonst gesuchte Ruh':
> Ihr sing ich, und der Hayn hört mir stillschweigend zu.
> Es herrsche durch den Wald die heilig öde Stille!
> [...]
> Mein Schmerz durchdringe selbst den unbelebten Hayn!
> Die Einsamkeit allein soll meine Klagen hören;
> [...]
> Die Seele lernt in dir sich selbsten erst empfinden,
> Und sie erstaunet oft, sich selbst so groß zu finden.[20]

Um den Imperativ, „Wir sind uns eine Welt; wir können uns erheben“, gruppieren sich in Cronegks *Einsamkeiten* heftige Klagen über ein reglementiertes Dasein, in dem für Gefühle oder „Schwachheit“ kein Platz mehr ist.[21] Auch die Aussicht auf eine zukünftig freie Menschheit erweist sich aus subjektiver Sicht als fadenscheiniger Trost: „Zu grausam war das Glück, zu streng war unsre Pflicht.“[22] Diese Skepsis begründet das lyrische Ich mit einem lange ungebrochenen Fortschrittsoptimismus, der es in die soziale Isolation geführt habe. Gleichwohl schließen solche Klagen nicht unversöhnlich, vielmehr folgt ihnen der Appell, sich der Beschränktheit des eigenen Denkens bewusst zu werden:

> Mich quälte zum voraus der Zukunft drohnde Noth;
> Nun hat das Glück erfüllt, was es mir dort gedroht.

Ich bin von ihr entfernt; nichts hab ich mehr zu scheuen;
[...]
Der Vorgeschmack künftger Lust und einer bessern Welt
Ist, was den Aufenthalt der Sterblichen vergällt.
Doch eben dieser Geist ist hier auf unsrer Erden
Zugleich zu groß dazu, ganz unbeglückt zu werden.[23]

Obwohl das lyrische Ich also die Hoffnung auf eine dereinst freie und gleiche Menschheit verwirft, hinterfragt Cronegk nicht die sozialpolitischen Ziele der Aufklärung. Ohnehin vermag nur die Hoffnung auf himmlische Erlösung über die Vereinzelung des Menschen hinwegzutrösten. Mit dieser Aussicht enden zwar nicht die persönlichen Seelenqualen, wohl aber schöpft das irdische Subjekt aus ihr die Kraft, sein kurzes Leben auszuhalten.

Oden und Loblieder 2.

Hatte bereits Gottsched die Ode in der *Critischen Dichtkunst* als ehrwürdiges und ernsthaftes lyrisches Genre hervorgehoben, so entdecken sie die Anakreontiker und schließlich auch der Dichterkreis um Klopstock als feierlich-erhabene Liedform wieder. Über diesen traditionell ‚hohen' Ton notiert Herder in den Odenfragmenten (1764f.), die eigentlich von „starken Empfindungen" beherrschte Ode gehöre zur „Muttersprache der Poesie", denn gesanglich und formalästhetisch zeichne sie eine bereits „durch Künste" gezügelte „Einbildungskraft"[24] aus: „Die Ode ist also ein künstlicher Ausdruck einer künstlichen Empfindung durch die Sprache".[25] Berühmtes Vorbild der Odendichtung des mittleren 18. Jahrhunderts ist das *Carmen saeculare* (17 v. Chr.) des Horaz. In diesem ‚Jahrhundertlied' widmet sich der römische Dichter neben Liebe und Freundschaft auch scheinbar heterogenen Motiven wie dem Wein und dem politischen Frieden. Eine komplexe Metrik trägt dabei einerseits zur Aufwertung der weltlichen Sujets bei, andererseits widerlegt sie den Vorwurf, der Dichter habe sich nicht distanziert genug mit seiner Themenstellung beschäftigt.

Diese formalästhetischen Merkmale charakterisieren auch die Odenproduktion der Hochaufklärung. In Summe äußern sie sich kritisch über alles ‚Sentimentalische' und lehnen auch die gedankenlose Schwärmerei kategorisch ab. Insofern nutzt man die Stilmittel der ‚hohen' Ode, um die Gedichte vor einer gar zu rührseligen Lektüre zu bewahren. Um die besungenen Emotionen, wie sie sich beispielsweise im geselligen Weingenuss einstellen, ästhetisch angemessen wiederzugeben, greifen die Odendichter darüber hinaus auf antike Freundschafts- und Glaubenstopoi zurück. Trotz gelegentlich anzüglicher Motive und eines scherzhaften Sprachstils bleiben dabei auch die Oden anakreontischer Autoren religiös inspiriert. Statt ungezügelte Genusslyrik zu bieten, wird in ihnen die Natur zum außergesellschaftlichen Lustidyll verklärt, in das man sich vor einem kruden Pragmatismus zurückzuziehen wünscht.

Heilige Seher

Ein Merkmal der anakreontischen Odendichtung ist das Selbstverständnis des sich mitteilenden Sängers. So knüpfen Hagedorns oder Pyras Oden motivisch an Brockes' irdische Vergnügungen im sinnlichen Umgang mit den Schönheiten der Natur an.[26] Unter die beschreibenden Passagen mischen sich jetzt allerdings ästhetische Reflexionen über die Dichtung sowie Appelle an das Recht des Bürgers auf Glück und Wohlergehen. Demgemäß heißt es bei Hagedorn: „Was ist die Weisheit denn, die wenigen gemein? / Sie ist die Wissenschaft, in sich beglückt zu sein."[27] Verglichen mit diesem souveränen Seelenadel, erweisen sich die feudalen Lebensformen in Hagedorns Oden als armselig. Welchen sozialen Rang der Bürger inzwischen beansprucht, gibt die Ode mit dem Titel *Die Glückseligkeit* mit folgendem Zusatz zu verstehen: „Hat nicht an deinem Fleiß und wirksamen Verstand / Dein eignes Haus ein Recht, noch mehr dein Vaterland?"[28] Auf dieses bürgerliche Selbstbewusstsein gründet auch Pyra seine in *Das Wort des Höchsten* skizzierte Odenpoetik. Mit Blick auf den „heilgen Seher", der sein Wissen göttlicher Inspiration verdankt, trägt er der Ode die Aufgabe an, auf wissenschaftlich und ästhetisch einzig zuverlässige Weise die menschliche Kulturgeschichte aufarbeiten zu können.[29] Unter ihrem Beistand lasse sich auch die Entwicklung der Aufklärung poetisch distanzierter betrachten. Entsprechend hochfahrend grenzt sich Pyra vom ungebildeten ‚Pöbel' ab und charakterisiert die künstlerisch anspruchsvolle Ode mit den Worten:

> Ja! es zergeht die blinde Finsterniß;
> Indem durch Dich die Fackel angeglommen.
> Mir dünckt, ich seh die Völcker schon gewiß
> Aus der Gewalt des Aberglaubens kommen.
> O sehet doch! die mehr als güldne Zeit
> Steht schon zum Lauf in ihrem Kreis bereit.
> [...]
> Drum laß du mich, nur Dir allein getreu,
> Den blöden Schwarm gemeiner Reimer meiden;
> So kan mich einst der grossen Dichter Reih,

Dein kühler Wald und Tempel unterscheiden;
So henge ich, nach einen längern Lauf,
Zuletzt mein Spiel beim HErrn zu ehren auf.[30]

Anakreontik

Pyras Oden und Lieder stehen heute im Ruf, einem libertinären Hedonismus um den Preis einer apolitischen Grundhaltung zu frönen. Ihr fehlendes soziales Engagement wird auf die erfolglosen Bemühungen des Bürgertums zurückgeführt, die eigenen Herrschaftsansprüche durchzusetzen. Ähnliche Vorbehalte lasten auch anderen Anakreontikern an. Weil sich ihre wichtigsten Repräsentanten im heiteren Sinnengenuss oder in erotischen Rollenspielen verlieren sollen, gilt auch ihre Lyrik lange Zeit als frivol. Dass sich namhaftere Autoren wie Lessing oder Goethe im anakreontischen ‚Witz' üben, wird literaturwissenschaftlich bis ins 20. Jahrhundert mit dem Hinweis entschuldigt, als ästhetisches „Experimentierfeld" habe die Anakreontik literarisch gewichtigere Werke vorbereitet.[31] Gegen diese skeptischen Vorbehalte sprechen metaliterarische Reflexe auf das eigene Schreiben. Hierzu gehört in anakreontischen Oden die Erkenntnis, antike Lebensmuster und mythisches Personal nur noch im Zitat wiederaufleben lassen zu können. Aufgrund dieser distanzschaffenden Mittel bleiben zahlreiche anakreontische Oden nicht frei von Resignation oder Schwermut. Bemüht etwa Uz den Topos des wollüstigen Hirten mit den Worten, „Welch süßem Traume geb ich Raum, / Der mich zum Schäfer machet! / Die traurige Vernunft erwachet: / Das Herz träumt fort und liebet seinen Traum", so bleibt das vordergründig erotische Sujet vom Wissen um die historische Distanz zwischen Antike und Gegenwart getragen.[32] Das lyrische Ich kann sich in solchen Oden folglich nicht auf schlüpfrige Hirteneskapaden einlassen, es träumt bloß von ihnen und bleibt sich dabei der Unwiederholbarkeit vergangener Freuden bewusst. Dass Uz auf eine umständliche politische Rechtfertigung dieser Scheinwelt verzichtet, lässt sich kaum mit der mangelnden Kritikfähigkeit des Dichters erklären. Eher schon spricht sich in Uz' Oden die Resignation angesichts einer Gegenwart aus, die den aufgeklärten Menschen auf die litaneihafte Kommentierung abstrakter Tugend- und Vernunftideale zu verpflichten sucht. Zu bedenken bleibt ferner, dass sich die Anakreontiker sehr wohl ihrer sittlichen Provokationen bewusst sind. Auf gewollt überbordende Weise erinnern sie an eine Sinnlichkeit, die innerhalb der bürgerlichen Werteordnung für das Unverbindliche, Anmutige wirbt.

Scherze

Benannt nach dem griechischen Dichter Anakreon, orientieren sich die genannten Lyriker an einer hellenistischen Liedsammlung, die Uz und Götz gemeinsam übersetzen und 1746 unter dem Titel *Die Oden Anakreons in reimlosen Versen* herausgeben. Im Umfeld dieser Publikation entstehen Hagedorns *Sammlung Neuer Oden und Lieder* (1742 und 1747), Gleims *Versuch in scherzhaften Liedern* (1744), Uz' *Lyrische Gedichte* (1749), Löwens *Zärtliche Lieder und Anakreontische Scherze* (1752) oder Christian Felix Weißes *Scherzhafte Lieder* (1758). In ihnen widersetzen sich eine scheinbar gedankenverlorene Lust und ein geselliger Frohsinn dem strengen Rationalismus. Auch Lessings Gedicht *Die Küsse* (1753) parodiert einen längst als bedrückend empfundenen Verstandeskult, der sinnliches Begehren unterdrückt:

> Der Neid, o Kind,
> Zählt unsre Küsse:
> Drum küß' geschwind
> Ein Tausend Küsse;
> Geschwind du mich,
> Geschwind, ich dich!
> Geschwind, geschwind,
> O Laura, küsse
> Manch Tausend Küsse:
> Damit er sich
> Verzählen müsse.[33]

Verhinderte Liebe

Keineswegs erheiternd lesen sich zahlreiche anakreontische Oden, in denen es um den Wunsch nach einer Geliebten geht. Vordergründig klingt auch hier das Begehren nach körperlicher Lust an, doch es melden sich zugleich seelische Enttäuschungen zu Wort. Entweder muss sich der Liebhaber gestehen, inzwischen sei er unfähig, sich auch emotional und geistig auf eine Partnerin einzulassen, oder es sind die strengen bürgerlichen Liebesvorschriften und der von Begierden gereinigte Verstand, an denen eine intimere Beziehung scheitert. Auf solche Verklemmtheiten im Gefolge einer zeitgenössischen Sinnesfeindlichkeit spielt Hagedorn in Oden an, in denen verführerische Schäferinnen, berühmte Hetären der Antike oder für ihre Schönheit bekannte Göttinnen der griechischen Mythologie besungen werden. Für die Beschreibung ihrer körperlichen Reize wählt Hagedorn bezeichnenderweise das Perfekt oder Präteritum. So ist in der Ode *Die alte und neue Liebe* zu lesen: „Ihr Heiligen der alten Zeit, / Treu', Ehrfurcht und Verschwiegenheit, / Und du, o wahre Zärtlichkeit! / Ihr lehrtet uns dem Liebreiz fröhnen". Unmissverständlich enden solche Retrospektionen mit einer Klage über das zeitgenössische Liebesdefizit: „Erwählen was nur Schönheit schmückt; /

Geniessen was uns oft entzückt, / Verlassen was uns sonst beglückt: / Das ist der Enkel Art zu lieben."[34]

Klopstock

Das idealische Kontrastprogramm zur vermeintlich anstößigen Anakreontik findet das Bürgertum bei Klopstock. Demonstrativ widmet er seine Oden einem Freundschafts- und Liebesbegriff, der sich von Andacht und Passion getragen weiß. Stilistisch orientiert sich Klopstock an den Lobliedern Pindars. In ihnen wird eine aristokratische Werteordnung besungen, deren traditionenschwere und heroische Emphase auf das bürgerliche Tugendverständnis übertragen wird. Zu dieser standesbewussten Selbstinszenierung fügt sich auch bei Klopstock die Figur des heiligen Poeten, für dessen Gestaltung er auf die Psalmen Davids zurückgreift. Von ihnen borgt Klopstock zugleich ein religiös inspiriertes Wir-Gefühl. Dieses Zusammenspiel von gemeinschaftsbildender Harmonie und lichtbringendem Dichterpropheten schafft für das empfindsame Bürgertum neue Identitätspotentiale, die Klopstock rasch zu hohem Ansehen verhelfen.

Sprachlich und formalästhetisch nähern sich seine Oden oft dem religiösen Hymnus an, daneben finden sich neue Strophenformen und freiere Rhythmen, in denen das antike Odenmaß dem Wortakzent des Deutschen angepasst wird. Dieser pathetische Ton der Loblieder distanziert sich bewusst von der Alltagssprache und unterstreicht insofern den Kunstwillen ihres Verfassers. Hinsichtlich der Wahl seiner Sujets ist die berühmte Ode *Der Zürchersee* (1750) typisch für Klopstocks empfindsamen Freundschaftskult. In seinen Hymnen auf die Liebe geht es daneben um verweigerte Gefühle, denen Klopstock aber nicht mit heiterer Resignation, sondern mit melancholischer Todessehnsucht begegnet. Führt er sich zudem als ‚vaterländischer' Dichter ein, so umspannt sein Wort- und Themenspektrum einen nationalen Gesinnungshorizont, der Freiheitsemphase mit Chauvinismus und kulturelle Einheit mit Kriegsbegeisterung zusammenbringt. In *Mein Vaterland* wird beispielsweise eine verhängnisvolle Schwert- und Soldatenmetaphorik aufgeboten, die das Publikum darüber belehren soll, dass selbst die ‚Fehler' der Deutschen ‚schön' sind. Gleichwohl erinnert der Sänger daran, das Vaterland stets im Kontext der gesamten Menschheit wahrzunehmen.

Die Frühlingsfeier

Zu Klopstocks bekanntesten Oden gehört *Die Frühlingsfeier*. An sie denkt Lotte in Goethes *Werther*, als sie am Fenster steht und ihrem Begleiter ‚diese herrliche Ode' in Erinnerung ruft. In einer ersten Fassung erscheint das Gedicht 1759 unter dem Titel *Ode über die ernsthaften Vergnügungen des Landlebens*. Bereits mit dieser Leseanweisung distanziert sich Klopstock von den anakreontischen Odenidyllen und stimmt das Publikum auf den religiösen Impetus der siebenundzwanzig Strophen ein. Den etwas irritierenden Titel *Die Frühlingsfeier* – abgesehen von einem ‚Frühlingswürmchen', scheint es sich eher um ein Gedicht auf den Sommer oder Herbst zu handeln – erhält das Gedicht erst 1771 in der Gesamtausgabe der *Oden und Elegien*. Dass der Jahreszeit mit einer Feier gedacht werden soll, entspricht der Verherrlichung Gottes und dem Ergriffensein des lyrischen Ich. Um dessen innere Bewegtheit auch sprachlich zwangloser gestalten zu können, verwendet Klopstock in *Die Frühlingsfeier* freiere Rhythmen. Wie diese Adaption des Versbaus umgesetzt wird, zeigt ein Vergleich mit dem bis dahin in der Odendichtung bevorzugten Alexandriner: Dessen zweigliedriger Aufbau mit alternierenden Jamben zwingt den Leser, sich beim lauten Lesen dem Rhythmus der im Gedicht entwickelten Gedankenfolge anzupassen. Vor allem die vorgeschriebene Mittelzäsur (uúuúuú||uúuúuú) in jedem Vers erfordert eine kurze Sprechpause. Solch ein Duktus eignet sich besonders für belehrende Gedichte, in denen ein Sachverhalt aus zwei entgegengesetzten Perspektiven betrachtet wird, nicht aber für ein lyrisches Ich, das den Leser an seiner spirituellen Ergriffenheit teilhaben lassen will. Aus diesem Grund entscheidet sich Klopstock in den 1750er Jahren für ‚krumme Linien' in der Odenarchitektur. Auch in *Die Frühlingsfeier* wählt er unterschiedlich lange Verse und Versgruppen, die dann für die zweite Fassung in vierzeilige Strophen zusammengefasst werden. An die Stelle einer schrittweise entwickelten Gedankenlogik treten überdies Alliterationen, Wiederholungen, Fragen oder Enjambements. Für eine eher locker gefügte Kohärenz sorgen verschiedene Redeweisen des lyrischen Ich sowie wechselnde Ansprechpartner. So hebt die Ode mit zwei Strophen an, in denen monologisch das Thema des Gedichts umrissen und begründet wird. In den weiteren Strophen folgen dann ein Gespräch mit der Erde und einzelnen Naturobjekten, die ergänzt werden um Ansprachen an Gott oder den Leser. Inhaltlich wechselt der Sprecher durchgängig zwischen entgegengesetzten Wahrnehmungsmodi und Vergleichen, darunter Nahes und Fernes (das Ewige und die eigene Umwelt), Großes und Kleines (der Ozean und der Tropfen im Eimer) sowie verschiedene Zeitalter (Schöpfung und Jetztzeit). Das Bewundern des punktuell Betrachteten und das Staunen über die kosmische Ordnung verschmelzen dabei phasenweise zum psalmodischen Lobpreis Gottes:

> Da ein Strom des Lichts rauscht', und unsre Sonne wurde!
> Ein Wogensturz sich stürzte wie vom Felsen

Der Wolk' herab, und den Orion gürtete,
Da entrannest du, Tropfen, der Hand des Allmächtigen
[...]
Aber du Frühlingswürmchen,
Das grünlichgolden neben mir spielt,
Du lebst; und bist vielleicht
Ach nicht unsterblich![35]

Solche Perspektivenwechsel auf verschiedene Dimensionen der Schöpfung verbinden „subjektive Innerlichkeit und objektive Außenwelt, reflektierende Gedanklichkeit und ekstatische Emotionalität".[36] Indem Klopstock in *Die Frühlingsfeier* eine Kosmologie entwirft, die den Blick auf die Einzigartigkeit der göttlichen Schöpfungsordnung lenkt, indem er darüber hinaus an die mythisch überlieferte Weltentstehung und die wissenschaftlichen Erkenntnisse der Aufklärung erinnert, huldigt er einem personalen Gott, der aus Licht eine Welt geschaffen hat, die zur staunenden Erkundung einlädt. Insbesondere aber nötigt sie dem Glaubenden tiefen Respekt ab. Andächtig spricht das lyrische Ich seinen Gott deshalb auch mit dem alttestamentlichen Namen ‚Jehova' an, dem donnernden Rächer, der die Missachtung seiner Stellung im Weltganzen jederzeit strafen kann. Fast schon furchtsam wird in diesem Zusammenhang die letztlich unbeantwortete Frage aufgeworfen: „und wer bin ich?"[37]

Volkslieder 3.

Der Begriff ‚Volkslied' wird in den 1770er Jahren von Herder eingeführt, um poetisch bearbeitete Gesänge volkstümlichen Ursprungs von den sogenannten ‚Pöbelliedern' zu unterscheiden, die im 18. Jahrhundert noch bei der Arbeit, feierlichen Anlässen, im kriegerischen Kampf oder während eines Umtrunks angestimmt werden. Da sich in letzteren nach Herder die Ohnmacht einer seit Generationen unterdrückten Bevölkerung ausspricht, lasse sich aus solchen Liedern nicht mehr die ursprüngliche *„Denkart eines Volks"* erschließen.[38] Was Herder unter dieser kulturellen Eigentümlichkeit genauer versteht, legt er in einer seiner Vorreden für eine umfassend geplante Volksliedsammlung dar:

> Es ist wohl nicht zu zweifeln, daß *Poesie* und insonderheit *Lied* im Anfang ganz *Volksartig* d. i. leicht, einfach, aus Gegenständen und in der Sprache der Menge, so wie der reichen und für alle fühlbaren Natur gewesen. Gesang liebt Menge, die Zusammenstimmung vie-

> ler: er fodert das Ohr des Hörers und Chorus der Stimmen und Gemüter. [...] alle künstliche Verschränkungen und Wortlabyrinthe sind dem einfachen Sänger fremde, er ist immer *hörbar* und daher immer verständlich: die Bilder treten vors Auge, wie seine Silbertöne ins Ohr fließen [...].[39]

Um diese Poetizität der Volkslieder besser verstehen zu können, ist von der heutigen medialen und wissenschaftlichen Begriffsverwendung abzusehen. Weder versteht Herder darunter die unterhaltungsindustrielle Illusion einer heiter-rustikalen Lebenswelt noch gebraucht er den Terminus ‚Volkslied' als Sammelbegriff für Subgenres wie das Arbeits-, Wander- oder Kinderlied.[40] Optional versammelt Herder unter dem Neologismus unterschiedliche Textzeugnisse, die eine Zwischenstufe zwischen dem tatsächlich volkstümlichen und dem künstlerisch anspruchsvolleren Lied einnehmen. Thematisch kreisen sie um elementare menschliche Gefühle wie Liebe, Freude oder Trauer, wobei diese Motive mit jeweiligem Lokalkolorit versehen und unter Verwendung kultureigener Sprachbilder veranschaulicht werden. Musikalisch gehen die von Herder gesammelten Volkslieder oft auf sehr alte Melodien zurück, die aber immer noch einen hohen Bekanntheitsgrad besitzen. Über diese Symbiose von Text und Tonfolge heißt es im Weiteren, beide gäben ein „treues Abbild" der „Seelengestalt" einer Herkunftskultur. Ihnen allen gemeinsam bleibe indes eine ursprüngliche Begeisterung am ästhetischen Wahrnehmen der Welt:

> Alle unpolicirte Nationen sind *singend*: und, wie denn auch nun ihr Gesang sei, er *ist*, und ist meist ein Sammelplatz all ihrer *Wissenschaft*, *Religion*, *Bewegung* der Seele, *Merkwürdigkeiten* der Vorwelt, *Freuden* und *Leiden* ihres Lebens. Die Natur hat ihnen einen Trost gegeben, den schwerlich Menschliche Künsteleien dörften ersetzen können, *Freiheitsliebe, Liebe des Müßigganges* oder *des Taumels*: und wohin alles gewissermaße zusammenfließt, *Gesang*.[41]

Was Herder als Volkslied bezeichnet, gleicht insofern einem ästhetischen Nukleus, aus dem sich die religiösen und weltanschaulichen, künstlerischen und wissenschaftlichen Anschauungs- und Deutungsmuster einer Kultur entwickeln. Diese Gattungsbestimmung initiiert in den letzten Jahrzehnten des 18. Jahrhunderts eine internationale Volksliedbewegung, in deren Verlauf alte Lieder gesammelt und wissenschaftlich ediert werden. Parallel dazu verfassen teils renommierte Autoren zahlreiche Kunstlieder, die älteres Liedgut adaptieren. Eines der bekanntesten Beispiele dürf-

Abb. 15 Johann Gottfried Herder. Gemälde von Anton Graff (1785)

te das von Goethe um 1772 im Elsass aufgespürte und überarbeite *Heideröslein* sein, das Franz Schubert später vertont. Als ‚Lied für das Volk' verbreitet es sich über die im Bürgertum rasch beliebten Liederabende.

In den folgenden Ausführungen zur Liedkultur der Spätaufklärung wird der Begriff ‚Volkslied' im Anschluss an Herders Wortverwendung gebraucht. Davon zu unterscheiden sind ‚volkstümliche Lieder', die als Wander- oder Feierlieder zu bestimmten Anlässen erklingen, und schließlich ‚Lieder für das Volk', die seit Lessing und Herder auch als ‚Nationallieder' bezeichnet werden und von den Dichtern im Stile der Volkslieder verfasst sind.[42]

Lieder der Völker 3.1

Um das Interesse für das eigene literarische Erbe wachzuhalten, erinnert Herder in seinen Schriften zum Volkslied daran, in den letzten fünfzig Jahren sei heimisches Liedgut als primitiv diskreditiert und in der Folge aus dem Fokus regelpoetischer Dichtungstheorien gedrängt worden. Über den drohenden Verlust einer jahrhundertealten Tradition notiert er 1773 im *Briefwechsel über Ossian*:

> In mehr als einer Provinz sind mir Volkslieder, Provinziallieder, Bauerlieder bekannt, die an Lebhaftigkeit und Rhythmus, und Naivetät und Stärke der Sprache vielen derselben gewiß nichts nachgeben würden; nur wer ist der sie sammle? auf Straßen, und Gassen und Fischmärkten? im ungelehrten Rundgesange des Landvolks? [...] um Lieder, die oft nicht skandiert, und oft schlecht gereimt sind? wer wollte sie sammlen – wer für unsre Kritiker, die ja so gut Sylben zählen, und skandieren können, drucken lassen? Lieber lesen wir, doch nur zum Zeitvertreib, unsre neuere schöngedruckte Dichter [...].[43]

Dass solch ein Vorhaben bei der aufgeklärten Intelligenz auf Widerstand trifft, dessen ist sich Herder bewusst. Und tatsächlich reagieren renommierte Autoren wie Friedrich Nicolai oder der klassizistische Kunstrichter Karl Wilhelm Ramler in den nächsten

Jahren mit soviel Spott und Häme auf das Sammlungsvorhaben, dass Herder die für 1774 geplante Veröffentlichung der *Alten Volkslieder* nach dem Druck des ersten Bogens aussetzt. Gleichwohl lässt er sich nicht von seinem Unternehmen abbringen und entwickelt in den nächsten Jahren eine Volksliedpoetik weiter, derzufolge die ursprünglich liedhafte Dichtung im Zuge des Kulturfortschritts an Expressivität und Wirkung verliert. Je exklusiver und vielgestaltiger Dichtung im Lauf der Geschichte folglich anmutet, desto deutlicher verrät sie nach Herder ihre regelkonforme Borniertheit. Im Volk habe sich dagegen die im 18. Jahrhundert mit Vehemenz geforderte Scheidung zwischen bürgerlicher Hoch- und niederer Trivialkunst noch nicht durchgesetzt. Hier also finde sich noch jene Authentizität und Widerständigkeit ‚naiver' Gesänge, mit denen man sich der Durchrationalisierung des Daseins zu entziehen weiß. Selbstredend ist es diese von Herder angenommene Subversivität älterer Volkslieder, auf welche die Berliner Aufklärer um Nicolai nicht nur mit Ablehnung, sondern auch mit wachsender Verunsicherung reagieren. Immerhin gibt Herder in einer seiner wichtigsten Volksliedstudien, in der Abhandlung *Von Ähnlichkeit der mittlern englischen und deutschen Dichtkunst* (1777) zu bedenken, angesichts der ästhetischen Unmündigkeit, in welcher sich das gebildete Bürgertum gefalle, habe sich die Aufklärung in den unteren Bevölkerungsschichten überholt.

Identität

Auf den ersten Blick liest sich Herders Argumentation zugunsten des Volkslieds stellenweise widersprüchlich. Auf der einen Seite distanziert er sich von ‚Pöbelliedern', aus denen der Untertanengeist einer despotisch regierten Gesellschaft sprechen soll. Auf der anderen Seite will er im Volk eine subkulturelle Widerständigkeit ausmachen, die zeitgenössische Autoren zu neuen Liedformen und Ausdrucksmitteln anregen soll. Solche Unstimmigkeiten lösen sich auf, wenn man Herders Sammelpraxis zu Rate zieht. Schon zu seiner Zeit als Rigaer Hilfspastor (1764ff.) befragt er nämlich ausschließlich Frauen und Kinder nach Gesängen, die ihr Leben begleiten. Weil er annimmt, diese Bevölkerungsgruppe sei ästhetisch weniger diszipliniert als vernunftdressierte Männer, sieht Herder hier also noch eine ursprünglichere Liedkultur nachleben. An diese Vorstellung anknüpfend, strukturiert er auch seine 1778 in zwei Bänden erscheinende Sammlung *Volkslieder*. Ohne Rücksicht auf bürgerliche Geschmacksdoktrin und antike Schönheitsideale finden sich neben indianischen, lappländischen oder asiatischen Volksliedern nordische Bardengesänge oder Liedeinlagen aus Shakespeares Dramen. Darüber hinaus veröffentlicht er Gesänge aus Kulturen, die (sprach-)politisch unterdrückt werden oder im Verschwinden begriffen sind. Provozierend mischt Herder darunter Lieder prominenter Autoren wie die der antiken Lyrikerin Sappho. Diese scheinbar regellose Auswahl versteht Herder als Volksliedarchiv, das sich aufgrund der ‚natürlichen' Unabhängigkeit von jeder Regelmetrie für die Erneuerung der zeitgenössischen Dichtung anbiete.

Seinen Widersachern begegnet Herder mit dem Argument, die Aufklärungsphilosophie entwerfe zwar universale Moral- und Kunstvorschriften, kenne aber noch nicht näherungsweise die Dichtung der „Brüder unsrer Menschheit".[44] Nicht minder schwer wiegt der Einwand, Dichtung habe im Zeitalter der Vernunftsteuerung ihren gemeinschaftsbildenden Charakter verloren. Weder trage die zeitgenössische Literatur zur kulturellen Identität der Leserschaft bei noch sei sie in der Lage, den Blick vorurteilsfrei auf andere Nationen zu lenken. Dass Herder mit dieser Schlussfolgerung insbesondere den Rationalismus als latent fremdenfeindlich charakterisiert, übt einen ebenso großen Einfluss auf die Volksliedbewegung aus wie die These, angesichts eines allgemeinen Verstandesdrills erfreuten sich einfachere, gesellige Liedformen wieder einer großen Publikumsbeliebtheit.

‚Lieder für das Volk' 3.2

Welchen Widerständen sich auch die Lieder für das Volk ausgesetzt sehen, verrät schon der Titel einer Anthologie, die Friedrich Nicolai 1777 als Reaktion auf Herders Volksliedprojekt herausgibt: *Eyn feyner kleyner Almanach vol schönerr echter liblicherr Volckslider, lustiger Reyen vnndt kleglicherr Mordgeschichten, gesungenn von Gabryel Wunderlich weyl. Benkelsengernn zu Dessaw, herausgegebenn von Daniel Seuberlich, Schusternn tzu Ritzmück ann der Elbe.* Bereits das Vorwort reproduziert die Vorurteile gegenüber Liedern, die aus dem Volk stammen oder im Volk für eine Rückbesinnung auf ältere, weniger regelmetrische Literaturtraditionen werben sollen. Ironisch und in semibarockem, unbeholfenem Deutsch distanziert sich der Verfasser von der Genieästhetik und erinnert die Leser daran, eine Vorliebe für alles Rustikale habe mit dem „edlen Handwerck der Poeterey" wenig gemeinsam. Trotz allen Spotts weiß Nicolai allerdings auch treffsicher zu benennen, warum sich aus Herders Liedbeispielen nicht die kulturelle ‚Denkungsart' einer Nation entwickeln lässt: Da es sich um bearbeitete Texte handelt, gehören sie zu einer kulturhistorisch fortgeschrittenen

Epoche. Von solchen Einwänden gegen alles Volkstümliche ausgenommen bleibt die Volksaufklärung. Ihre Lieder für das Volk verraten bisweilen freilich auch, an welchen Vorurteilen solche Kultivationsversuche zu scheitern drohen.

Balladen

Zu den lyrischen Genres, die in der aufgeklärten Literaturtheorie in einem affirmativen Sinn als ‚volkstümlich' gelten und bisweilen auch vertont werden, gehören die Ballade und die mit ihr verwandte Romanze. Ursprünglich handelt es sich um Erzähllieder, die man zu tanzbaren Melodien vortrug. Eine hohe Zuschauerbindung wird mit Hilfe eines eingängigen Refrains erzielt. Stehen in der Ballade naturmagische, mythologische und später auch tagesaktuelle Inhalte im Vordergrund, so charakterisiert die aus Spanien stammende Romanze zudem ein musikalisch heitereres Arrangement. Wie eine Ballade Gleims verdeutlicht, bemühen sich einige Aufklärungsdichter allerdings darum, das Zwanglos-Unterhaltende möglichst einzudämmen. Bereits der Titel des 1756 veröffentlichten Gedichts verrät diesen didaktischen Ernst: *Traurige und betrübte Folgen der schändlichen Eifersucht, wie auch heilsamer Unterricht, daß Eltern, die ihre Kinder lieben, sie zu keiner Heyrath zwingen, sondern ihnen ihren freyen Willen lassen sollen; enthalten, in der Geschichte Herrn Isaac Veltens, der sich am 11ten Aprill 1756. zu Berlin eigenhändig umgebracht, nachdem er seine getreue Ehegattin Marianne und derselben unschuldigen Liebhaber jämmerlich ermordet.* Dieser moralpädagogischen Leseanweisung korrespondieren eingestreute Lehrsätze sowie ein polarisierender Adjektivgebrauch, mit dem Gleim bürgerliche Tugenden akzentuiert und im Gegenzug das Verabscheuenswürdige der erzählten Mordgeschichte herausarbeitet.

Politische Balladen

Solche Präjudikationen weist Bürger in seinem *Herzensausguß über Volks-Poesie* (1776) mit dem Argument zurück, Überheblichkeit und ein nur ungenaues Wissen über das sogenannte Volk verleiteten die Balladendichter zu einer Textgestaltung, die eigentlich erst zur Verdummung der Rezipienten beitrage:

> Unsere Nation hat den leidigen Ruhm, – nicht gerade die weise, – sondern die gelahrte – zu heißen. Der Ruhm möchte ganz schäzbar sein, wenn's nur nicht gar zu viel Quisquiliengelahrheit wäre. [...] Daß Volkspoesie bisher vernachlässigt, daß Ballade und Romanze schier verächtlich und poetisches Spielwerk worden, daran sind wohl hauptsächlich mit die nackigen Poetenknaben Schuld, die sich einbilden, sie könnten auch wohl Balladen und Romanzen machen, und diese Dichtart gleichsam für das poetische A-B-C. halten. [...] Da regt sich kein Leben! Kein Odem! Da ist kein glücklicher Wurf! Kein kühner Sprung, so wenig der Bilder als Empfindungen! Nirgends was Aufrührendes, so wenig für den Kopf, als fürs Herz![45]

Um auch weniger gebildete Leser mit den Zielen der Aufklärung vertraut zu machen, bezieht sich Bürger in seinen Balladen auf aktuelle politische Ereignisse. In seiner *Lenore* (1774) sind es die Folgen des Siebenjährigen Kriegs. Der Ballade *Des Pfarrers Tochter von Taubenhain*, die im *Musenalmanach für 1782* erscheint, liegt dagegen ein seinerzeit spektakulärer Gerichtsprozess zugrunde. Auch hier wird eine schauerliche Atmosphäre heraufbeschworen, wobei das Motiv der Wiedergängerin das tragische Geschehen rahmt:

> Im Garten des Pfarrers von Taubenhain
> Geht's irre bei Nacht in der Laube.
> Da flüstert und stöhnt's so ängstlich;
> Da rasselt, da flackert und sträubet es sich,
> Wie gegen den Falken die Taube.
> [...]
> Allnächtlich herunter vom Rabenstein,
> Allnächtlich herunter vom Rade
> Huscht bleich und molkicht ein Schattengesicht,
> Will löschen das Flämmchen, und kann es doch nicht,
> Und wimmert im Unkengestade.[46]

Bereits die erste Strophe weist auf eine Untote voraus, die verzweifelt versucht, sich sozial zu rehabilitieren. Die Rede ist von Rosette, einer Pfarrerstochter, die sich vom Junker von Falkenstein hat schwängern lassen. Als sie einsehen muss, dass ihr Liebhaber sie mit Rücksicht auf seine adlige Familienehre nicht heiraten wird, tötet Rosette wenig später ihren neugeborenen Sohn und wird dafür hingerichtet. Erzählt wird die bewegte Handlung in fünf Schritten. Der zweistrophigen Exposition schließen sich zwölf Strophen an, in denen das folgenschwere Liebesverhältnis im Mittelpunkt steht. Dabei betont die dritte Strophe Rosettes Unschuld, in Strophe vierzehn findet sich dann der erste Hinweis auf das Strafgericht. Mit der Schwangerschaft und der Vertreibung aus dem Elternhaus befassen sich die fünfzehnte bis zwanzigste Strophe. An sie schließt sich das Gespräch zwischen Rosette und dem Junker an, in welchem ihr der Adlige zu verstehen gibt: „Nur Gleiches zu Gleichem gesellet sich gut; / Sonst müßte mein Stamm sich ja schämen."[47] Rosette quittiert diese Worte, indem sie den Vater ihres Kindes verflucht. Auf diese bewegte Binnenhandlung folgt das tragische Ende. Während den Lesern zunächst die Verzweiflung der jungen Frau vor Augen geführt wird, fasst der Erzähler die Geburt und Tötung des Kindes nur knapp zusammen. Ebenfalls bündig erzählt die siebenunddreißigste Strophe von der Hinrichtung Rosettes.

Ehrlosigkeit

Thematisch entwickelt Bürger in *Des Pfarrers Tochter von Taubenhain* zwei Schwerpunkte. Zum einen wird die Reaktion des Seelsorgers drastisch herausgearbeitet. Als dieser von Rosettes Liebschaft erfährt, verprügelt er sein Kind „mit knotigen Riemen“.[48] Anschließend verweist er sie des Hauses und entlässt sie damit in eine ungewisse Zukunft. Zum anderen beschäftigt sich Bürger ausführlich mit dem nun drohenden Schicksal der jungen Frau. Schwanger und mittellos ist sie praktisch entrechtet und bleibt damit auch für standesgleiche Männer, die Rosettes Ehre durch eine Heirat wiederherstellen könnten, eine Gefahr. Würde nämlich die wahre Vaterschaft bekannt, verlöre der Ehegatte seinen guten Ruf. Mit Hilfe dieser zwar ungeschriebenen, aber streng gewahrten Ehrgesetze motiviert Bürger den weiteren Verlauf der Ereignisse und schließlich auch Rosettes „blutige Tat“. Dass sie ihr Kind nicht im „Wahnsinn“, sondern mit verzweifelter Klarsicht tötet, verdeutlicht bereits der Leidensdruck der werdenden Mutter.[49] So weiß Rosette sehr genau ihre soziale Chancenlosigkeit zu benennen, und auch für das uneheliche Kind steht ihr fest, dass die Zeitgenossen es ausgrenzen werden. Ebenso deutlich führt sich Rosette ihr bevorstehendes Ende vor Augen: „‚Da ruh du, mein Armes, da ruh nun in Gott, / Geborgen auf immer vor Elend und Spott! – / Mich hacken die Raben vom Rade!‘“[50] In diesem Monolog manifestiert sich die sozialpolitische Brisanz des Kindsmordes: Zwar setzt sich in der Rechtsprechung der zweiten Hälfte des 18. Jahrhunderts allmählich das Bewusstsein durch, bei der Urteilsfindung auch die seelische Notlage der Angeklagten berücksichtigen zu müssen. Von dieser Liberalisierung profitieren zunächst allerdings nur verheiratete Frauen. Weil ihnen die Gerichte im Falle des Kindermords geistige Verwirrung attestieren, gehen sie straffrei aus. Unverheirateten wie Rosette wird dagegen kaltblütiges Handeln unterstellt. Zur Begründung berufen sich die Richter auf die Tatsache, dass einer Kindsmörderin die ungewisse Zukunft ihres Kindes bekannt sei. Von diesem Wissen schließen die Behörden auf die Schuldfähigkeit der Angeklagten.

Politische Konsequenzen

Greift auch Bürger mit dem Motiv der Wiedergängerin auf den hergebrachten Aberglauben zurück, so scheint dies seinem Engagement für die Volksdichtung zu widersprechen. In seiner Skizze *Von der Popularität der Poesie* (1784) verteidigt er den Einsatz irrationaler Balladenfiguren jedoch mit deren intensiver Wirkung auf das „Einbildungsvermögen“ der Leser.[51] Den Einwand, das Grauenvolle oder Unheimliche beeinträchtige das Urteilsvermögen, weist Bürger mit der Annahme zurück, auch der weniger gebildete Rezipient verfüge über hinreichend Intellekt, um zwischen einem phantasievollen „Nachbild der Poesie“, welches die Sinne erregt, und dem „Urbild der Natur“, das keine Geister kennt, zu unterscheiden. Wer das Volk trotzdem als „moralische Person“ unterschätze, verrate ein zu unbedarftes Vertrauen in die mentale Verfügungsgewalt der Dichtung.[52] Übertragen auf *Des Pfarrers Tochter von Taubenhain*, besteht für Bürger daher kein Zweifel, dass sein Publikum die kulturpolitische Stoßrichtung der Ballade versteht. Ein weniger drastisches Schlusstableau, so lässt sich aus Bürgers weiteren Ausführungen schließen, hätte zwar dem Geschmack des literarischen Kenners entsprochen, aber auch dessen Vorurteile hinsichtlich der ästhetischen und moralischen Naivität weniger privilegierter Schichten bekräftigt.

Zusammenfassung

Die Lyrik wird im 18. Jahrhundert lange Zeit nicht als eigenständige Gattung wahrgenommen, allenfalls Oden und Hymnen stehen im Ruf, einer anspruchsvollen Dichtung zu genügen. Die oft umfangreichen Lehrgedichte der Aufklärungsliteratur werden der didaktischen Dichtung zugerechnet, da sie philosophisches Gedankengut oder neue wissenschaftliche Erkenntnisse thematisieren. Mit dem Volkslied und der Ballade bringt die Lyrik der zweiten Jahrhunderthälfte weitere Ausdrucksformen hervor, die eine neue Gesangskultur befördern.

Literatur

Albertsen, Leif Ludwig: Das Lehrgedicht. Eine Geschichte der antikisierenden Sachepik in der neueren deutschen Literatur mit einem unbekannten Gedicht Albrecht von Hallers. Aarhus: Akademisk Boghandel 1967.

Beetz, Manfred: Von der galanten Poesie zur Rokokolyrik. Zur Umorientierung erotischer und anthropologischer Konzepte in der ersten Hälfte des 18. Jahrhunderts. In: Literatur und Kultur des Rokoko. Hg. v. Matthias Luserke. Göttingen: Vandenhoeck & Ruprecht 2001, S. 33-61.

Große, Wilhelm: Studien zu Klopstocks Poetik. München: Fink 1977.

Guntermann, Georg: Von der Leistung einer poetischen Form – Wandlungen der Ode im 18. Jahrhundert. In: Aufklärung. Ein literaturwissenschaftliches Studienbuch. Hg. v. Hans-Friedrich Wessels. Königsstein/Ts.: Athenäum 1984, S. 183-205.

Ketelsen, Uwe-K.: Die Naturpoesie der norddeutschen Frühaufklärung. Poesie als Sprache der Versöhnung: alter Universalismus und neues Weltbild. Stuttgart: Metzler 1974.

Richter, Karl: Literatur und Naturwissenschaft. Eine Studie zur Lyrik der Aufklärung. München: Fink 1972.

Schüsseler, Matti: Unbeschwert aufgeklärt. Scherzhafte Literatur im 18. Jahrhundert. Tübingen: Niemeyer 1990.
Segebrecht, Wulf: Das Gelegenheitsgedicht. Ein Beitrag zur Poetik und Geschichte der deutschen Lyrik. Stuttgart: Metzler 1977.
Sigrist, Christoph: Das Lehrgedicht der Aufklärung. Stuttgart: Metzler 1974.

Fragen

1. Welche Formen des Lehrgedichts kennen Sie?
2. Was versteht man unter einem ‚heiligen Sänger'?
3. Mit welcher Begründung charakterisiert Herder die Ode als ‚Muttersprache der Poesie'?
4. Warum gilt die Ballade im ausgehenden 18. Jahrhundert als volkstümlich?

Aufbaumodul 4: Epik

Das vierte Aufbaumodul beschäftigt sich mit den verschiedenen epischen Gattungen des 18. Jahrhunderts und reflektiert sie im Kontext der dichtungstheoretischen und moraldidaktischen Forderungen, die in der Aufklärungskultur an Fabeln, Versepen oder den Roman gestellt werden. Um das hohe Interesse der damaligen Leser an epischen Texten zu belegen, werden auch neue und rasch erfolgreiche Genres wie die Kriminalerzählung oder der Reisebericht einbezogen.

Fabeln 1.

Mit den berühmten Worten, die Fabel vermöge dem, „der nicht viel Verstand besitzt, / Die Wahrheit durch ein Bild sagen", beschreibt Gellert die außerordentliche Wertschätzung der Fabel im 18. Jahrhundert. Zwar arrangieren sich Regelpoetiker wie Gottsched anfänglich nur skeptisch mit sprechenden Tieren oder Pflanzen, können sich aber der moralisierenden Wirkmacht der Fabel trotzdem nicht entziehen. Selbst als die Fabel in der aufgeklärten Literaturtheorie allmählich in den Hintergrund tritt, gewinnt sie im Zuge der Französischen Revolution für zahlreiche Autoren wieder an politischer Überzeugungskraft.

Bedingt durch die im Vordergrund stehende Belehrung, verzichten Fabeln auf ein eingehender charakterisiertes Figurenensemble, stattdessen verkörpern die auftretenden Wesen menschliche Verhaltensweisen oder moralische Defizite. Traditionell begegnen sich in der Fabel dabei Figuren, die möglichst entgegengesetzte Eigenschaften aufweisen. Ihr Handeln und Argumentieren provoziert auf der Bildebene einen Konflikt, der sich unter Anwendung einer bestimmten Moralvorschrift lösen lässt. Hinsichtlich dieser gattungsspezifischen Minimalbestimmung sind sich die führenden Fabeltheoretiker des 18. Jahrhunderts einig. Kontrovers diskutieren Gottsched, Gellert und Lessing dagegen die Gestaltung von Fabeln in Prosa oder Vers, das Gebot der Kürze sowie den ein- oder zweigliedrigen Aufbau. Mit Blick auf den Adressatenkreis herrscht auch Uneinigkeit darüber, ob sich politische und satirische Fabeln mit dem moraldidaktischen Auftrag der Gattung vertragen.

Fabeltheorie

Literatur, in der sich nicht „wirklich vorhandene [] Dinge" zutragen, widerspricht nach Gottsched eigentlich der aufgeklärten Dichtung.[1] Allein aufgrund ihrer pädagogischen Intention sei die Fabel regelpoetisch zu akzeptieren: „*Die Fabel sei eine Rede, welche ihre Lehren unter den Allegorien einer Handlung verbirgt und zu Besserung der Sitten ersonnen worden*".[2] Im vierten Hauptstück der *Critischen Dichtkunst* wird diese Forderung an drei Gattungsvarianten konkretisiert: der unglaublichen, der glaubwürdigen und der vermischten Fabel. Dem ersten Typus begegnet Gottsched mit besonderer Skepsis. Hier nämlich treten „unvernünftige Thiere" oder „gar leblose Dinge" auf. Um die Leser vor törichten Rückschlüssen auf die Naturordnung zu schützen, werden die Autoren ermahnt, das Personal ihrer unglaublichen Fabeln nur so handeln und sprechen zu lassen, „als wenn sie mit menschlicher Vernunft begabt wären."[3] In den glaubwürdigen Fabeln sind es dagegen Menschen, die „mit Verstande" reden und handeln.[4] Nach Gottsched veranschaulichen sie in eingängiger Form die Vorzüge eines tugendhaften Lebens. Als Muster für glaubwürdige Fabeln empfiehlt er die Gleichnisreden des Neuen Testaments. Der dritte Gattungstyp, die vermischte Fabel, setzt sich aus den beiden ersten Fabeltypen zusammen. Ihr Vorbild sollten nach Gottsched die Werke des griechischen Dichters Äsop sein, also kurze, gleichnisartige Erzählungen in Prosa, in denen sich Tiere, Götter und Menschen begegnen können. Ohne dass ihr Handeln scharf verurteilt wird, verkörpern sie entweder typische moralische Schwächen wie Neid und Vorteilsstreben oder Tugenden wie Güte und Weitsicht. Nach Gottsched wird in diesen vermischten Fabeln eine ‚mögliche Welt' entworfen, in der die Vernunftgesetze nicht aufgehoben sind. Die mit Menschen redenden Tiere unterstehen folglich den Gesetzmäßigkeiten der Logik und Sprache.

Gellert

In seinen *Fabeln und Erzählungen* (1746ff.) orientiert sich Gellert an Jean de La Fontaine. Wie dieser schmückt er seine Fabeln anschaulich aus, verfasst sie in Reimform und verleiht ihnen ironische Zwischentöne. Dem zweigliedrigen Erzählen folgend, bietet Gellert zunächst die eigentliche Fabel. Wie das Beispiel *Das Pferd und die Bremse* zeigt, sind es häufig Konflikte zwischen vornehmen und weniger beliebten Tieren, an denen Gellert das typische Machtgefälle innerhalb einer hierarchisch gegliederten Gesellschaft durchspielt. So wähnt sich das Pferd der kleinen Mücke sozial überlegen, doch bricht sich „der stolze Gaul" vor Schreck ein Bein, nachdem er hinterrücks gestochen wurde. Auf diese Erzählung folgt eine erste moralische Nutzanwendung, das sogenannte Epimythion, das bei Gellert zunächst politisch motiviert scheint: „Auf sich den Haß der Niedern laden, / Dieß stürzet oft den größten Mann." Dieser Ermahnung der Bessergestellten lässt Gellert ein weiteres Epimythion folgen, das an den Langmut im bürgerlichen Alltagsleben appelliert: „Wer dir als Freund nicht nützen kann, / Kann allemal als Feind dir schaden."[5] Der Einsatz dieser zweiten Nutzanwendung nimmt die Sozialkritik in Gellerts Fabeln wieder zurück. Da es meist der protestantischen Pflichtethik entlehnt ist, bleibt dieses Epimythion allgemeinverbindlicher und lässt sich allen Gesellschaftsschichten anraten. In seiner Habilitationsschrift über die Theorie und Geschichte der Fabel rechtfertigt Gellert diese Doppelstrategie mit dem Argument, der moralische Nutzen aufgeklärter Kurzprosa sei höher zu veranschlagen als das politische Räsonnement. Dieser versöhnliche Tenor hat Gellerts Fabeln in Europa berühmt gemacht.

Lessing

Lessings Theorie der Fabel erscheint 1759 zusammen mit neunzig Fabeln unter dem Titel *Gotthold Ephraim Lessings Fabeln. Drei Bücher. Nebst Abhandlungen mit dieser Dichtungsart verwandten Inhalts*. Unter Berufung auf Äsop grenzt sich Lessing von den versifizierten und ausgeschmückten Fabeln eines Gellert oder Hagedorn ebenso ab wie von der Fabeltradition La Fontaines. Folgt man seinen Worten, rühren die genannten Dichter bloß den Leser und verfehlen daher ihren eigentlichen Zweck: „Der Fabuliste hingegen hat mit unsern Leidenschaften nichts zu tun, sondern allein mit unserer Erkenntnis. Er will uns von irgend einer einzeln moralischen Wahrheit lebendig überzeugen."[6] Aus dieser Anspruchshaltung folgert für Lessing, eine aufgeklärte Fabel sollte in der Diktion überschaubar sein und mit *„allgemeinen* Subjekten" als Handlungsträgern aufwarten.[7] Insofern müsse sich der Fabeldichter nicht umständlich mit der Einführung komplexer Charaktere oder dem Ausmalen der eigentlichen Handlung aufhalten. Auch ohne solche Stilübungen wisse der Leser, welche Wesensmerkmale ein Fuchs oder Esel in der Fabel verkörpert.

Anschauende Erkenntnis

Ausführlich befasst sich Lessing mit dem skeptischen Einwand, Fabeln spielten in einer irrationalen Welt. Da er „dem Individuo"[8] grundsätzlich einräumt, zwischen Wirklichkeit und Fiktion unterscheiden zu können, besteht Lessings Worten zufolge keine Gefahr, dass sich die lesende Mehrheit „auf dem Wege zur Wahrheit" verirrt. Trotz dieser Zugeständnisse warnt Lessing den Fabeldichter jedoch, sich auf intellektuell anspruchsvollere Inhalte einzulassen. So sollte ein „allgemeiner moralischer Satz" nicht *„versteckt oder verkleidet"*, sondern so prägnant formuliert werden, dass man die intendierte Belehrung „ganz anschauend darin erkenne."[9] Lessing rechtfertigt diese „Klarheit" der didaktischen Nutzanwendung mit dem Urteilsvermögen einfacher Leser. Während der „Weltweise[]“ auf abstraktem Niveau reflektiere, verfüge ein weniger gebildeter Rezipient nur über eine „anschauende Erkenntnis“.[10] Deren „Lebhaftigkeit“ sei im Zusammenspiel mit heftigen Seelenregungen kaum in der Lage, aus dem „Besondere[n]“ der Fabelhandlung einen „allgemeinen symbolischen Schlusse“ zu ziehen. Mit Rücksicht auf diese überschaubare Erkenntnisform sollte der Autor eine induktive Vorgehensweise wählen. Statt die Leser also direkt mit der „Sittenlehre“ zu konfrontieren, erzähle man ihm zunächst eine anmutige Geschichte. Ein abschließender Merksatz führe den Rezipienten dann vor Augen, dass es sich bei der eigentlichen Fabel um ein kleines „Exempel“ oder Anwendungsbeispiel für eine bestimmte Verhaltensmaxime handelt.[11] Gelingt es dem Leser, solch einen Gedankenschritt mitzuvollziehen, dann hat der Fabeldichter nach Lessing die anschauende Erkenntnis zu einer gewissen Abstraktionsleistung angeleitet. In „Ansehung“ dieser „Überzeugungskraft“ definiert Lessing die Fabel als schrittweise Heranführung der unteren Gesellschaftsschichten an die Vernunftlehren der Aufklärung:

> *Wenn wir einen allgemeinen moralischen Satz auf einen besonderen Fall zurückführen, diesem besonderen Falle die Wirklichkeit erteilen, und eine Geschichte daraus dichten, in welcher man den allgemeinen Satz anschauend erkennt: so heißt diese Erdichtung eine Fabel.* [...] Den Nutzen, den ich itzt nicht mehr berühren als umständlich erläutern will, würde man den *heuristischen* Nutzen der Fabeln nennen können.[12]

Lessings Ausführungen zur literarischen Bildung einfacher Leser decken sich im Grunde bis heute mit den Aufgaben der Fabel im Schulunterricht: Weil sie nur „kleine[s] Wissen“ voraussetzt, wird sie als „Samen der Moral“ verwendet, aus dem sich dann die „weitläuftige Kenntnis“ der Sittenlehre entwickeln kann.[13] Wie Lessing ergänzt, können Fabeln die jugendlichen Leser aber auch an die anspruchsvollere Dichtung heranführen. Wie sich diese Geschmacksbildung realisieren lässt, demonstriert Lessing in seinen eigenen Fabeln: Bisweilen sind es witzige oder geistvolle Dialoge, die den Handlungsträgern zunächst einmal nicht zugetraut werden. Ferner variiert er die Typisierung bekannter Fabelfiguren, oder Lessing weicht von der vertrauten Gestaltung eines moralischen Konflikts ab. Mit Hilfe solcher Adaptionen will er die ästhetische Aufmerksamkeit in gleichem Maße wecken wie das literarische Interesse am Vergleich unterschiedlicher Fabelbearbeitungen. Dass sich die Kunst dabei selbst zu persiflieren vermag, veranschaulicht Lessing in *Der Besitzer des Bogens*.

Neben Lessing gehören Hagedorn, Gellert und Gleim zu den produktivsten Fabulisten des mittleren 18. Jahrhunderts, ferner Magnus Gottfried Lichtwer und Johann Adolf Schlegel. In Übersetzung verbreitet sind auch die Fabeln Antoine Houdar de la Mottes und Jean de La Fontaines. Sie alle favorisieren eine gewisse Behaglichkeit im Bürgerlichen und versteigen sich allenfalls zu feiner Selbstironie. Nur wenige machtkritische Arbeiten wie Lessings *Die Esel* (1756) lassen demgegenüber erkennen, dass sich Fabeln der Aufklärung nicht durchgängig auf die Anleitung zu bürgerlicher Tugendhaftigkeit bescheiden.

Politische und satirische Fabeln

In der Fabeldichtung der Spätaufklärung lässt sich eine aggressivere Politisierung beobachten. So setzen jakobinische Dichter nach 1789 auf das Anschauungspotential der Gattung, um die Bevölkerung über die Hintergründe und Auswirkungen der Französischen Revolution aufzuklären. Schlaue und umtriebige Tiere wie der Fuchs oder die Mücke treten jetzt als Sansculotten auf, die sich mit Mut und List ihrer alten Herrschaft zu entledigen wissen. Um ihnen einen volkstümlichen Charakter zu verleihen, bedienen sich politische Fabulisten wie Christian August Fischer, Matthias Claudius und Friedrich Christian Laukhard auch des Dialekts. Zu den radikalsten Kritikern der älteren Fabeltheorie gehört Gottlieb Konrad Pfeffel. Entschieden lehnt er die Forderung Lessings ab, politische Themen in der Fabel nur anzudeuten. Überhaupt erscheint ihm die bürgerliche Moralisierung der Unterschichten vermessen, was Pfeffel mit dem Argument begründet, die literarisch geschönte Welt der sozial vernachlässigten Stände beschwichtige bloß die Ängste der Gebildeten. Pfeffels politische Fabeln erscheinen erstmals 1761 in der Sammlung *Poetische Versuche*, die dann bis zur dritten Auflage 1789 fortlaufend ergänzt wird. In ihnen verspottet er die bürgerliche Moralphilosophie mit den Worten, sie habe zwar den ein oder anderen sittlichen „Irrtum“ benennen können: „Allein die Laster sind geblieben.“ Wie sich diese Weltfremdheit der „*Gelehrte*[*n*] Bürger“ aus der Sicht des vierten Standes hintertreiben lässt, demonstriert Pfeffel etwa in seiner Fabel *Der kranke Löwe* (entstanden 1773).[14]

Versepos und Epyllion 2.

Als Versepos wird im 18. Jahrhundert ein Heldengedicht bezeichnet, das „in feyerliche[m] Ton“ die „großen Begebenheiten“ eines „großen Menschen“ behandelt.[15] Diese „Epopöe“ ist nach Auskunft des Kapitels *Heldengedicht* in Sulzers *Allgemeiner Theorie der schönen Künste* das „wichtigste und höchste Werk der schönen Künste".[16] Bedeutende Vorbilder sind Homers *Odyssee* und *Ilias*. Im Verlauf des 18. Jahrhunderts erweitert sich der Gattungsbegriff, als komische Antihelden aus dem Bürgertum die Stelle aristokratischer Heroen einnehmen. Analog zu zahlreichen anderen Gattungen entwickeln sich darüber hinaus empfindsame und satirische Versepen, die Probleme einer privaten Gefühlskultur oder politische Missstände aufdecken.

Nationale Wirkung

Traditionell, darin sind sich Dichter und Literaturtheoretiker der Früh- und Hochaufklärung einig, fördern Versepen eine wertkonservative Haltung des Publikums. Zur Begründung wird auf die Nähe der Gattung zum feudalständischen Machtsystem verwiesen. Angesichts des deutschen Staatenkonglomerats wird jedoch über die Frage gestritten, ob das Versepos ein historisch gewachsenes Vaterlandsbewusstsein voraussetzt oder ob es die Entwicklung einer nationalen Gesinnung auch unter politisch schwierigen Verhältnissen befördern kann. Zu beiden Aspekten nimmt Sulzer ausführlich Stellung und erklärt sich den kulturprägenden Charakter der Gattung aus dem Brauch, Versepen über Generationen hinweg bei „öffentliche[n] Feyerlichkeiten" vorzutragen und damit eine mythische Kosmologie weiterzuvererben, die Göttern und Menschen ihren unverrückbaren Platz im Leben anweist.[17] Auch die aus antiken Versepen bekannten Schilderungen landeseigener Sitten und handwerklicher Kunstfertigkeiten überliefern nach Sulzer die „Sinnesart" einer Kultur und erlauben es den Rezipienten somit, die „Handlungen und Thaten" ihrer Vorfahren „ganz in der Nähe [zu] sehen".[18] Kommt Sulzer indes auf die deutschen Versepen zu sprechen, vermisst er solch eine ‚patriotische' Überlieferung. Entsprechend kritisch äußert sich der Philosoph über die konsolidierende Wirkung heimischer Heldengedichte. Wie den weiteren Ausführungen zu entnehmen ist, stehe der zeitgenössische Versepiker überdies vor dem Problem, dass eine von Gott eingesetzte Herrschaftsordnung das aufgeklärte Publikum nicht mehr überzeugt.

Trotz dieser Vorbehalte erfreut sich das Versepos des 18. Jahrhunderts einiger Beliebtheit. Internationale Vorbilder sind Torquato Tassos *La Gerusalemme liberata* (1574), Edmund Spensers *Faerie Queene* (1590) sowie John Miltons *Paradise Lost* (1667): drei berühmte Versepen der europäischen Literaturgeschichte, die im Ruf stehen, in Italien und Großbritannien nachhaltig zur nationalen Identitätsfindung beigetragen zu haben. Zu den hierzulande viel gelesenen Versepen gehören Daniel Wilhelm Trillers *Der sächsische Prinzenraub* (1743), Franz von Seybs *Theresias* (1746),

Otto von Schönaichs *Hermann oder das befreyte Deutschland* (1751), Bodmers *Colobomba* (1758), Wielands *Hermann* (1751) und *Cyrus* (1758) oder Daniel Jenischs *Borussias* (1794). Was die genannten Autoren weltanschaulich verbindet, ist das Bedürfnis nach politischer und kultureller Einigung des Landes. Das bis heute bekannteste Versepos der Aufklärung ist Klopstocks *Messias*. Der Untertitel *Ein Heldengedicht* bemüht die Gattungstradition und weist auf die heroische Episierung des christlichen Passionsgeschehens voraus.

Klopstocks *Messias*

Die ersten drei Gesänge des *Messias* erscheinen 1748, vollständig liegt das Versepos dann 1772 vor. Unter dem Einfluss der Empfindsamkeit und einer pietistischen Frömmigkeit schildert der Erzähler die neutestamentliche Heilsgeschichte in ihrer globalen Bedeutung. Gleichzeitig wird Christus mit Hilfe eines kämpferischen Vokabulars charakterisiert:

> Sing, unsterbliche Seele, der sündigen Menschen Erlösung,
> Die der Messias auf Erden in seiner Menschheit vollendet
> Und durch die er Adams Geschlechte die Liebe der Gottheit
> Leidend, getödtet, und verherrlichet, wieder erhöht hat.
> Also geschah des Ewigen Wille. Vergebens erhub sich
> Satan wider den göttlichen Sohn; [...]
> er thats und vollbrachte die große Versöhnung.[19]

Im Anschluss an diese Eingangsverse führt sich der Erzähler als ‚heiliger Sänger' ein. Respektvoll, aber nicht ohne dichterisches Selbstbewusstsein wendet er sich mit der Frage an Gott, ob das menschliche Kunstverständnis der Darstellung des christlichen Heilsgeschehens angemessen sei. Die darauf folgenden Verse sind an die Leser des *Messias* adressiert, um ihnen das Anliegen der folgenden zwanzig Gesänge vorzustellen. Darüber hinaus wird dem „herzliche[n] Freunde des liebenswürdigen Mittlers" nahegelegt, sich ein Beispiel an den Jüngern zu nehmen, aus deren seelenbewegter Perspektive das Leiden Jesu und seine Auferstehung erzählt werden.[20] Gleiches gilt für die Wundergeschichten der Evangelien. Werden sie dort recht kurz beschrieben, so verwendet Klopstock für die psychologische Charakterisierung der Geheilten und Erlösten empfindsame Dialoge und ergänzt sie um feierliche Danklieder. Auch der formale Aufbau des *Messias* unterstreicht die gemeinschaftsbildenden Kräfte des christlichen Bekenntnisses und verleiht dem Versepos streckenweise den Charakter spiritueller Erbauungsliteratur. Auf predigtähnliche Erzählerberichte folgen hymnische Lob- und Gemeindegesänge, in denen die Auferstehung als ein Himmel und Hölle bewegendes

Ereignis gefeiert wird. Dass der Glaube auch exklusive Züge annehmen kann, verdeutlichen die letzten Gesänge des *Messias*. In ihnen mahnt ein Sündenregister irdische Demut an, während Religionsverächtern das göttliche Strafgericht ausgemalt wird.

Das Wechselspiel von heroisierendem Christuslob und ekstatischer Religiosität löst bereits unter zeitgenössischen Lesern ambivalente Reaktionen aus. Ist man sich hinsichtlich der sprachschöpferischen Leistungen Klopstocks einig, so steht den christlichen Glaubenszirkeln, in denen der *Messias* verehrt wird, das berühmte Spottgedicht Lessings gegenüber: „Wer wird nicht einen *Klopstock* loben? / Doch wird ihn jeder lesen? – Nein. / Wir wollen weniger erhoben, / Und fleißiger gelesen sein".[21]

Patriarchaden

Im Gefolge des *Messias* entstehen in den nächsten Jahrzehnten zahlreiche Versepen, in denen die alttestamentarischen Erzväter als Stifter einer empfindsamen Familiarität gepriesen werden. Auch die Abfolge von Erzählerberichten und Liedern lässt in den meisten dieser Patriarchaden den Einfluss Klopstocks erkennen. Die Stelle der messianischen Lobeshymnen nehmen idyllische Naturbeschreibungen ein, in denen sich die Rührung angesichts einer göttlichen Schöpfung mitteilt. Von Bodmer stammen acht biblische Epen, darunter *Noah, ein Heldengedicht* (1750) und *Jacob und Rachel* (1752). Johann David Michaelis veröffentlicht 1753 die Patriarchade *Moses*, und Johann Kaspar Lavater verfasst mit *Joseph von Arimathia* (1794) ein neutestamentliches Versepos. Eine Sonderstellung unter den Patriarchaden nimmt Salomon Gessners *Der Tod Abels* (1758) ein. Angelegt wie ein antikes Schäferidyll, wird die befriedete Welt einer urväterlichen Hirtengemeinschaft geschildert. Erst der Brudermord gefährdet das private Familienglück.

Das komische Versepos

Tradiert das Versepos auch im 18. Jahrhundert die politischen und sozialen Privilegien auserwählter Heroen, so erfreuen sich komische Genrevariationen wie Zachariäs *Der Renommist* (1744) seit den vierziger Jahren wachsender Beliebtheit. In ihm verlacht sich das Bürgertum, wenn tolldreiste Studenten als aristokratische Schlachtenlenker auftreten oder erotisch frustrierte Landpfarrer jungen Damen nachstellen. Solch „Spielwerk" nimmt nicht nur den heiligen Ernst des klassischen Versepos aufs Korn, sondern verspottet auch das Regelhafte eines erhabenen Kunstgeschmacks. Entsprechend skeptisch reagiert die Literaturtheorie auf das „scherzhafte[] Heldengedicht". Zwar kommt Gottsched nicht umhin, auf antike Vorläufer hinzuweisen. Immerhin soll bereits Homer in seiner *Batrachomyomachia* (Froschmäusekrieg) die *Odyssee* und *Ilias* persifliert haben. Sich über „ordentliche menschliche

Kräfte“ lustig zu machen, widerstrebt dem Leipziger Regelpoeten aber dennoch.[22] Allenfalls will er das komische Versepos als Schreibübung für eine moralisch gediegenere Heldendichtung gelten lassen. Ähnlich kritisch äußert sich Johann Jakob Dusch in seiner Abhandlung *Von der komischen Heldenpoesie* (1758). Weshalb das Genre nicht den intellektuellen Ansprüchen genügt, die man beispielsweise an Spott- und Hetzschriften stellen sollte, begründet Dusch mit den vornehm zurückhaltenden „Sitten des Verfassers“. Eher unentschlossen wähle er „solche Handlungen, worüber man wohl scherzen kann, die aber keine Satyre verdienen“. Demgemäß wende sich das komische Versepos bloß an „einen feinen Witz, der beständig ermuntert und gefällt, und niemals beleidiget.“[23]

Epyllion

Gattungsästhetisch ist das Epyllion mit dem komischen Heldenepos verwandt. Da es seit der Antike den erotischen Eskapismus der Götter und die Abenteuerfahrten ihrer Menschenkinder parodiert, wird es als ironischer Gegenentwurf zu den epischen Großformen geschätzt. Um die literarischen Anspielungen, formalen Regelverstöße oder sittlichen Tabubrüche verstehen zu können, setzt das spaßhafte Gedicht trotz seiner unterhaltlichen Sujets ein Publikum voraus, das mit den Figuren und formalästhetischen Besonderheiten des klassischen Epos vertraut ist. Internationale Vorbilder für die deutsche Epylliendichtung sind Alexander Tassonis *Der geraubte Eimer* (1611), Boileaus *Das Chorpult* (1673) und Alexander Popes *Der Lockenraub* (1712). Wie schon die Überschriften dieser Epyllien erkennen lassen, weicht das mythologische Geschehen eigentlich trivialen Begebenheiten, die eine alles andere als heroische Handlung in Gang setzen. Meist sind es Neckereien, die sie sich während einer Tanzveranstaltung oder Landpartie zutragen mögen. So wird einem Gelehrten beispielsweise das falsche Haarteil oder einer sittsamen Dame das Strumpfband entwendet. Duschs *Das Toppé* (1751), Uz’ *Sieg des Liebesgottes* (1753) oder *Das Schnupftuch* von Zachariä (1765) verweisen ebenfalls bereits im Titel auf die jeweils im Mittelpunkt stehende Intrige. Dass die Beraubten oder Düpierten eine Bagatelle zum öffentlichen Eklat stilisieren, markiert auch den ästhetischen Unterschied zum komischen Versepos. Während letzteres die repräsentative Selbstdarstellung des Bürgertums karikiert, überführt sich im Epyllion die ständische Tugendstrenge ihrer Lächerlichkeit. Wie das Beispiel von Thümmels *Wilhelmine* und Wielands *Oberon* zeigt, behauptet sich in der Literatur des 18. Jahrhunderts aber auch eine sehr viel ernsthaftere Epylliendichtung. Ausgangspunkt der Handlung sind zwar auch hier zunächst einmal eher erheiternde Alltagsereignisse. Da in den tragischen Epyllien aber wieder Adlige als Protagonisten auftreten, werden ihre ‚Heldentaten' aus der Perspektive jener Menschen betrachtet, die sich ‚heroischer' Willkür beugen müssen.

Wilhelmine

In seinem erfolgreichen Prosaepyllion *Wilhelmine oder der vermählte Pedant* (1764) befasst sich Moritz August von Thümmel mit den „Sitten der großen Welt".[24] Gemeint ist damit ein adliger Lifestyle, den Thümmel als Ausdruck eines zynischen Selbstverständnisses entlarvt. Denn im Vergleich mit den einfachen elbischen Bauern, in deren Idyll plötzlich mehrere Hofschranzen einbrechen, nehmen sich die ‚Scherze' und Frivolitäten der Adligen grausam aus. Angesiedelt ist die kleine Begebenheit im „zwei und sechzigste[n] blutge[n] Jahr des achtzehnten Jahrhunderts", also kurz vor Ende des Siebenjährigen Kriegs, unter dem vor allem die Landbevölkerung massiv leidet.[25] Im Mittelpunkt des Geschehens steht die Hochzeit des Geistlichen Sebaldus mit Wilhelmine, die ihr Heimatdorf als junge Frau verlassen und in der Residenzstadt viele Jahre als Kammerzofe des Hofmarschalls gearbeitet hatte. Ungestraft will dieser seine Bedienstete aber nicht ziehen lassen, und so stimmt der Hofmarschall ihrer Heirat nur unter der Bedingung zu, dass er und sein Gefolge den Hochzeitsfeierlichkeiten beiwohnen dürfen. Für den Pfarrer zieht diese Order schon im Vorfeld eine Reihe unangenehmer Pflichten nach sich. So muss er sich eines Nachts zum Schloss bemühen, um dem Hofmarschall die Einladung persönlich zu überbringen. Da er auf dem Weg dorthin überfallen wird, verspotten die Höflinge gnadenlos sein erbärmliches Aussehen.

Was sich nach der Trauung abspielt, gleicht in Thümmels Epyllion einem dem Anlass und der Umgebung unangemessenen Schaulaufen aristokratischer Verdorbenheit. Als die Unterhaltung nur stockend in Gang kommt, lassen die Höflinge beispielsweise eine kulinarische Sensation nach der anderen auftragen, darunter Zuckergebäck, auf dem nackte Mädchenfiguren zu sehen sind. In Verlegenheit bringen den frisch vermählten Ehemann auch maßlos überteuerte Hochzeitsgeschenke, die ihm der Hofmarschall und seine Freunde überreichen. Weil Sebaldus nicht weiß, wie er sich gebührend bedanken soll, quittieren die adligen Gäste seine untertänigen Gesten mit einem „satyrischen Lächeln".[26]

Vordergründig richtet sich die aristokratische Machtdemonstration an Wilhelmine. Ihr soll der verschwenderische Luxus vor Augen führen, auf welche soziale Deklassierung sie sich mit der Heirat des Landpfarrers eingelassen hat. Blamieren will man aber auch eine Landbevölkerung, die ohnmächtig das herrschaftliche

Treiben über sich ergehen lassen muss. Unter diesen Vorzeichen ist übrigens auch der Doppeltitel des Epyllions zu lesen, denn als Pedant erscheint der verheiratete Sebaldus nur aus Sicht eines Adels, der seinen Untertanen ständig Gunstbeweise abverlangt, über ihre moralische Integrität aber gleichzeitig lacht.[27] Dieses politische Konfliktpotential des Epyllions sorgt seinerzeit für Aufsehen, zumal Thümmel die Arroganz und Perfidie der adligen ‚Helden' scharf herausarbeitet. Im dreizehnten Buch von *Dichtung und Wahrheit* erinnert sich Goethe, ohne „die eigene Klasse" zu schonen, habe sich der Dichter in *Wilhelmine oder der vermählte Pedant* „so angenehm als kühn" mit „Hof und Adel" auseinandergesetzt und dafür „großen Beifall" im bürgerlichen Publikum erworben.[28]

Satire 3.

In den Moralischen Wochenschriften und Literaturzeitschriften des 18. Jahrhunderts erscheinen zahlreiche Prosasatiren, die den Anspruch erheben, „mit Lachen die Wahrheit zu sagen".[29] Als angewandte Vernunftlehre sollen sie sittliche Mängel des Alltagslebens aufdecken und das Publikum zu einer klugen Lebensführung anleiten. Dieses Aufgabenspektrum erweitert sich im Verlauf der Hoch- und Spätaufklärung, gleichzeitig wächst das literarische Ansehen der Autoren. Würdigt Gottsched den Satiriker noch als „Moralisten", der „alle Ungereimtheiten in den Wissenschaften, freyen Künsten, Schriften, Gewohnheiten und Verrichtungen der Menschen"[30] verspottet, so sieht Sulzer in ihm bereits einen „Künstler", der nicht nur öffentliche „Übel" als „Abweichung von Vernunft" und „Tugend" rügt, sondern mit seinen Prosasatiren eines der „wichtigsten Werke des Geschmaks" beisteuert.[31]

Scherzhafte und strafende Satiren

In Anlehnung an die Antike wird in der Satiretheorie des 18. Jahrhunderts zwischen der ‚lachenden' (Horaz) und der ‚strafenden' Satire (Juvenal) unterschieden. Da beide auf das Lachen des Publikums bauen, erschließen sich ihre Unterschiede erst über den Grad an Konkretheit, mit dem menschliche Verkehrtheiten entlarvt werden. Während sich die lachende Satire allgemeinmenschlichen Schwächen zuwendet, die sich zu allen Zeiten finden, setzt sich die strafende Satire mit aktuellen Gesellschaftskonflikten auseinander. Wirkungsästhetisch gilt indes für beide, was Rabener in seinem *Sendschreiben* fordert: Statt sich nur auf das Verspotten verschiedener Verhaltensdefizite zu beschränken,

Abb. 16 Als ‚Comic History Painter' gehört William Hogarth zu den ersten satirischen Künstlern des 18. Jahrhunderts. Der Kupferstich *Gin Lane* (1751) geißelt die Zustände seiner Zeit.

sollten die lachende und die strafende Satire beim Leser stets auch die Wachsamkeit für das eigene öffentliche Betragen schulen.

Rabener rechtfertigt seine Ausführungen mit einer in Anklängen materialistischen Argumentation. So anerkennt er die Abhängigkeit menschlichen Verhaltens von einer schichtenspezifischen Sozialisation und den gesamtgesellschaftlichen Daseinsbedingungen. Ebenso sind Rabener die identitären Konflikte zwischen Außenprägung und individueller Lebensführung vertraut. Übertragen auf das Lachen, habe der Satiredichter demgemäß zu unterscheiden, ob er die komischen Folgen moralischer Nachlässigkeiten bloßstellt oder Verhaltensweisen attackiert, für die der Einzelne eigentlich nicht zur Verantwortung gezogen werden kann. In der Konsequenz dieser Überlegungen stehe der Satiriker in der Pflicht, sich stets auch die historische Bedingtheit seines moralischen Urteilsmaßstabs zu vergegenwärtigen.

Verssatiren

Vorläufer der im Folgenden vorzustellenden Prosasatiren sind die Vers- oder auch Typensatiren der Frühaufklärung. Formalästhetisch orientieren sie sich noch an barocken Vorläufern, setzen aber als Wertmaßstab des Verlachens bereits die Vernunft- und Sittenlehre der Aufklärungskultur voraus. Die Themenvielfalt der frühaufklärerischen Verssatiren lässt sich Friedrich Rudolph Ludwig von Canitz' *Neben-Stunden Unterschiedener Gedichte* (1700) entnehmen. In dieser Sammlung beschäftigt sich der Autor mit verschiedenen Spielarten höfischer Repräsentationskunst. Daneben finden sich Verssatiren, in denen Canitz die öffentliche Rolle der Poeten hinterfragt.[32] Über ihre „Papageyen-Art" heißt es beispielsweise, allzumal die bürgerlichen Dichter arrangierten sich zu unbedarft mit der „Tyranney des Wahnes" aufseiten ihrer adligen Mäzene.[33] An die Freiheitsforderungen dieser frühaufgeklärten Verssatiren knüpft Albrecht von Haller in *Verdorbene Sitten* (1731) und *Der Mann nach der Welt* (1733) an. Aus der Perspektive des Schweizer Republikaners ist es jener „Frost der Unempfindlichkeit", welcher „die Herzen unsrer Zeit" und das Engagement der Bürger für „Recht und Klugheit" lähmt.[34]

Gelehrtensatire

Aus der Institutionensatire des 17. Jahrhunderts entwickelt sich die *Gelehrtensatire*, in der man die Zustände des akademischen Lehr- und Forschungsbetriebs mit dem Anspruch hinterfragt, die maßgeblichen Verfechter aufgeklärten Denkens an ihre gesellschaftliche Verantwortung zu erinnern. Da zahlreiche Gelehrtensatiren des 18. Jahrhunderts aus der Feder prominenter Wissenschaftler stammen, fehlt auch nicht die kritische Sichtung verschiedener Forschungsansätze oder die Infragestellung akademischer Paradigmen. So beschäftigt sich Lichtenberg in seinem

Fragment von Schwänzen (1783) so anspielungsreich wie anzüglich mit der damals populären Physiognomik:

> Herrn Lavaters große Physiognomie veranlasste zwischen zweyen Freunden Spott. Der eine moquirte sich über die Silhouette des Hofnungsvollen Jünglings – den Herr Lavater zum Genie vom ersten Range erhob – und da ihm eben ein junges Schwein begegnete, so fiel ihm ein, daß sich über die hofnungsvollen Schweinsjünglinge wohl was Physiogomisches sagen ließe. Dieser hingeworfene Gedanke fachte den Witz des Verfassers sogleich an, diese Aufsätze zu machen.[35]

Der solchermaßen verspottete Johann Caspar Lavater hatte in seinen *Physiognomischen Fragmenten* (1775ff.) den Versuch unternommen, aus den Gesichtszügen eines Menschen dessen seelische Verfassung herauszulesen. Als einer seiner schärfsten Kritiker parodiert Lichtenberg die von Lavater entwickelte Methode, indem er verschiedene Schweineschwanzformen zu katalogisieren vorgibt und aus dieser Typologie dann auf die jeweilige Moralität der Tiere schließt. Zotige Assoziationen aufseiten der Leser werden dabei billigend in Kauf genommen.

Liscows Personalsatiren

Obwohl das Gros der Dichter die Personalsatire eher skeptisch bewertet, erfreut sich das Genre im 18. Jahrhundert großer Beliebtheit beim Publikum. Als stilbildend gelten Jonathan Swifts aggressive Prosasatiren, in denen auch schon einmal der Tod unliebsamer Zeitgenossen verkündet oder mit genauer Datumsangabe vorhergesagt wird. Ziel solcher Invektiven ist es, ein zu naives Vertrauen in die Richtigkeit der persönlichen Lebensführung anzuprangern. Anmaßung oder Unbedarftheit begünstigen nach Swift nämlich die Häme und Gewaltbereitschaft unter Menschen. Ähnlich Überlegungen veranlassen Christian Ludwig Liscows Fehde mit dem Hallenser Rhetorikprofessor Philippi. Gegen dessen berufliche Karriere, die sich dem ein oder anderen Herrscherlob in Gedichtform verdankt haben soll, reitet Liscow mehrere scharfe Attacken, in deren Mittelpunkt die akademische Gefallsucht steht. Eröffnet wird die Auseinandersetzung mit der Schrift *Briontes der Jüngere, oder Lobrede auf den Hochedelgebohrenen und Hochgelahrten Herrn D. Johann Ernst Philippi* (1732). Da Philippi glaubt, sich gegen die hier erhobenen Anschuldigungen wehren zu müssen, schließen sich in den nächsten Jahren verschiedene Streitschriften an, mit denen Liscow den Professor zu zwingen versucht, seine intellektuelle Unterlegenheit öffentlich unter Beweis zu stellen. Den Höhepunkt der Fehde markiert die Personalsatire *Eines berühmten Medici glaubwürdiger Bericht von dem Zustande, in welchem er den (S. T.) Hrn. Prof. Philippi den 20ten Junii 1734 angetroffen.* Anlass für dieses ärztliche Bulletin ist eine Wirtshausschlägerei, in die Philippi 1734 tatsächlich verwickelt war. Liscow nimmt diese Peinlichkeit zum Anlass, um in die Rolle des behandelnden Arztes zu schlüpfen, der das Publikum über die Folgen der Prügelei und die letzten Stunden im Leben des Professors unterrichtet. Den Tod vor Augen, soll Philippi seine beruflichen Erfolge ebenso bereut haben wie die Ignoranz einem fortschrittlichen Denken gegenüber:

> wer weiß, ob mir meine ungereimte Begierde, von allen Dingen ohne Nachdenken zu plaudern, nicht das Leben kosten wird? [...] Wenn sie meine *sechs deutschen Reden* gelesen haben: so werden sie wissen, was ich für ein poßirlicher Redner gewesen; und wenn sie sich nur meines *Heldengedichts* auf den König von Polen erinnern: so werden sie mir gestehen, daß ich den Namen eines unerträglichen Reimers mit Recht verdiene [...]; allein ich war viel zu wohl mit mir selbst zufrieden, und gebehrdete mich so trotzig, als wenn ich einer der geschicktesten Scribenten meiner Zeit gewesen wäre.[36]

Beichtet Philippi schließlich noch seine „entsetzliche[] Verrückung und Erschütterung des Gehirnes", so soll dieses Geständnis zwischen den Zeilen auch die Schärfe vorliegender Stachelschrift rechtfertigen.[37] Liscow jedenfalls will keinen Zweifel daran aufkommen lassen, dass verstockten Zeitgenossen wie dem Hallenser Professor nur mit drakonischer Strenge beizukommen ist. Warum die Personalsatire selbst im Falle tüchtiger Schmähungen zur Verbesserung der Sitten beiträgt, wird mit einer unmissverständlichen Drohung begründet:

> Ein stumpfer Prügel muß dasjenige möglich machen, woran bishero so viele spitzige Federn umsonst gearbeitet haben [...]. Diese Züchtigung scheinet hart zu seyn. Aber ein harter Sinn kann auf keine andere Art gebrochen, und ein wunderlicher Kopf durch keine andere als wunderliche Mittel zu recht gebracht werden. [...] Glücklich ist indessen derjenige, der einer solchen Gnade nicht bedarf, sondern bey Zeiten in sich schläget, und sein Elend erkennet.[38]

Moralsatire

Rabeners theoretischen Empfehlungen folgend, beschäftigen sich die moralischen Satiren vorzugsweise mit Untugenden wie dem Geiz, einem unhöflichen Verhalten oder dem Versagen in der Kindererziehung. Der satirische Ton ist oft belehrend oder scherzend, denn insbesondere die Moralsatire soll den bürgerlichen Normenkonsens plausibilisieren. Für diese moderate Haltung spricht auch die Beschäftigung mit Menschen, deren Charakter grundsätzlich lobenswert ist, die sich aber situativ zu Unschicklichkeiten haben hinreißen lassen. Über solche verzeihlichen Schwächen zu spotten, rückt die Moralsatiren Rabeners und anderer in die Nähe von Popes *Moral Essays* (1731), die ebenfalls in die Vernunftfähigkeit des Einzelnen vertrauen und subjektive Nachlässigkeiten mit versöhnlicher Heiterkeit verzeihen.

In kritischer Distanz zur Empfindsamkeit wird dieser Konsensualismus bald jedoch selbst schon Gegenstand moralischer Satiren. Beispielhaft lässt sich diese Infragestellung des Zärtlichkeitskults an Johann Friedrich Löwens *Geschichte eines Tugendhaften* aufzeigen, die 1760 in der Sammlung *Satirische Versuche* erscheint. Erzählt wird die Lebensgeschichte des jungen Lycander, der „eigensinnig" auf seinem „innerliche[n] Gefühl" für das Gute im Menschen beharrt und bei Hofe prompt das Opfer von „List" und „Verläumdung" wird.[39] Diese Konstellation ist typisch für die empfindsamen Romane und Erzählungen Gellerts oder La Roches. In Löwens Moralsatire geht es allerdings weniger um die Bewährungsprobe ‚stoischer' Tugendhaftigkeit, vielmehr werden die Folgen einer Erziehung hinterfragt, in deren Verlauf Lycander den selbstkritischen Vernunftgebrauch verlernt. Übrig bleibt ein Bedürfnis nach der „Schönheit der Tugend", dem es an Klugheit mangelt. Von so viel Naivität distanziert sich der Erzähler, indem er sie als „Mode" oder „Grille von Gewissen" charakterisiert.[40] Höhnisch heißt es über Lycanders einfältigen Anstand, er führe nicht zum „Glück", sondern „bahnet" den „geraden Weg ins Hospital". Mit dieser Warnung wird der bürgerlichen Weltanschauung nicht ihr Daseinsrecht entzogen, wohl aber stellt Löwen einen moralischen „Unterricht" in Frage, der Mitleid und Tugendhaftigkeit mit standesbewusster Überheblichkeit verwechseln lässt.[41] Aus der Perspektive gruppeneigener Selbstbeschreibungen betrachtet, wird der Einzelne damit blind für die Menschen jenseits der eigenen Vernunftgrenze und die Komplexität gesellschaftlicher Konflikte. Mit den Worten des Erzählers gleicht Lycander einem Tugendhaften, der sich im Gutsein gefällt, dessen gedankenlose Moralität aber jenseits seiner Nahwelt anmaßend wirkt: „So viel man mit dem lächerlichen Vorsatz, durch seine Wissenschaften Gott und dem Nächsten zu dienen, lernen kann, hatte Lycander gelernt. Sein Vater [...] hinterließ ihm alles, was ein ehrliches Gewissen hinterlassen kann: Eine Million – Zufriedenheit."[42]

Erzählung 4.

In der Literaturtheorie der Früh- und Hochaufklärung spielt die Erzählung eine untergeordnete Rolle. Obwohl sich gerade kürzere Erzählformen für die literarische Unterweisung in Moralischen Wochenschriften empfehlen, tun sich Gottsched, Breitinger oder Johann Adolf Schlegel schwer, die Gattungsmerkmale genauer zu bestimmen. Dazu mag eine eher unscharfe Fachterminologie beigetragen haben, denn als Erzählung werden im 18. Jahrhundert sowohl Fabeln als auch Allegorien oder komische Versepen bezeichnet. Auch die Beobachtung, dass einige dieser Genres immer wieder Anleihen bei anderen literarischen Gattungen machen, dürfte das zunächst skeptische Urteil der Literaturtheoretiker erklären.

Erzähltheorie der Spätaufklärung

Ausführlichere Untersuchungen zur Poetik der Erzählung finden sich erst in Sulzers *Allgemeinen Theorie der schönen Künste* und in Johann Jakob Engels *Über Handlung, Gespräch und Erzählung* (1774). Beide Autoren widerlegen umfassend die früheren Einwände der Gattung gegenüber, und von Sulzer stammt die literaturwissenschaftlich lange tradierte Annahme, die Erzählung als „besondere Art des Gedichts" sei erst durch „die Neuern" in die Dichtkunst eingeführt worden.[43] Verifizieren lässt sich diese Behauptung zwar nicht, denn schon die Antike kennt verschiedene Formen kürzerer Prosa. Doch Sulzer argumentiert insgesamt widersprüchlich und begegnet der Formenvielfalt der Erzählung bei allem Lob auch misstrauisch. Gleichwohl ermuntert er die zeitgenössischen Dichter, sich intensiver an Erzählungen zu versuchen, denn deren „Kürze" erlaube es einem vielbeschäftigten Publikum, sich dennoch mit Literatur zu befassen.[44] Wie seine weiteren Ausführungen im Kapitel *Erzählung (Dichtkunst)* nahelegen, scheint sich damit der Vorwurf, eine Erzählung entwickle ihr Sujet nur unvollständig, überholt zu haben: „sie kann Handlungen und Thaten, Leidenschaften, herrschende und vorübergehende Empfindungen, ganze Charaktere, Begebenheiten, Glüks- und Gemüthsumstände schildern". Von Themen, die „dem sittlichen Leben der Menschen" schaden könnten, rät Sulzer ab, denn als Genre habe die Erzählung die *„canonische[n] Lehren"* der Moral zu verbreiten, weshalb insbesondere Liebesgeschichten zu meiden seien.[45]

Verserzählung 4.1

Zwischen Versepos und Verserzählung wird im 18. Jahrhundert anfangs noch nicht unterschieden. Da sich letztere aber zunehmend kritischer mit der bürgerlichen Mitleids- und Familienethik auseinandersetzt, etabliert sich nach 1750 eine eigene Gattungscharakteristik. Dazu bei tragen Wielands *Moralische Erzählungen* (1752) und *Komische Erzählungen* (1762ff.), ferner Wilhelm Heinses *Erzählungen für junge Damen und Dichter* (1775) oder Johann Joachim Eschenburgs *Poetische Erzählungen* (1788).

Ältere Verserzählungen

Den älteren Typus der Verserzählung verkörpert Friedrich von Hagedorns 1738 erscheinender *Versuch in poetischen Fabeln und Erzählungen*. Ohne strenges Ordnungprinzip vereint die Sammlung versifizierte Fabeln, Gedichte auf Wein und Liebe sowie einige kleinere Verserzählungen, in denen es um scheinbar harmlose Begebenheiten geht. Als Beispiel für diese episodischen Reimversdichtungen sei *Der Schwimmer* zitiert:

> Es wagte sich einst in den Rhein
> Ein Baccalaureus, der nie zuvor geschwommen.
> Vom Ufer mocht' er kaum fünf ganzer Schritte sein,
> So steckt' er schon im Schilf, fing zappelnd an zu schrein,
> Und ward, auf sein Geschrei, von Fischern aufgenommen.
> Die brachten ihn ans Land; der Dienst war ungemein.
> Er dankt dafür; und spricht: da schwimm' ein andrer hin!
> Ich will, das schwör' ich euch, nicht eh' ins Wasser kommen,
> Als bis ich ganz und gar im Schwimmen Meister bin.[46]

Ähnlich wie die anderen versifizierten Geschichten aus Hagedorns *Fabeln und Erzählungen* spart dieses Versepos belehrende Sentenzen aus. Ob sich der Leser die Frage beantwortet, wie der naseweise Baccalaureus sein Versprechen ohne weitere Wasserkontakte einlösen will, scheint ihm Hagedorn selbst zu überlassen. Im Vergleich mit den quantitativ dominierenden Fabeln und deren didaktischen Lehrsätzen nehmen sich die Verserzählungen insofern wie unverbindliche Intarsien aus, die zum Schmunzeln oder Nachdenken einladen. Erst Sulzer durchschaut ihre gespielte „Naivität“ und rechnet Hagedorn zu den ‚guten Dichtern‘ des in den 1730er Jahren noch recht jungen Genres.[47]

Idyllen

Etwas freier übersetzt, gleichen Idyllen kleinen Genrebildern (grch. Eidylliona) beschaulichen Inhalts. Nach dem Vorbild von Theokrits *Idyllen* und Vergils *Bucolica* steht der Begriff seit der Renaissance stellvertretend für kürzere Hirtengedichte, in denen das unschuldige Landleben verklärt wird. Bis ins 18. Jahrhundert hinein werden sie zunächst als Eklogen bezeichnet. Seit dem Erfolg von Salomon Gessners Gedichtzyklus hat sich jedoch die Genrebezeichnung ‚Idyllen‘ durchgesetzt. Als sie 1756 erscheinen, werden die *Idyllen* rasch in zahlreiche Sprachen übersetzt und verhelfen Gessner zu europäischem Ruhm. Dazu beigetragen haben dürfte der intellektuelle Anspruch, den diese nicht durchgängig versifizierten Szenen an das Publikum stellen. Nur vordergründig schildert Gessner nämlich die antike Vergangenheit anmutig und heiter. Wie schon seiner Vorrede *An den Leser* zu entnehmen ist, wird diese erbauliche Atmosphäre dann aber dialektisch gebrochen. So sollen die beschriebenen Landschaften „von stiller Ruhe und sanftem ungestörtem Glük" zwar wohltuend auf „ein stilles Gemüth" wirken.[48] Emphatisch setzt Gessner hinzu: „Oft reiss ich mich aus der Stadt los, und fliehe in einsame Gegenden, [...] ganz Empfindung über ihre Schönheit, bin ich dann glüklich wie ein Hirt im goldnen Weltalter und reicher als ein König."[49] Doch Gessners Idyllen legen ebenso offen, dass der „zugespizte Witz" und eine „verdorbne Einfalt der Sitten" längst jenen „höchsten Grad der Naivität", wie er noch in der Antike zu finden war, hinter sich gelassen haben.[50]

Der zerbrochene Krug

Wie Gessner in der Vorrede zu seinen *Idyllen* ergänzt, findet das Genre keinen Gefallen bei Lesern, die sich noch in einer „falsch-ekeln Galanterie" gefallen und jedes Gefühl für das „wahre Schöne" verloren haben. Mit diesen Worten wird die Idylle als moderne Verserzählung ausgewiesen, die nicht zuletzt auf die Privatisierung des Bürgertums reagiert. Das Beispiel des Fauns in der Ekloge *Der zerbrochene Krug* zeigt indes, dass solch ein Teilrückzug aus der Öffentlichkeit auch „einfältige Empfindungen" begünstigen kann. Wurde das Fabelwesen in der Antike nämlich noch als Gott der freien Natur verehrt, so muss sich der Faun in Gessners Idylle zunächst gefallen lassen, dass ihn mutwillige Hirten an einen Baum fesseln. Der Respekt, den er ehedem erwarten durfte, scheint sich also verflüchtigt zu haben. Entsprechend wehmütig betrachtet der Faun einen zerbrochenen Weinkrug zu seinen Füßen und stimmt ein Klagelied über jene mythischen Szenen an, die auf den Scherben zu sehen sind. Von diesen Rückblicken auf die eigene Machtvollkommenheit lassen sich die Hirten rasch zu Mitleid rühren, befreien den Faun und schwelgen schließlich mit ihm gemeinsam in Erinnerungen an eine Vergangenheit, die wohl nur aus göttlicher Perspektive als heiter und idyllisch wahrgenommen worden sein dürfte. In ihrem Ergriffensein scheint den Hirten dabei zu entgehen, wie unbedarft sie sich gerade wieder der alten Götterwelt unterstellen. Falsches Mitleid kann also zu politischer Ohnmacht führen, und der Verzicht auf öffentliche Präsenz stärkt gerade überwundene Machtinteressen.

4.2 Moralische Erzählungen

Mitte der 1750er Jahre werden in französischen Literaturzeitschriften wie dem *Mercure de France* kürzere Erzählungen abgedruckt, die nach dem Vorbild des Abbé de Voisenon den Zusatztitel *conte moral* tragen. Zu den erfolgreichsten Beiträgern gehört Jean François Marmontel, dessen moralische Erzählungen für den *Mercure* 1761 unter dem Titel *Contes moraux* auch in Buchform erscheinen. Obwohl sie nicht alle dem bürgerlichen Tugendkanon nahestehen, schildert Marmontel die zeitgenössischen Sitten des Mittelstandes detailgetreu und wirbt für Häuslichkeit, weibliche Erziehungsideale oder die Tugend der Sparsamkeit. Eine moralisch pointierte Schlussbetrachtung wendet sich meist an den Familienvater, den Marmontel in seinen moralischen Erzählungen zum Garanten einer heilen Privatwelt stilisiert. Darin der zeitgenössischen Genremalerei eines Jean-Baptiste Greuze oder dem Bürgerlichen Trauerspiel verwandt, appelliert Marmontel ebenfalls an die Mitleidsfähigkeit und moralische Verlässlichkeit der Väter, um sie vom „Kult der großen Männer" abzubringen.[51]

Wie beliebt dieses junge Genre in den nächsten Jahrzehnten auch hierzulande wird, dokumentieren zahlreiche Sammelbände, die sich im Titel entweder namentlich auf Marmontel beziehen oder die von ihm geprägte Gattungsbezeichnung übernehmen. 1757 erscheint Johann Gottlob Pfeils *Versuch in moralischem Erzählungen*, 1782 und 1784 veröffentlicht Sophie von La Roche ihre *Moralischen Erzählungen im Geschmacke Marmontels*, zwischen 1794 und 1802 folgen dann August Lafontaines *Moralische Erzählungen* in sechs Bänden. Im Fokus all dieser kürzeren Prosaerzählungen stehen einfühlsame Charakterporträts sowie das Bestreben, die seelischen Folgen moralischer Fehltritte oder öffentlicher Großmannssucht aufzuzeigen. Hilfe erfahren diese irregeleiteten Menschen von empfindsamen Protagonisten, die sich vertrauensvoll die Lebensbeichte gescheiterter Zeitgenossen anhören und ihnen vorurteilslos Möglichkeiten der Wiedereingliederung in eine harmonieerfüllte, zurückgezogene Familiarität in Aussicht stellen.

Die schöne Seele

Wichtige Impulse auf die moralische Erzählung gehen in Deutschland vom Darmstädter Kreis aus, einem literarischen Freundeszirkel um Johann Heinrich Merck, der Ende der 1760er Jahre gründet wird und dem auch Herder, Goethe, Klopstock, Wieland und Sophie von La Roche nahestehen. Pietistisch geprägt, beschäftigt sich diese Gesprächsrunde mit der Erziehung zur ‚schönen Seele'. Deren herausragendes Wesensmerkmal ist die Fähigkeit, Vernunft und Gefühl gleichermaßen auszubilden. Affekte und sittliche Ideale sollen dabei im Gleichgewicht stehen und das Subjekt in seiner ästhetischen und moralischen Autarkie bestätigen. Mit dieser Sensibilisierung für das Tugendhafte und die Anmut des eigenen Selbst wird das frühaufklärerische Ethos der Kalokagathie verinnerlicht und zugleich der Sphäre häuslicher Privatheit anvertraut. Statt andere soziale Schichten weiterhin von der bürgerlichen Moralität zu überzeugen, bemüht sich die schöne Seele jetzt, im Einklang mit ihrer Nahwelt zu leben. Aus diesem als natürlich ausgewiesenen Bedürfnis nach Harmonie erklärt sich auch die Bedeutung der Familie für die moralischen Erzählungen. Innerhalb ihrer Grenzen ist dieser Privatraum nicht länger nur Rekreationsort oder Ruhepol, vielmehr werden hier jene seelischen Defekte geheilt, an denen nun nicht mehr nur Frauen als Objekte männlicher Begierden, sondern immer häufiger auch Hausväter als Mittler zwischen Familie und Öffentlichkeit leiden.

„Patriarchengefühl“

Geradezu idealtypisch verkörpert der Protagonist in Mercks *Geschichte des Herrn Oheims* (1778) das Selbstverständnis der schönen Seele. Erfreute sich der Oheim als wohlhabender Aristokrat früher noch an den „Stadt-Herrlichkeiten“, so hat er inzwischen seine Ämter aufgegeben und sich „in das Schneckenhaus eines Landmanns zurückgezogen“.[52] Dieser Bruch mit einer „verfeinerten Lebensart“ verführte ihn allerdings nicht dazu, sich von allen „Principia“ zu trennen, darunter die Bereitschaft, sich von „Sachkundigen“ auf weniger vertrauten Wissensgebieten beraten zu lassen.[53] Sie waren es auch, die dem Oheim nach dem Umzug geraten hatten, das Brachland um seinen Hof aufzukaufen und mit Hilfe eines ausgeklügelten Kanalsystems fruchtbar zu machen. Reagierten die Bauern anfangs noch spöttisch auf das ‚tolle Projekt‘, so müssen sie inzwischen neidlos anerkennen, dass der Oheim über besonders ertragreiche Felder und Wiesen verfügt. Welcher moralische Nutzen sich an diesen Ausstieg aus der mondänen Welt knüpft, weiß der Familienvater exakt

Abb. 17 Daniel Nikolaus Chodowiecki: *Wiederhergestelltes Familienglück* (1798)

zu benennen: Inzwischen „ein ehrlicher Mann“ geworden, rührt er nicht mehr „die politische Trommel“, um „Einfluß auf Tausende“ zu gewinnen. Ohne seine „Existenz“ in „der Einförmigkeit“ zu führen, überzeugt er seine unmittelbare Umgebung jetzt vielmehr von technischem Fortschritt und den Vorzügen häuslicher Privatheit.[54] Seine neue Lebensmaxime fasst der Oheim in die Worte: „Ehedem lebte ich, wie sie's nennten, für den Staat, für die Welt, und ich glaube auch gar für die Nachwelt, jetzo lebe ich für meine Familie.“[55]

Der empfindsame Mann

Auf soviel „Patriarchengefühl“ und „freimüthige[] Güte“ reagiert der Erzähler als Gast des Oheims mit Rührung.[56] Umgehend beginnt sich seine moralische Tatkraft zu regen. Der entscheidende Impuls für diese Bekehrung geht in der *Geschichte des Herrn Oheims* vom ältesten Sohn der Familie aus. Soeben aus der Stadt zurückgekehrt, schildert er in drastischen Bildern, mit welcher „Kälte“ ihn die *„beau monde“* empfangen hatte. Als er sich weigerte, an den allabendlichen Feierlichkeiten und Bällen teilzunehmen, hätten ihn sogar die Verwandten wie „ein ganz unbrauchbares Subjectum“ behandelt.[57]

Sozialgeschichtlich referiert Merck mit seiner moralischen Erzählung auf ein „Unbehagen an Männlichkeit, das früheren Epochen gänzlich unbekannt war.“[58] Galten insbesondere Ehemänner bis dahin „als frei, tatkräftig und selbstbestimmt“[59], so wächst im letzten Drittel des 18. Jahrhunderts allmählich das Misstrauen in hergebrachte Privilegien. Stellvertretend sei auf den schottischen Philosophen William Alexander hingewiesen, der die bürgerlichen Gatten in der 1779 veröffentlichten *History of Woman* als potentielle Bestien vorstellt: „Der Mann, abgesondert von weiblicher Begleitung, ist nicht nur rau und unkultiviert, sondern ein gefährliches Tier für die Gesellschaft.“[60] Kritiker der männlichen Geschlechtertypologie sehen sich in dieser Einschätzung bestätigt, als in der zweiten Hälfte des 18. Jahrhunderts immer mehr Ehemänner und Väter am sozialen Erfolgszwang und den Folgen bürgerlicher Standesrepräsentation erkranken. Alsbald tragen Philosophen, Ärzte, Lehrer und Theologen den Frauen die Aufgabe an, ihre Männer sittlich zu erziehen – wohlgemerkt weit über deren Adoleszenzphase hinaus, denn was die bürgerlichen Denker insbesondere erschreckt, ist die Beobachtung, dass auch Gatten und Familienväter, die eigentlich als Kind zur Empfindsamkeit erzogen wurden, jederzeit unter dem Druck rationaler Zwänge und eines frühkapitalistischen Erfolgsstrebens verrohen können. Angesichts dieser Systemgefährdung wird die früher dem Mann vorbehaltene Konstanz im Sittlichen nun der Frau zugesprochen.

An diese Grundlegung der Familie als Gravitationszentrum, das virile Dominanz- und Aggressionsüberschüsse gleichsam ‚trockenlegt', knüpfen die Gespräche in Mercks moralischer Erzählung nach der Rückkehr des Sohnes aus der ‚sündigen' Stadt an. In deren Verlauf bestätigt sich, dass man im Haus des früheren Politikers wie in einem pietistischen Konventikel miteinander umgeht, also Sorgen gemeinschaftlich diskutiert und sich im Glauben an das Gute stärkt. Damit nun auch der Gast die Chance erhält, sich auf ein einfühlsam geschütztes Leben einzulassen, legt der Oheim aufmunternd eine Lebensbeichte ab. Reumütig gesteht er, seine „besten Jahre in undankbarer Arbeit" verschenkt zu haben: „Ich lebte nur für meinen Herrn, aber nicht für meine Familie. Es vergingen Wochen und Monate, wo ich weder Frau noch Kinder sah; oder wenn ich mich zu ihnen sammlete, so war's mit einem von Geschäften düstern Kopfe, und mit einem von fremden Sorgen und Angelegenheiten zerrißnem Herzen."[61] Seit er jedoch das Landleben mit Frau und Kindern genieße, sei ihm bewusst geworden, dass Egoismus und Leistungsbereitschaft die denkbar schlechtesten Voraussetzungen für ein harmonisches Zusammenleben sind. Mit diesem Bekenntnis betritt einer der ersten Männer die literarische Bühne, die freimütig über das Zerstörerische ihrer Geschlechterrolle berichten. Ein weiteres Lehrstück in positiver Selbstfindung liefert anschließend der Erzähler. Als die Ehefrau des Oheims fragt, warum er noch keine Familie gegründet habe, erklärt er ihr:

> Die Bemerkungen des Nachbars halten uns in so strenger Ordnung, als je einen Bedienten einer fürstlichen Residenz die Classe seines Amtes. Wer's anders macht als andre Leute, kommt nicht fort, macht sich ridicül, verliert seinen Credit. Klein und mäßig zu leben ist beinahe in den jetzigen Zeiten so gefährlich, als es bei unsern Vätern war Aufwand zu machen. Wer sich nur einen Artikel des bei uns geführten Luxus versagen wollte, kommt sogleich in Verdacht, daß es liebe Noth sei, und daß seine Umstände nicht die besten sein [...].[62]

Wie in der empfindsamen Literatur üblich, folgt solchen Geständnissen ein individueller Neuanfang in einem friedfertig umgrenzten Zirkel. Solch ein Happy End wird in *Die Geschichte des Herrn Oheims* allerdings nur in Andeutungen erzählt. Gleichwohl durchschaut der Gast jetzt, welche irrationalen gesellschaftlichen Zwänge auf unzureichend vorbereitete Männer einwirken. Vernunft und Pflichtbewusstsein allein helfen seinen Worten zufolge jedenfalls nicht, sich in einer desensibilisierenden Außenwelt zu behaupten.

4.3 Kriminalerzählungen

Eng verwandt mit den moralischen Erzählungen sind die Kriminalgeschichten des ausgehenden 18. Jahrhunderts. Im Zuge der künstlerischen Aufarbeitung psychischer Defekte führen sie Mörder oder Betrüger als Zeitgenossen ein, die nun nicht mehr als von Natur aus verdorbene oder von Gott verlassene Menschen gelten, sondern durch ihr soziales Umfeld oder seelische Konflikte in juristische Schwierigkeiten geraten. Literarische Vorläufer der Kriminalerzählung sind Daniel Defoes *Moll Flanders* (1722) und Henry Fieldings *Jonathan Wild* (1743). Beide Bücher beschäftigen sich mit der Frage, wie aus angesehenen Bürgern brutale Verbrecher werden. Fast zeitgleich veröffentlicht der französische Jurist François Gayot de Pitaval seine zwanzigbändigen *Causes célèbres et intéressantes* (1734ff.), eine Sammlung berühmter Kriminalfälle, in der umfassend die jeweiligen Tathergänge rekonstruiert und mit den Lebensumständen der Delinquenten in Beziehung gesetzt werden. Mit diesem Kompendium widerlegt Pitaval nicht nur die damals gängige juristische Praxis, Kriminalität als selbstverschuldetes Fehlverhalten zu betrachten. Mit den *Causes célèbres* wird zugleich eine europaweite Debatte um Schuldfähigkeit und gesellschaftliche Mitverantwortung angestoßen, die schließlich eine umfassende Reform der Rechtsprechung nach sich zieht. Wissenschaftliche Belege für eine zunehmend differenzierter aufgearbeitete Psychopathologie des Verbrechers liefert auch das von Karl Philipp Moritz herausgegebene *Magazin zur Erfahrungsseelenkunde* (1783ff.). In ihm äußern sich Lehrer, Pfarrer und Ärzte zu sozialen Auffälligkeiten, die gegebenenfalls zum Gesetzesbruch führen. Zusammen mit Pitavals *Causes célèbres* bietet das *Magazin* einen Fundus kriminalistischer Fallstudien, von denen sich zahlreiche Literaten anregen lassen.

Kriminalgeschichte

Was das im ausgehenden 18. Jahrhundert rasch populäre Genre von der älteren Schafottliteratur unterscheidet, ist der Verzicht auf „Extremtypen von Laster und Tugend".[63] Da sich der makellose Tugendmensch als eine ebenso unplausible Fiktion erwiesen hat wie der ‚monsterhafte' Täter, thematisiert die Kriminalgeschichte den Leidensdruck des Verbrechers vor und nach seiner Tat. Als Begründer des Genres gilt hierzulande August Gottlieb Meißner, der von 1778 an in seinen *Skizzen* einige Dutzend kriminalistischer Anekdoten, Kurzporträts und Mordgeschichten veröffentlicht. Wie der Vorrede zur dreizehnten und vierzehnten Sammlung zu entnehmen ist, will er diese Erzählungen als Appell an die Leser verstanden wissen, vorurteilslos „zwischen gesezlicher und moralischer Zurechnung" zu unterscheiden.[64] Am Beispiel der einzelnen Täter soll darüber hinaus auf den schwankenden Grund hingewiesen werden, auf welchem der aufgeklärte Glaube an das Gute im Menschen errichtet ist. Denn auch die bürgerlichen Gesetze sind nach Meißner historisch bedingt und insofern nicht unfehlbar.

Rhetorik der Wahrheit

Mit dem Pochen auf den moralischen Nutzen seiner Kriminalgeschichten verteidigt sich Meißner gegen den beispielsweise von Schiller erhobenen Vorwurf, das junge Genre bediene bloß das Sensationsbedürfnis des Publikums. Im Dienst der Aufklärung versteht er seine Erzählungen als Beitrag zur Liberalisierung eines Rechtsempfindens, das man in weiten Teilen der Bevölkerung oft nur auf Stammtischniveau diskutiert. Dem bald auch von Fachjuristen vorgetragenen Einwand, er habe „auffallende Gräslichkeiten" überbetont und rechtswissenschaftlich komplexe Sachverhalte zu oberflächlich abgehandelt, begegnet Meißner mit dem Argument, auch vor Gericht werde nicht immer zweifelsfrei zwischen Fiktionalität und Faktualität unterschieden.[65] Im Gegenteil: Gerade hier würden Informationen zum Tathergang rhetorisch aufpoliert, um etwa die Position der Anklage zu stärken:

> *Erfunden von mir selbst* ist keine einzige dieser Geschichten; in keiner einzigen habe ich auch nur einen Haupt-Umstand *abgeändert*. Manche derselben hätte durch eine willkührlichere Behandlung gewiß an Wirksamkeit gewinnen können [...]. Daß ich zuweilen unter mehrern Vermuthungen die Wahrscheinlichste wählte; daß ich kleine Lücken, die fast jeder mündlichen Ueberlieferung anhängen, durch unmerklich Uebergänge verband; dies, hof' ich, wird man keine Verfälschung nennen.[66]

Dass auch Juristen auf narrative Techniken zurückgreifen, um einen Tathergang darzustellen, darf nach Meißner folglich nicht als Einwand gegen die Kriminalgeschichte geltend gemacht werden. Gleichwohl ist er sich als Erzähler bewusst, dass kausallogisch unscharf gestaltete Übergänge zwischen Wirklichkeit und Fiktion die Spannung erheblich steigern. Um jedoch nicht zu viele Leerstellen anzulegen, die den Leser zu freien Spekulationen veranlassen könnten, kommentiert Meißner durchgängig Zeugenaussagen und Schuldgeständnisse, oder er lässt seinen Erzähler in der Rolle des Volksaufklärers auftreten, der jene Gespenster und Wiedergänger verspottet, denen so manch ein Missetäter in Meißners Kriminalgeschichten sein Verbrechen anzulasten versucht.

Stigmatisierung

Inwieweit es Meißner gleichzeitig um die Verteidigung eines strengen Rationalismus geht, zeigt sich in den *Skizzen*, wenn

Täter dann doch wegen ihres Glaubens oder eines unvernünftigen Lebenswandels bloßgestellt werden. So steht in der Erzählung *Ja wohl hat sie es nicht gethan!* das Schicksal einer vierzigjährigen Frau im Fokus, die viele Jahre zuvor ihr uneheliches Kind getötet haben soll. Als tatsächlich in der Nähe ihrer Wohnung der Leichnam eines Neugeborenen gefunden wird, nimmt man sie unverzüglich fest, um ihr den Prozess zu machen. Dass diese Art der Verdächtigung so fragwürdig ist wie die Ächtung unverheirateter Mütter, steht für den Erzähler eigentlich außer Zweifel. Explizit erinnert er seine Leser daran, die Begebenheit liege mehrere Jahrzehnte zurück, inzwischen aber sei solch ein „Fehltritt der Liebe" verzeihlich:

> So menschlich auch ein Vergehen dieser Art seyn mag; so gewiß der Verführer weit stärkern Tadel als die Verführte verdient; so dacht man doch in damaligen Zeiten über einen solchen Punkt weit strenger als jetzt; und wahrscheinlich auch weit strenger, als – man solte. Nicht genug, daß damals noch an vielen Orten Kirchenbuße und Gefängnisstrafe über die geschwächte Dirne verhängt wurden; sondern gewöhnlich blieb sie auch nun für die übrige Zeit ihres Lebens, ohne Freier und Mann [...].[67]

Solch ein toleranter Umgang mit Frauen, die „in ihrer Jugend" einen „dummen Streich" begangen haben, ist im ausgehenden 18. Jahrhundert noch keineswegs selbstverständlich.[68] Nicht minder engagiert setzt sich der Erzähler für die Abschaffung von Foltermethoden und sozialen Ächtungsstrategien ein. Beide nimmt er zum Anlass, um in *Ja wohl hat sie es nicht gethan!* die Ungereimtheiten früherer Rechtsgrundsätze darzulegen: So hätten es die Beamten seinerzeit versäumt, die angeblich Schuldige auf eine kürzliche Schwangerschaft hin zu untersuchen. Stattdessen habe man mit drakonischer Schärfe ein Geständnis aus dem „Körper der Leidenden" gepresst. Verantwortlich für diese Art der Urteilsfindung zeichne der „gewöhnliche[] Schneckengange teutscher Kriminaljustiz".[69]

Politisch ‚unerhört' an dieser novellesken Kriminalgeschichte liest sich indes die erzählerisch breit entfaltete Entdeckung der tatsächlichen Begebenheiten. Als nämlich die Bauern im Wirtshaus über die Schuld der Inhaftierten debattieren, droht sich eine unbekannte junge Frau mit den Worten zu verraten: „Ja wohl hat sie es nicht gethan!" Die Wahrheit bringt schließlich ein „Brausekopf" ans Licht, der nach Meinung des Erzählers selbst „die scheinbarsten Irrsäzze" verteidigt.[70] Was von solch einem „Demokraten" zu halten ist, der die Rechtsprechung mit den Worten attackiert, „das ist nicht gerichtliche Untersuchung, sondern gerichtliche Barbarei!“, erklärt der Erzähler seinen Lesern mit der mangelnden Bildung des Mannes.[71] Ohne Rousseau und Hobbes gelesen zu haben, bleibe er bloß ein streitsüchtiger Querulant. Damit nicht genug, wird zum Schluss noch das Klischee des tollwütigen „Ismaels“ bemüht. In der Literatur und Malerei des 18. Jahrhundert wird dieser Stammvater der Araber als unbeherrschter Geselle dargestellt, der leidenschaftlich alles Fremde bekämpft. Analog zu dieser Präjudikation beschreibt ihn Meißner als das „abscheulichste aller Ungeheuer“.[72] Wie wenig sich solche Vergleiche mit der seinerzeit üblichen Justizpraxis vertragen, hat der Jurist Karl Friedrich Bühler mit den Worten quittiert, in seinen Kriminalgeschichten leite Meißner „den Leser unvermerkt zu derjenigen Stimmung“, welche „der Maler beabsichtigte.“[73]

Roman 5.

Obwohl sich der Roman beim Publikum des 18. Jahrhunderts wachsender Beliebtheit erfreut, stehen ihm Literaturtheoretiker, Autoren und Kritiker lange Zeit skeptisch gegenüber. Noch 1771 verzichtet Sulzer darauf, das Schlagwort ‚Roman‘ in seine *Allgemeine Theorie der schönen Künste* aufzunehmen. Stattdessen findet sich der knappe Hinweis, das „Natürliche“ in der Dichtung sei „gerade das Entgegengesetzte des Romanhaften“.[74] Was an Argumenten gegen die Gattung vorgebracht wird, begründet Sulzer mit der – historisch so nicht zutreffenden – Annahme, es gebe zu wenige antike Muster und Vorbilder, aus denen sich Regeln für eine zeitgemäße Romandichtung ableiten lassen. Verglichen mit der Tragödie, die in der Aufklärung nach wie vor die poetische Gattungshierarchie beherrscht, und angesichts der Versepen Homers, deren gebundene Sprache als ästhetisch vorbildhaft angesehen wird, gilt der Roman folglich als wenig seriös. Für diese ablehnende Haltung beruft sich bereits die frühaufgeklärte Literaturtheorie auf die barocken Abenteuer- und Schelmenromane. Da beide im Verdacht stehen, die Leser in eine Welt voller phantastischer und moralischer Bedenklichkeiten zu entführen, notiert Gotthard Heidegger in seiner *Mythoscopia romantica* (1698) über die psychischen, sittlichen und spirituellen Auswirkungen der Romanlektüre:

> Denn die Romans setzen das Gemüth mit ihren gemachten Revolutionen / freyen Vorstellungen / feurigen Ausdruckungen / und andren bunden Händeln in Sehnen / Unruh / Lüsternheit und

> Brunst / nehmen den Kopff gantz in Arrest / setzen den Menschen in ein Schwitzbad der Passionen / verderben folgens auch die Gesundheit / machen Melancholicos und Duckmäuser / der Appetit vergeht / der Schlaff wird verhinderet und walzt man sich im Beth herum / als wie die Thür im Angel [...].[75]

Solche Warnungen vor einem maßlosen Gebrauch der Einbildungskraft bleiben im Literaturbetrieb nicht ungehört, gleichwohl melden sich zeitgenössische Stimmen, die Heideggers Bedenken ins Positive wenden. So wirft Leibniz in seiner Rezension der *Mythoscopia* die Frage auf, ob sich die intensive Wirkung des Romans auf die Leser nicht für die Aufklärung fruchtbar machen lasse. Eine anschauliche und unterhaltende Lektüre sei schließlich jeder abstrakten Abhandlung vorzuziehen. Leibniz begründet diese Aufwertung des Fiktionalen mit Blick auf die bedrückenden Lebensumstände zeitgenössischer Rezipienten. Was Heidegger als Flucht in die Phantasie schelte, mache die Leser mit einer ‚schöneren' Welt bekannt und könne insofern die Bereitschaft wecken, sich für eine bessere Zukunft zu engagieren.

5.1 Romantheorie der Aufklärung

Unter den Literaturtheoretikern und Dichtern der Frühaufklärung werden die Vorbehalte dem Roman gegenüber mit der geschraubten Stillage und erotischen Libertinage seiner barocken Vorläufer begründet. Zu den für Jahrzehnte einflussreichsten Kritikern gehört einmal mehr Gottsched. 1733 lehnt er in einer Rezension zu Heinrich Anselm von Ziegler und Kliphausens *Asiatischer Banise* (1689) den Roman mit der Begründung ab, aufgrund seiner zahlreichen Abschweifungen und einer nicht versifizierten Sprache gehöre er zu den untersten Gattungen der Poesie. In der vierten Auflage seiner *Critischen Dichtkunst* äußert sich Gottsched zwar milder, gibt aber weiterhin zu bedenken, zu welchen Maßlosigkeiten eine häufige Romanlektüre verführt.

Gottsched präzisiert seine Ablehnung mit einem Vergleich zwischen Staatsroman und Heldengedicht: Da sich die Epen traditionell mit vornehmen Persönlichkeiten beschäftigten, die ihr Schicksal in der Öffentlichkeit meistern müssen, habe man deren Privatleben wenig Beachtung geschenkt. Allenfalls sei kurz angedeutet worden, wie sich ein Arminius, Siegfried oder Cromwell die „Liebe der Schönen" durch „Heldenthaten" verdienten.[76] Der barocke Staatsroman unterhalte das Publikum dagegen mit erotischen Pikanterien und entziehe sich insofern der Pflicht, den moralisch vorbildhaften Le-

Abb. 18 Joseph Highmore: *Mr. B finds Pamela Writing* (1744)

bensweg der Hauptfiguren vorzustellen. Dieses Diktum gilt nach Gottsched auch für die Mehrzahl der bürgerlichen Romane des frühen und mittleren 18. Jahrhunderts. Da sie sich meist mit den Liebesgeschichten von „Leuten aus dem Mittelstande“ befassen, schürten sie die Neugier auf „Buhlerkünste“.[77] Zeitgenössischen Autoren rät Gottsched daher, sich auf historisch bewährte und intellektuell anspruchsvollere Stoffe zu besinnen. Nur eine Ausnahme will er gelten lassen: Samuel Richardsons Briefroman *Pamela* (1740). In ihm sei es dem Dichter gelungen, „Vernunft und Wahrheit“ ins rechte Licht zu setzen.[78] Was darunter zu verstehen ist, verdeutlicht Gottsched an Pamelas beherztem Widerstand gegen die Annäherungsversuche ihres Hausherrn. Obwohl dessen Intrigen ironisch überzeichnet seien, habe Richardson am Beispiel seiner Protagonistin vorgeführt, wie sich eine Frau vor erotischen Nachstellungen schützt. Solch eine „natürliche Art zu erzählen“ füge den „Sitten“ keinen „Schaden“ zu.[79]

Blanckenburg

Christian Friedrich von Blanckenburg hat diese Einschätzung später in Zweifel gezogen und in seinem *Versuch über den Roman* (1774) geltend gemacht, Richardsons Figuren glichen eher „Maschienen" als „freye[n] Menschen".[80] Als „vollkommene Charakter[e]" stellten sie ihre „Liebe zur Tugend" auf eine wenig realistische Weise über alles „Gefühl".[81] Insbesondere Pamela sei kein „Urbild wirklicher, lebender Menschen", sondern „abstrahirt von allen Umständen und von allen innern und äußern Hindernissen".[82] Warum solch ein schematischer Charakter die Leser des späteren 18. Jahrhunderts abstößt, erläutert Blanckenburg mit den Worten, psychologisch erinnere Pamela an das eher blass charakterisierte Bühnenpersonal der klassischen Tragödie. Demgemäß fehle es ihrem heroischen Kampf gegen das Böse auch an bürgerlichem Selbstbewusstsein.[83]

Den Vorwurf, als Gattung verweigere sich der Roman fest umrissenen Produktionsregeln, bestreitet Blanckenburg kulturgeschichtlich. Habe die antike Tragödie noch den repräsentativen Zwecken des Stadtbürgertums genügt, so wende sich der Roman des 18. Jahrhunderts an den „*Menschen*" im Allgemeinen und biete daher „mehr Gegenstände zur Unterhaltung".[84] Um eine so weitgefasste Leserschaft zu erreichen, könne der „*gute Roman*" nicht länger „*willkührlichen* Grundsätze[n] und Vorschriften" folgen.[85] Als „sehr angenehme[r], und sehr lehrreiche[r] Zeitvertreib" für den „denkenden Kopf"[86] müsse er vielmehr einen eigenen, in sich plausiblen Kosmos an Erfahrungs- und Handlungsmöglichkeiten entwerfen, wofür die Freiheit erforderlich sei, die imaginierte Wirklichkeit nach ästhetischen Erfordernissen und mit Rücksicht auf ein heterogenes Publikum zu gestalten:

> Wenn der Roman das für uns eigentlich ist, was die Epopee, nach Maaßgebung, für die Griechen war; – wenn wir jetzt nur vorzüglich der Theilnehmung für das, was den *Menschen* eigentlich angeht, (ohne daß wir auf ihn, als Glied eines gewissen Staates denken) fähig sind: so wird man leicht die Foderungen voraussehen können, die ich mit Recht an den Romanendichter machen zu dürfen glaube. – Diese Veränderung in unsrer Theilnehmung kann das menschliche Geschlecht seiner Vervollkommnung näher bringen. Der Romanendichter soll es mit dahin führen helfen. Er soll uns den *Menschen* zeigen, *wie* er ihn, nach der eigenthümlichen Einrichtung seines Werks, zu zeigen vermag. Das übrige alles ist Verzierung und Nebenwerk.[87]

Um die poetischen Gattungsmerkmale des Romans ausführlicher zu charakterisieren, beschäftigt sich Blanckenburg im *Versuch über den Roman* insbesondere mit der Figurengestaltung. Dabei tritt die moralische Belehrungsabsicht in seinen Ausführungen nicht vollständig in den Hintergrund, doch wichtiger scheint ihm ein Personal, an dem der Leser mitvollziehen kann, wie es zu seiner je eigenen „Einrichtung der Welt" gelangt.[88] Statt also nur ein „Skelet vom Charakter" vorzustellen, das Moralität predigt, sollte der Autor eine jeweils „völlige, runde Gestalt" erstehen lassen, aus deren „Leidenschaften" und „Art zu denken" man sich die „Eigenthümlichkeiten" ihres Handelns erklären kann.[89] Besonders natürlich erscheinen Blanckenburg solche Romanfiguren, deren Wesen eine Mittellage zwischen idealer Pflichterfüllung und alltäglichen Nachlässigkeiten einnimmt. Solch ein Schwanken käme der Lebenswirklichkeit der Leser näher als ein Charakter, der sich ohne nachvollziehbaren Grund für das Gute oder Böse entscheide. Infolgedessen sei das soziale Milieu der einzelnen Handlungsträger so deutlich herauszuarbeiten, dass auch die vielen äußeren Einflüsse auf ihr Verhalten erkennbar werden. Wie Blanckenburg am Beispiel von Laurence Sternes *Tristram Shandy*, Henry Fieldings *Tom Jones* und Wielands *Agathon* ergänzt, haben es solche Autoren verstanden, die Entwicklung ihrer Protagonisten zu sozial veritablen Persönlichkeiten mustergültig darzustellen. All ihre „Gefühle und Handlungen" erlaubten tiefe Einblicke in die individuellen Besonderheiten.[90]

Der Roman als eigene Welt

Für die Gestaltung seines Romanpersonals und Handlungsgefüges erhält der Dichter alle ästhetischen Freiheiten, solange er nicht gegen die Kausalgesetze der empirischen Welt verstößt. Motive oder Begebenheiten, die sich logisch nicht nachvollziehen lassen, schließt Blanckenburg mit der Begründung aus, ein Roman mit phantastischen Episoden biete keine Orientierungshilfen mehr für eine zunehmend komplexere Gegenwart: „Das Werk des Dichters muss eine kleine Welt ausmachen, die der großen so ähnlich ist, als sie seyn *kann.*"[91] Dass einzelne Situationen frei erfunden werden müssen, um den fiktionalen Kosmos möglichst kohärent anzulegen, widerspricht dieser Forderung nicht, solange sich der Autor an einer vertrauten Erfahrungswirklichkeit orientiert. Um dem Publikum subjektive Verhaltensalternativen und vernünftige Sinndeutungsmuster anzubieten, sollte sein Roman folglich die Grenzen des Wahrscheinlichen nicht überschreiten. Mit dieser Gattungscharakteristik integriert Blanckenburg den Roman in den aufgeklärten Vernunftdiskurs, gleichzeitig weist er dem Dichter den Platz eines Intellektuellen an, dessen „Nachahmung der großen Welt mehr sehen" lassen muss, „als wir in der großen Welt selbst, unsrer Schwachheit wegen, zu sehen vermögen".[92] Um den

Roman als moderne, sinnstiftende Gattung zu etablieren, sollte der Dichter also Stellung zu zeitgenössischen Problemen beziehen und für sie praktikable Lösungen bereithalten.

5.2 Galante Romane der Frühaufklärung

Unter dem Oberbegriff ‚galante Romane' werden im Folgenden zwei Romantypen zusammengefasst, die in der Forschung lange Zeit unbeachtet geblieben sind. Gemeint sind der politische Roman der siebziger und achtziger Jahre des 17. Jahrhunderts sowie zahlreiche Liebesromane, die sich bis etwa 1730 einiger Beliebtheit erfreuen. Was beide Genres inhaltlich und formal eint, sind die Unterweisung in bürgerlicher Kalokagathie und eine additive Handlungsführung. Statt die feudalen Lebens- und Herrschaftsverhältnisse zu problematisieren, stehen Protagonisten im Mittelpunkt, die meist im Verlauf langer Reisen und zahlreicher Abenteuer ihre sittliche Integrität unter Beweis stellen. Bevorzugte Kommunikationsformen sind der galante Dialog oder der Brief, wobei der Erzähler in den Hintergrund tritt und sich nur dann zu Wort meldet, wenn moralische Lehren aus langen Gesprächen zu ziehen oder die Leser angesichts burlesker Verwicklungen an die Vorzüge des schönen und guten Betragens zu erinnern sind. Dass die Autoren ihre galanten Romane der Unterhaltungsliteratur zurechnen, sie also im direkten Vergleich mit dem höfischen Staatsroman als ‚niedere' Dichtung verstehen, darf nicht übersehen lassen, mit welchem aufklärerischen Impetus man sich an ein vorwiegend akademisch gebildetes Publikum wendet und mit Hilfe satirisch gefärbter Kommentare zur anspruchsvollen Geschmacksbildung beitragen will. Darüber hinaus sprechen die Erzähler immer wieder ihr Vertrauen in einen Leser aus, der die Vorzüge einer unterhaltsam vorgetragenen Sittenlehre zu schätzen weiß.

Stilbildend für die galanten Romane der Frühaufklärung ist Christian Weises *Die drey ärgsten Ertz-Narren in der ganzten Welt* (1672). In diesem Roman mischen sich Elemente satirischen und ‚politischen' Erzählens, worunter der Dichter die Anleitung zu öffentlicher Klugheit und individueller Selbsterziehung versteht. Der ausführliche ‚Blick in die Welt' soll zur Einsicht führen, dass erst eine genaue Kenntnis des närrischen Treibens den Rückzug in die Privatexistenz erlaubt. Weitere politische Romane sind exemplarisch Johannes Riemers *Der politische Maulaffe* (1679) und *Der politische Stockfisch* (1681) sowie Johann Beers *Der politische*

Feuermäuerkehrer (1681) oder Johann Kuhnaus *Der musicalische Quacksalber* (1700). Sie alle erscheinen in Leipzig als einem der kulturellen Zentren der Aufklärungskultur und finden von hier aus weitere geographische Verbreitung. Der im Titel präsente Begriff des ‚Politischen' soll an die intellektuelle Selbstständigkeit der Rezipienten appellieren, ist nach Thomasius' Worten aber auch als Aufforderung zu öffentlicher Meinungsbildung gedacht.

Zu den Liebesromanen der Frühaufklärung gehören unter anderen August Bohses (Pseudonym: Talander) *Die liebenswürdige Europäerin Constantine* (1698), Christian Friedrich Hunolds (Menantes) *Die liebenswürdige Adalie* (1702), Christoph Gottlieb Wends (Selaminthes) *Der närrische und doch beliebte Cupido* (1713) oder Michael Erich Francks (Melisso) *Die galante und liebenswürdige Salinde* (1718). Im Mittelpunkt stehen jeweils Liebesintrigen nach einem wenig variierten Handlungsschema. Gleichwohl spielen die Autoren sowohl sprachlich als auch erzähltechnisch mit diesen Versatzstücken, indem sie immer wieder Briefe, Opernlieder oder Elemente oraler Literatur einstreuen. Dieser zwanglose Umgang mit Gestaltungsvorschriften mag im Einzelfall die Unterscheidung zwischen politischen und liebesabenteuerlichen Romanen erschweren. Wie jedoch in den letzten Jahren gezeigt wurde, besitzt dieser Regelverzicht programmatischen Charakter: In Anlehnung an die eher zwanglosen Dialoge bei Hofe, die sich durch Themenvielfalt und Spontanität auszeichnen, führt der galante Erzähler seinen Lesern zahlreiche Möglichkeiten einer unterhaltsamen und doch standesbewussten Dialogführung auf.[93] Gleiches gilt für die Fähigkeit, anmutige Briefe zu schreiben oder die eigene Affektnatur scheinbar zwanglos zu beherrschen. All diese Qualitäten gehören in der Diktion galanter Liebesromane so unabdingbar zum Schön- und Gutsein wie die sexuelle Enthaltsamkeit außerhalb der Ehe oder der vorurteilslose Umgang mit Menschen aus fremden Kulturen. Das bloße ‚Nachäffen' moralischer Leitwerte verrät hingegen den ungebildeten Zeitgenossen.

In der Forschung wird inzwischen recht einlässlich die Frage diskutiert, ob die um 1700 erscheinenden Romane noch ganz in barocker Tradition stehen oder bereits der Frühaufklärung angehören. Liest man sie als literarisch ausgeschmückte Benimmbücher, die auch für reale Gespräche eine ‚mittlere', also bewusst unprätentiöse Stilgebung empfehlen, spricht vieles dafür, die politischen Romane Weises und seiner Nachfolger der jungen Aufklärungskultur zuzusprechen. In diesem Sinne verwendet sich auch Thomasius in seinen 1688 gegründeten *Monatsgesprächen* für die genannten Werke. Auch die Autoren betonen in ihren

Vorreden, „konkrete Interaktionen modellhaft vor Augen führen" zu wollen.[94] So führt Hunold alle Gründe an, die ihn mit Rücksicht auf das bürgerliche Lesepublikum von barocken Sujets und Gestaltungsmöglichkeiten haben absehen lassen.

5.3 Robinsonade und Utopie

Seit der Antike gehören Inseln in der Literatur zu den sagenumwobenen Orten, an denen die kontinentalen Lebensvorschriften und Liebeskonventionen ihre Gültigkeit verlieren. Meist gelten hier eigene Gesetze, zumindest aber herrscht eine größere Freizügigkeit. Aufgrund dieser Zwanglosigkeiten finden die Protagonisten der Inselliteratur zu einer neuen Identität, lernen die Zwänge der Festlandsgesellschaft kritischer zu betrachten oder gründen gar eine alternative Sozietät. Der weltweit erfolgreichste Inselroman des 18. Jahrhunderts, Daniel Defoes *Robinson Crusoe* (1719), variiert diese Topoi insofern, als das exotische Eiland, auf das es Robinson verschlägt, erst bewohnbar gemacht werden muss. Außerdem lebt er dort bis zu Freitags Ankunft allein und muss sich daher an den bürgerlichen Sitten und Ordnungsmustern seines Herkunftslandes orientieren. In dieser gesellschaftlichen Isolation soll Robinsons neuerliche Verbürgerlichung insofern an Überzeugungskraft gewinnen, als der lange Zeit zügellose Protagonist schrittweise wieder lernt, sein Leben planvoll zu gestalten und dafür auf Fleiß, organisatorisches Geschick und nicht zuletzt ein unerschütterliches Gottvertrauen zu setzen. Nachdem er diese langjährige Prüfung bestanden hat, nimmt ihn ein vorbeifahrendes Schiff mit nach England, wo er sich mühelos in die Gesellschaft einfügt.

Insel Felsenburg

Die staatspolitischen Inselutopien in der Romanliteratur des 18. Jahrhunderts knüpfen an dieses bürgerliche Verständigungsmodell an, beschäftigen sich jedoch verstärkt mit der Entstehung einer politisch freien Gesellschaft außerhalb der Machtsphäre des kontinentalen Absolutismus. An die Tradition, solche kulturellen Neuanfänge an einem ‚Nicht-Ort' (griech. ‚utopia') anzusiedeln, knüpft auch Johann Gottfried Schnabel in seinem utopischen Roman *Wunderliche Fata einiger Seefahrer* an. Aus dem Schicksal der Insulaner entwirft sich das Bild eines vernunftlosen Europa, in dem Willkür und Schreckensherrschaft vorherrschen. Erst das Exil auf einem weltabgeschiedenen Eiland ermöglicht es den Flüchtlingen, ein auf Gerechtigkeit, Offenheit und Solidarität basierendes Gesellschaftssystem zu realisieren. Im mittleren 18.

Jahrhundert erfreut sich Schnabels Utopie übrigens großer Beliebtheit. Nach seinem Erscheinen im Jahr 1731 erfährt der Roman acht Neuauflagen, zahlreiche Raubdrucke nicht eingerechnet. Seinen heute allgemein bekannteren Titel *Insel Felsenburg* erhält er von Ludwig Tieck, als dieser ihn 1823 neuerlich herausgibt.

Lebensbeichten

Was die früheren Lebenswege der Bewohner von Felsenburg einander annähert, ist die Herkunft aus grundverdorbenen Kulturen. Ob sie dabei unterdrückt wurden oder selbst Macht missbraucht haben, ist in Schnabels *Insel Felsenburg* insofern nebensächlich, als niemand in dieser Gemeinschaft seine Vergangenheit ohne seelische Schäden überstanden hat. Von ihnen kuriert sie erst eine Lebensbeichte, die den Einzelnen in pietistischer Tradition von Leid oder Sünde reinigt. Überhaupt ist die Inselgesellschaft spirituell und sozial nach dem Vorbild der Brüdergemeinde konzipiert, in der alle gleiche Rechte und Pflichten haben, sich arbeitsteilig nach dem Prinzip der Selbstversorgung organisieren und Familiarität sowie Gottesfurcht als Grundlage eines friedfertigen Zusammenlebens schätzen. Gemeinsam verzichtet man ferner auf materiellen Wohlstand und schwört einer kapitalistisch organisierten Warenwirtschaft ab, um die Autonomie der Insel aufrechtzuerhalten.

Gut- und Schönsein

Gleicht das gesellige Zusammenleben auf der Felsenburg in weiten Teilen einem pietistischen Konventikel, so orientiert sich Schnabel für die psychische Charakterisierung seines Romanpersonals am Sensualismus George Berkeleys. Als Kritiker der Common-Sense-Theorie vertritt dieser die Auffassung, nicht ein angeborener Gemeinsinn schaffe Harmonie zwischen Menschen, vielmehr müsse sich der göttliche Geist dem Bewusstsein des Einzelnen mitteilen und ihn zur Erkenntnis führen, welche Verhaltensweisen einer friedlichen Gesellschaft zuträglich sind. Aus dieser Annahme erklärt sich, warum sich die Insulaner immer wieder über spirituelle Erfahrungen austauschen und sich zur Sozialordnung der Felsenburg bekennen: Ohne neuen göttlichen Zuspruch würde die soziale Gemeinschaft alsbald in dialogfeindliche Automatismen verfallen und damit zugleich ihren Zusammenhalt verspielen. Diesem aktiven Gutsein korrespondiert nach Auskunft des Erzählers ein Sinn für das Schöne, was auf Felsenburg konkret bedeutet, dass alle Insulaner aus Respekt für ihre Umwelt täglich viel Zeit auf Körperpflege und adrette Kleidung verwenden. Auch ihr Arbeitsethos erschöpft sich nicht in stetem Fleiß, vielmehr sorgt man für ausreichende Erholung und gesundheitliches Wohlergehen. Fernab also von den Exaltiertheiten einer noch höfisch geprägten Kultur verwirklichen die Felsenburger ein bürgerliches Verhaltensmodell, das auf Rücksichtnahme und Mitleid sowie gutem Geschmack und gemeinnütziger Selbstsorge gründet.

Seelsorge

Die Geschichte des utopischen Inselstaats beginnt, als Albert Julius, Concordia, van Leuven und Lemelie auf das Eiland verschlagen werden. Anfangs herrscht Misstrauen unter den Gestrandeten, zumal sich van Leuven und Lemelie weigern, ihr früheres Leben zu beichten. Erst der tragische Tod beider Männer schafft für Albert und Concordia die Gelegenheit, ihre Zukunft nach Maßgabe des Glaubens und einer gottgewollten Vernunftordnung zu planen. Da beide Pietisten sind, fällt es ihnen nicht schwer, sich auf heilende Zwiegespräche einzulassen. In deren Verlauf gesteht sich Concordia allmählich auch ihre „hefftige Liebe" zu Albert.[95] Was nun folgt, gleicht einem Lehrstück aufgeklärter Religiosität, denn nach den Festlandsgesetzen ist Concordia offiziell noch verheiratet. Da sie ihre „nachdencklichen Reden" mit Albert jedoch „ganz ungemein gerühret" führt, können beide den drohenden Ehebruch vor Gott gegen die Hoffnung abwägen, ihren Glauben gemeinsam weiterzuvererben. Dass sich während solcher Dialoge das „gantze Hertze" öffnet, ohne gleich in „brennende[r] Liebes-Gluth" zu stehen, führt der Erzähler auf das Vermögen beider zurück, sich in einem „ernsthafften discours" der gemeinsamen „Keuschheit und Tugend" zu versichern.[96] Am Ende ihrer Gespräche über eine gottwohlgefällige Liebesbeziehung gelangen Albert und Concordia zu dem Ergebnis, angesichts der Abgeschiedenheit ihrer „Paradieß-Insul" gebiete es ihnen sowohl der Glaube als auch das Vertrauen auf die eigene Vernunft, sich für „den von Natur allen Menschen eingepflanzten Trieb zum Ehestande" zu entscheiden. Solchermaßen vor Gott rehabilitiert, erfährt sich Albert als „ein anderer Adam", der nun mit seiner „geliebte[n] Eva" ein neues Geschlecht gründen kann.[97]

Eigensinnige Köpfe

Diese von beiden Stammeltern praktizierte Lebensbeichte strukturiert erzähltechnisch den weiteren Werdegang der Inselutopie. Ähnliche lebenskluge und anrührende Debatten stehen nämlich ins Haus, als Alberts und Concordias Kinder ins heiratsfähige Alter kommen. Um einen möglichen Inzest zu verhindern, beschließt die Familie, junge Männer und Frauen aus Europa nach Felsenburg zu holen. Mit ihrer Übersiedlung geben diese Heiratskandidaten das Versprechen ab, dauerhaft auf der Insel zu bleiben. Welchem Stand die späteren Neuankömmlinge angehören und auf welche Vergangenheit sie zurückblicken, ist dabei zweitrangig. Als sich jedoch herausstellt, dass es meist „eigensinnige[] Köpffe" sind, die auf der Insel einen Neubeginn wagen, bittet man sie, ihre Lebensbeichte öffentlich abzulegen. In ihr schildern sie umfassend ihre Vergangenheit, wobei ihnen die Zuhörer im Anschluss helfen, sich wieder geistig und moralisch „in Ordnung“ zu bringen.[98] Wie viel Einfühlungsvermögen von der Gemeinde erfordert wird, veranschaulicht der Hinweis des Erzählers, alle Zugereisten hätten entweder eine „unmenschliche Verfolgung der Menschen gegen ihre Neben-Menschen“[99] erdulden müssen oder ihr bisheriges Leben mit „Gifft-mischen, Meuchel-Mord, Verrätherey und andere[n] Räncke[n]“ zugebracht.[100] Solche meist über mehrere Tage erzählten Geständnisse können nicht drastisch genug ausfallen, denn nur die ärgste Wahrheit stellt die Mitleidsfähigkeit und Hilfsbereitschaft des Auditoriums auf eine angemessene Probe.

Gisander

Es gehört zur religiösen Lebenspraxis des Pietisten, sich in praktischer Nächstenliebe zu bewähren. Daran erinnert auch Gisander, der fiktive Herausgeber des Romans, in seiner Vorrede. Um sich des Vorwurfs der „Herren Theologi“ zu erwehren, die im Roman erzählten Lebensbeichten gefährdeten die Sittlichkeit des Publikums, heißt es über die fiktive Inselgemeinde, in ihr könnten „lauter Wahrheiten“ ablegt werden, ohne sich ständig in „zerkauete[n] Moralia“ oder „überzuckerte[n] Laster-Morselen“ zu verlieren.[101] Fügt Gisander ergänzend hinzu, er habe auf „Spaas-Streiche“ oder „zusammen geraspelte Robinsonaden-Späne“ verzichtet, so umreißt er auch die Wirkungsabsicht seiner literarischen Utopie: In Abgrenzung von älteren Staatsromanen und jüngeren Abenteuergeschichten, die sich in „fast allen Nationen“ wachsender Beliebtheit erfreuen, will Gisander die Leserschaft zu eigenen Vernunfteinsichten ermuntern.[102] Konsequent setzt damit auch der Inselroman die Intention der Therapiegespräche um: Da nicht moralisch doziert wird, können sich die Leser freimütig und auf unterhaltsame Weise für die Kompliziertheiten des menschlichen Daseins sensibilisieren. Zugleich will Gisander sein Publikum vor generalisierenden Werturteilen schützen. An ihre Stelle soll im Verlauf der Lektüre das Wissen um die Verletzbarkeit der menschlichen Seele und die Gründe moralischer Vergehungen treten.

Sapienti sat

Aus dem Kontrast zwischen den teils drastischen Lebensbeichten und den Beschreibungen der eher betulichen Tagesgeschäfte der alteingesessenen Insulaner dürfte sich der publizistische Erfolg des Romans erklären. Dass eine „zentralisierte politische Instanz“, die das Gesellschaftsleben organisiert, im Roman „nirgendwo zu erkennen ist“, gehört dabei zur Tradition der literarischen Utopie seit Thomas Morus.[103] Schnabels *Insel Felsenburg* lässt aber auch erkennen, welche Aufgabe die Literatur des 18. Jahrhunderts recht früh schon für sich reklamiert: Indem es der Familie und einem egalitären Zusammenleben vorbehalten bleibt, sozialen Konsens zu stiften, beantwortet der Roman die unter aufgeklärten Staatstheoretikern verhandelte Frage, wie sich eine Gesellschaft möglichst vernünftig organisieren lasse. Während Philosophen wie Thomas Hobbes behaupten, im Naturzustand herrsche ein Krieg aller gegen alle, weshalb ein Souverän die Bürger zur Achtung der Gesetze zwingen müsse, erwidert Gisander in seinem Vorwort, auf der Insel Felsenburg werde nach modernstem Kenntnisstand verwirklicht, was der europäische Vernunftdiskurs bislang nur auf dem Papier zu formulieren wusste. Der Glaube, die Liebe zum Schön- und Gutsein sowie ein gesunder Menschenverstand bedürften mithin keiner systematisch konzipierten Gesellschaftslehre. Spöttisch und selbstbewusst beschließt der fiktive Herausgeber sein Plädoyer für ein erst im Spannenden therapeutisches Erzählen mit dem Wahlspruch: „Sapienti sat“ – für den Verständigen hinreichend.[104]

5.4 Der empfindsame Roman

Die empfindsamen Romane der zweiten Hälfte des 18. Jahrhunderts lassen sich als Familien- und Frauenromane charakterisieren, in denen es um Tugendhaftigkeit, Schutz vor einer intriganten Außenwelt, Liebe, Sinnlichkeit, Mitleid und vor allem um innere Gelassenheit geht. Dieser Gleichmut kann allerdings erstaunlich schicksalshörige Züge annehmen, beispielsweise wenn längst totgesagte Ehegatten unvermutet wieder auftauchen und ohne Nachfragen in die Familie aufgenommen werden. Gelassenheit kann im empfindsamen Roman aber auch ein so naives Vertrauen in die Umwelt begünstigen, dass auf sich selbst gestellte Protagonistinnen unfreiwillig zum Objekt männlichen Begehrens oder höfischer Ränkespiele werden. Zu ihren Seelenqualen äußern sich die weiblichen Hauptfiguren dann in zahlreichen Briefen, mit denen sie sich schrittweise von ihren enttäuschten Liebesnöten kurieren und am Ende wieder zu neuer Gelassenheit zurückfinden. Hinsichtlich dieses therapeutischen Effekts gleichen die privaten Briefe der pietistischen Lebensbeichte. Um dieses nun auch in der bürgerlichen Privatsphäre tragende Medium der Selbstsorge besser verstehen zu können, lohnt vorab ein kurzer Vergleich mit dem Liebesbegriff der älteren Aufklärungsliteratur.

Bürgerliche Liebesethik

Bis in die späten 1730er Jahre orientiert sich der bürgerliche Liebesroman am höfischen Leidenschaftsrepertoire. Zu dessen Verhaltensvorschriften gehört es, in Gesellschaft keine intimeren Gefühle wie Zuneigung oder Zärtlichkeit zu zeigen. Die Liebenden der bürgerlichen Dichtung folgen dieser adligen Etikette, laden sie jedoch mit einem anderen Sinngehalt auf. So soll ein formeller Umgang mit einem geliebten Menschen der Öffentlichkeit signalisieren, dass mit Emotionen nicht gespielt wird. Anstatt mit einem möglichen Partner zu flirten, begegnet man ihm mit Anstand und Ernsthaftigkeit. Kokette Gunstbeweise sind dagegen verpönt. Solch ein „unruhiges" oder „hitziges Verlangen" widerspräche der „aurea mediocritas", wie Thomasius die „mittlere Affektlage" der bürgerlichen Außendarstellung nennt.[105] Diese innere und äußere Gemütsruhe bildet seinen Worten zufolge nicht nur das Fundament des bürgerlichen Schön- und Gutseins. Sie leitet den Einzelnen dazu an, sich auch in der Liebe der gleichsam distanzschaffenden, weil stets kontrollierten Umgangsformen bewusst zu bleiben. Das öffentlich bekundete Verlangen nach seelischer oder körperlicher Zuneigung würde demgegenüber verraten, dass der Bürger zu unreflektiert mit seinen Gefühlen umgeht und damit den Respekt vor der eigenen Persönlichkeit vernachlässigt.

An dieses Liebesverständnis knüpft der empfindsame Roman der zweiten Hälfte des 18. Jahrhunderts an, erhebt die Gelassenheit nun aber zum Maßstab bürgerlicher Privatheit und Familiarität. Nur sie erlaubt es den Beteiligten, sich gemeinsam und vertrauensvoll der eigenen Tugendhaftigkeit zu versichern, vor allem aber Irritationen seitens der Außenwelt abzuwehren. Literarisches Vorbild dieser Affektdressur ist Richardsons *Pamela*. Eingeführt wird das Dienstmädchen als ‚domestic woman', die sich weder durch anzügliche Bemerkungen noch durch die Vergewaltigungsversuche ihres Dienstherren aus der Ruhe bringen lässt. Als sie später sogar Liebe für ihren Peiniger empfindet, weiß Pamela dieses Gefühl wohldosiert und anständig mitzuteilen. Wie sich empfindsame Gelassenheit partnerschaftlich kultivieren lässt, veranschaulichen hierzulande empfindsame Romane wie Gellerts *Leben der schwedischen Gräfin von G****, Johann Gottlob Benjamin Pfeils *Die Geschichte des Grafen von P.* (1756), Johann Timotheus Hermes' *Sophiens Reise von Memel nach Sachsen* (1769-73) und Sophie von La Roches *Geschichte des Fräuleins von Sternheim* (1771f.). Sozialgeschichtlich reagieren diese empfindsamen Romane auf eine Gesellschaft, die sich ökonomisch und ständehierarchisch weiter ausdifferenziert und gleichzeitig nach Antworten auf die Frage sucht, welche emotionalisierten, verinnerlichten Tugenden sie in einer zunehmend feindlicheren Öffentlichkeit zusammenhalten.[106] Nach Auskunft der in Rede stehenden Autoren ist es neben der unbedingt zu schützenden Familie die partnerschaftliche Liebe auf der Basis von Gleichmut und Freundschaft.

Die schwedische Gräfin

Als Gellerts Roman *Leben der schwedischen Gräfin von G**** (1747f.) in zwei Bänden erscheint, wird er in der *Frankfurtischen Gelehrten Zeitung* als der „erste Teutsche Orignal-Roman" gefeiert.[107] Ob sich diese Einschätzung historisch untermauern lässt, sei dahingestellt. Gleichwohl gebührt Gellert das Verdienst, zu den ersten empfindsamen Autoren zu gehören, deren Werke man auch im europäischen Ausland wahrnimmt. Der Grund für dieses Interesse dürfte in der ungewöhnlichen Dreiecksbeziehung zu suchen sein, mit der sich Gellert in seinem Roman beschäftigt: Im Mittelpunkt steht die Gräfin, die sich als Tochter früh verstorbener Edelleute sechzehnjährig mit dem schwedischen Grafen von G*** verheiratet hat. Eine erste Bewährungsprobe muss diese Verbindung bestehen, als sich der Prinz am königlichen Hof in die Gräfin verliebt und seinen lästigen Nebenbuhler in den Krieg gegen Russland schickt. Als sich dann die Nachricht verbreitet, der Graf sei gefallen, sucht die Gräfin umgehend Schutz bei Herrn R**, einem Freund des Hauses. Einige Zeit später heiraten die beiden und führen fortan ein zurückgezogenes Leben. Dass sich die Frischvermählten in ihrer Besonnenheit fortan nicht mehr stören lassen, erfahren die Leser, als der totgesagte Graf plötzlich wieder auftaucht.

Emanzipation zur Demut

Dieses Handlungsgefüge aus Trennung und Wiederfinden entnimmt Gellert dem barocken Abenteuer- und Liebesroman, motiviert jedoch das Seelenleben seiner Protagonisten psychologisch umfassender. Insbesondere gilt dies für das Misstrauen in den königlichen Hof und das Bedürfnis, sich vor der Welt in eine ‚insulare' Privatsphäre zurückzuziehen. Hinsichtlich der nach außen demonstrierten Gelassenheit der drei Hauptfiguren hat die ältere Forschung geltend gemacht, die stoische Haltung, mit der Gräfin, Graf und Herr R** auf das Problem der Doppelheirat reagieren, gleiche noch dem holzschnittartig charakterisierten Gefühlsleben barocker Romanhelden. Demgegenüber geht die Literaturwissenschaft heute von der Annahme aus, Gellert habe die freundschaftliche und stets ‚mediokre' Liebe als Gegenmacht darstellen wollen, mit der sich die Romanfiguren vor einer immer unübersichtlicheren Gegenwart schützen. Für diese Lesart scheint einerseits die unkonventionelle Souveränität zu sprechen, mit der die Gräfin ihrem zweiten Mann einen Heiratsantrag macht und sich damit über den zwischen ihnen bestehenden Standesunterschied hinwegsetzt. Andererseits begründet sie ihre Entscheidung mit dem positiven Einfluss, den eine aus Vernunftgründen geschlossene, die ‚natürliche' Bestimmung des Menschen realisierende Heirat auf die Gesellschaft ausübt: „eine recht zufriedene Ehe bleibt nach allen Aussprüchen der Vernunft die größte Glückseligkeit des gesellschaftlichen Lebens. [...] Wir haben alle eine Pflicht, uns das Leben so vergnügt und anmuthig zu machen, als es möglich ist. Und wenn es wahrscheinlich ist, daß es durch die Liebe geschehen kann: so sind wir auch zur Liebe und Ehe verbunden."[108]

Dass sich hier eine Frau von Standeszwängen lossagt, ist seinerzeit so ungewöhnlich wie ihre Erziehung zum Vernunftgebrauch. Angelegentlich berichtet die Gräfin, man habe sie schon früh mit der zeitgenössischen Philosophie vertraut gemacht, um bei Hofe nicht „eitel und hochmüthig" zu werden.[109] Allerdings muss diese emanzipierte Haltung insofern differenzierter betrachtet werden, als sich die Gräfin ausdrücklich zur bürgerlichen Geschlechtertypologie bekennt und dementsprechend Demut auferlegt. Auch die Entschiedenheit, mit der sie vor ihrer ersten Heirat allen „Freiern" begegnet, ist nicht mit sozialer Selbstbestimmung zu verwechseln. Zwar heißt es über die Anbiederungsversuche am Hofe: „Die Ehre, die mir allenthalben erwiesen ward, war eine gefährliche Sache für eine junge und schöne Frau [...]. Du willst, dachte ich, um dieser Herren los zu werden, dich selbst zu einer Wahl entschließen."[110] Wie jedoch umgehend ergänzt wird, folgt diese ‚Wahl' einer ganz eigenen Frömmigkeitslogik, die ähnlich wie in Schnabels *Insel Felsenburg* pietistisch geprägt ist.

Glauben und Liebe

Evident wird dieser nach Gellert gottgewollte Pragmatismus in den Briefen, welche die Gräfin und Herr R** vor ihrer Heirat austauschen. Theologisch und juristisch stehen sie vor dem Problem, dass man den Tod des Grafen offiziell noch nicht bestätigt hat. Eine Wiederverheiratung setzt beide folglich dem Verdacht einer illegitimen Eheschließung aus. Indem sie sich jedoch auf die göttliche Vorsehung berufen, wird die Ungewissheit über das Schicksal des ersten Ehemannes als Prüfung der eigenen Tugendhaftigkeit interpretiert. Als bestanden gilt sie, nachdem die Gräfin dem Zukünftigen ihre Vergangenheit gebeichtet hat und sich anschließend mit Rücksicht auf das Gemeinwohl für eine vorbildhafte Lebensführung entscheidet. Solch ein Glaube an die Rechtschaffenheit des eigenen Willens wird unter Pietisten oder Sensualisten wie Berkeley als himmlischer Zuspruch gedeutet: Wer nach reiflicher Überlegung eine Entscheidung trifft, die weder den biblischen Geboten noch der sozialen Wohlfahrt widerspricht, dem hat sich Gott auf vernünftige Weise mitgeteilt. Außerdem wiegt der – nur vermeintlich eigene – Entschluss der Gräfin, Herrn R** zu heiraten, moralisch höher als ein Leben in permanenter Unsicherheit. Solch einem Denken zufolge verhielte sich die Gräfin also töricht, würde sie weiterhin tatenlos auf die Rückkehr ihres Mannes hoffen. Genau diese gottgelenkte Argumentation wird später übrigens auch der schwedische Graf bemühen, als er von der Heirat seiner Frau mit Herrn R** erfährt: „Ich habe, seitdem ich so glücklich bin, weniger ein Sclave zu seyn, diesen Spuren der Vorsehung oft mit tiefer Ehrfurcht, obgleich mit einem innerlichen Schauer, nachgedacht.“[111]

Nachdem sich die Gräfin und Herr R** zu dieser theologischen Schicksalsdeutung durchgerungen haben, bemühen sie gleich eine empfindsame Liebesethik. Weil es ihr gemäß nicht zur Bestimmung des Menschen gehört, im Unglück zu leben, ergehen sich beide zunächst in den „geheimen Vergnügungen eines guten Gewissens“.[112] Der alsbald geplanten Heirat geht dann noch die wechselseitige Versicherung voraus, man sei füreinander bestimmt und gehorche insofern dem jenseitigen Ratschlag. Alle anderen Bedenken ertränken Gräfin und R** im heftigen Tränenfluss:

> Wenn wir mitten in unsern Vergnügungen recht empfindlich gerührt seyn wollten: so dachten wir unserm Schicksale nach. Diejenigen, die niemals unter grossen Unglücksfällen geseufzt haben, wissen gar nicht, was für eine Wollust in diesen Betrachtungen zu finden ist. Man entkleidet sich in solchen Augenblicken von allem seinen natürlichen Stolze; man sieht, indem man sein Schicksal durchschaut, sein Unvermögen, sich selber glücklich zu machen, und überläßt sich den Entzückungen der Dankbarkeit, die uns nicht länger wollen nachdenken lassen.[113]

Medien der Empfindsamkeit

Diese moderate Form des ‚Selbstmitleids‘ entäußert sich auch in jener Unaufgeregtheit, mit der die Gräfin auf die Wiederkehr ihres ersten Mannes reagiert. Scheinbar unbewegt erklärt sie ihre Ehe mit Herrn R** für beendet und sucht umgehend ein Beichtgespräch zu dritt: „Wir erzählten einander die Geschichte unsrer Empfindungen, und unser Umgang war von dieser Stunde an Liebe und Freude.“[114] Wie reserviert die Protagonisten in *Das Leben der schwedischen Gräfin von G**** mit ihren eigenen Gefühlen umgehen, lässt sich auch den Briefen entnehmen, die als eigentlich intimes Kommunikationsmedium gelten. So teilt die Gräfin ihren Heiratsantrag brieflich mit und bittet Herrn R** gleichzeitig, auch nur schriftlich zu antworten. Bewegende Empfindungen oder innige Wünsche werden in solchen Mitteilungen folglich ebenso wenig erwartet wie „alltägliche Lebensäußerungen".[115] Unreflektiert kommunizierte Emotionen, so weiß auch der aus dem Krieg zurückgekehrte Graf zu berichten, würden den Menschen nämlich gegen Gott aufbringen und den Verstand verfinstern. Bevor sich solch ein Contenanceverlust bemerkbar macht, verzichten Gessners Romanfiguren darauf, dem geliebten Menschen die Gefühle für ihn einzugestehen. Stattdessen wird dem Briefpartner die Zuversicht signalisiert, dass „alles, was uns begegnen" kann, „mit einer uns anständigen Gelassenheit zu ertragen" ist.[116] Salopp formuliert, gleicht die mediokre Liebe insofern einem Training des inneren Gleichmuts und der geistigen Umsicht:

> Man sieht, wenn man den Betrachtungen über die Vorsehung nachhängt, die Unmöglichkeit sich selbst zu helfen, deutlicher, als wenn man sich seinen Empfindungen überläßt [...]. Für diese traurige Entdeckung will sich unser Herz gleichsam durch die Unzufriedenheit rächen, und es umnebelt den Verstand, damit es von seinem Lichte nicht noch mehr zu befürchten habe.[117]

Wielands Roman der Seele 5.5

Wielands Romane nehmen in der zweiten Hälfte des 18. Jahrhunderts eine Sonderstellung ein. Gegenstand ihres anhaltenden Spotts ist unter anderem die Literatur der Empfindsamkeit. Überhaupt vertritt Wieland einen rationalen Begriff von Dichtung, weiß sich als Romancier aber frei von Regelpoetik und vernunftphilosophischer Unbedingtheit. Gattungsgeschichtlich übernehmen seine Romane verschiedene Handlungselemente und Figuren des älteren Staats- und Narrenromans, neuartig sind indes Erzählerfiguren, die über einzelne Romanfiguren spotten oder mit dem Leser über optionale Erzählformen nachdenken, die dann im Anschluss angewendet und sofort kritisch reflektiert werden. So steht in der *Geschichte des Agathon* nicht nur die ästhetische Wertschätzung des noch jungen Entwicklungs- oder Bildungsromans auf dem Prüfstand. Ebenso umtriebig denkt der Erzähler über seine Anleihen bei Cervantes' *Don Quijote* nach. Im ironischen Rückgriff auf die wissenschaftliche Redlichkeit der Lehrgedichte werden überdies Erzähltechniken – Vorausgriffe

Abb. 20 Christoph Martin Wieland. Porträt von Ferdinand Jagemann (1805)

und Rückblenden, Raffungen, burleske Abschweifungen, eingeschobene Briefe oder Dialoge – als Stilmittel erläutert und mit Hilfe eines wissenschaftlichen Anmerkungsapparats gegen abweichende Lehrmeinungen verteidigt. All diese metapoetischen Exkurse werben für die romaneske Kompositionskunst, schützen die noch immer beargwöhnte Gattung aber auch vor dem Verdacht sprachlicher und formalästhetischer Anspruchslosigkeit.

Krisen in der Ordnung

Mit solchen narratologischen Analysen schließt Wieland an die Romane Diderots und Sternes an, deren Erzähler ebenfalls über ihre Funktion im Roman diskutieren oder dessen literarische Wirkungsabsicht offenlegen. Sozialgeschichtlich erklärt sich diese Beschäftigung mit dem Erzähler, die vorübergehend bis zu dessen Infragestellung gehen kann, aus dem „Verlust allgemeingültiger Ordnungen und Systeme".[118] In solch einer Krise der „erfahrungsunabhängigen Teleologie" demontiert sich auch Wielands Erzähler als moralische Instanz. Welche Freiheit ihm in Zeiten erwächst, in denen auch das ästhetische Regelwerk reflexiv wird, dokumentieren die Grenzüberschreitungen zu anderen epischen Gattungen sowie die Wechsel zwischen verschiedenen Romantypen.[119] Unter solch einem Potpourri aus komischen Abenteuern, amourösen Episoden und tolldreisten Kommentaren leidet bei Wieland am wenigsten die politische Kritik. So sind es in der *Geschichte des Agathon* ein feudaler Ständestaat und der bürgerliche Reformwille, deren Glaubwürdigkeit mit allerlei Finesse hintertrieben wird.

Geschichte des Agathon

Der Roman erscheint erstmals 1766/67 in zwei Bänden, 1773 und 1794 folgen zwei weitere, jeweils stark überarbeitete Versionen. Grundlage der folgenden Überlegungen ist die Erstausgabe, da in ihr die Empfindsamkeit weniger konziliant als in den Folgefassungen hinterfragt wird. Im Mittelpunkt des Geschehens steht der junge Agathon, dessen Name übersetzt ‚das Gute' bedeutet. Da Agathon damit ein Programm verbindet, will er „der Welt keine Hirngespenster für Wahrheit" verkaufen, sondern den Grundsatz lehren, „wie glüklich der Zustand der Geister sey, die den groben tierischen Leib abgelegt haben, und im Anschauen des wesentlichen Schönen, des Unvergänglichen, Ewigen und Göttlichen, Jahrtausende durchleben".[120] Wie jedoch schon der Vorbericht verrät, ist Agathon „kein Modell eines vollkommen tugendhaften Mannes", sondern ein „vortreflicher" Charakter, dessen „Denkensart und Tugend" geläutert werden muss.[121] Wieland gestaltet diese „verschiedene[n] Proben" nach den Vorgaben des älteren Staatsromans: Auf der Suche nach seiner Jugendliebe, der hübschen Psyche, gerät Agathon in die Hände von Piraten, die ihn an den epikureischen Philosophen Hippias verkaufen.[122] Dieser ersten Station auf einem auch geistig verschlungenen Lebensweg schließen sich weitere Besuche fremder Kulturen an. Allerorten diskutiert Agathon mit Philosophen über antike und aufgeklärte Staatstheorien, bis er schließlich in den Armen Danaes landet, die ihn in die sinnliche Liebe einführt. Am Ende seiner Bildungsreise entscheidet sich Agathon schließlich wieder für das Gutsein, bemerkt jedoch nicht, dass sich diese Form des Tugendhaften inzwischen überholt hat.

Das Gute und Schöne

Dass sich Wieland in der *Geschichte des Agathon* mit den Widersprüchlichkeiten der empfindsamen Kalokagathie befasst, wird bereits während Agathons Aufenthalt bei Hippias angedeutet. Obwohl sein neuer Herr den Namen eines griechischen Rhetors aus dem fünften vorchristlichen Jahrhundert trägt, verleiht ihm Wieland die Züge des französischen Materialisten Julien Offray de La Mettrie. In Anlehnung an dessen *L'Homme machine* (1748) klärt Hippias seinen Sklaven darüber auf, der Mensch könne nur glücklich werden, wenn er seine sinnlichen Bedürfnisse befriedigt und dem Götterglauben abschwört:

> Wahn und Leidenschaften sind die Triebfedern dieser *menschlichen Maschinen* [...]. Nur derjenige ist in der That glücklich, der sich von den Übeln, die nur in der Einbildung bestehen, gänzlich frey zu machen [...] entweder zu vermeiden, oder doch zu vermindern – und das Gefühl derselben einzuschläfern; hingegen sich in den Besitz alles des Guten, dessen uns die Natur fähig gemacht hat, zu sezen, und was er besizt, auf die angenehmste Weise zu geniessen weiß; und dieser Glükselige allein ist der Weise.[123]

Das Gutsein, so wird in den weiteren Gesprächen mit Hippias herausgearbeitet, erweist sich als Chimäre, solange es den Menschen ästhetisch widerstrebt, ein so hohes Ideal konsequent umzusetzen. Bezeichnenderweise verleiht Hippias seinem Sklaven den Namen Kallias, was übersetzt ‚das Schöne' bedeutet. Als Inkarnation des Guten und Schönen sieht sich Agathon prompt in der Annahme bestätigt, auch das Glücksstreben sittlich fragwürdiger Charaktere verdanke sich letztlich ihrem guten Geschmack.

Die schöne Seele

Den Beweis für diese Mutmaßung tritt die schöne Hetäre Danae an. Hatte der junge Idealist das Erotische bislang als eher unlautere Empfindung begriffen, so lernt er in der Wollust jetzt ein Mittel kennen, mit dem sich die „weisen und tiefsinnigen Leute[]“, die „in stolzer Musse und Abgeschiedenheit von dem Getümmel“ leben, einigermaßen brüskieren lassen.[124] Mit seinen sexuellen Eskapaden hintertreibt Agathon in der Danae-Episode aber nicht nur die Gefühlsseligkeit und Gelassenheit empfindsamer Zeitgenossen. Seine Attacken zielen darüber hinaus gegen die einflussreiche Philosophie Shaftesburys, derzufolge eine zu einseitige Hingabe an eine Leidenschaft die innere ‚Harmonie‘ des Menschen gefährdet. In ironischer Umkehrung dieser Forderung bezeugen Agathon und Danae, dass allein die „Vermischung“ mit dem Geschlechtspartner zum persönlichen ‚Wohlergehen‘ beitragen kann. Die „in Empfindung zerfliessende[] Seele“ bleibe von solch einer Lusterkenntnis schon deshalb verschont, weil allein die „Wunderwerke der Liebe“ den Tugendwahn als Vereitelung des irdischen Glücks entlarven.[125] Gelangt Agathon zu solchen Einsichten, so ändert dies freilich nichts an seiner Unwissenheit hinsichtlich der Möglichkeiten, gesellschaftliche Machtkonstellationen umzugestalten. Zwar wähnt er sich während seiner erotischen Höchstleistungen als Sozialreformer, der die Menschen erfolgreich über ihre Lustfeindlichkeit aufklärt. Faktisch aber nimmt er bloß an einem Experiment teil, zu dem ihn Danae und Hippias heimlich verführt haben. Dem Erzähler bietet diese ‚vergebliche Liebesmüh‘ neuerlich Gelegenheit, seinen Protagonisten zu verspotten. Während sich Agathon in den Armen Danaes zu hochfahrenden Monologen versteigt, heißt es in den entsprechenden Kommentaren, in der Weltfremdheit gefielen sich alle Bürger, die sich bloß in „gelassene[r] [...] Vernunft“ und empfindsamer „Eigenliebe“ üben.[126]

Wendet sich Agathon nach solchen Eskapaden wieder seiner angestammten Staats- und Tugendlehre zu, so entgeht ihm trotz aller bisher gewonnenen Einsichten, dass keine der im Roman verhandelten Herrschaftsformen das private Glück der Menschen befördert. Weil sie allesamt nicht hinreichend das Individuum berücksichtigen, bleiben sie despotisch. Auch Agathons letztlich naive Theorie des Gutseins muss sich den Vorwurf gefallen lassen, sie tauge allenfalls für den Privatgebrauch. Denn was die Wahrheit nun eigentlich ist, weiß am Ende des Romans selbst der Erzähler nicht mehr zu sagen. Übrig bleibt nach dieser Reise durch die antike Welt nur ein Kaleidoskop weltanschaulicher Überzeugungen, die bei guter oder schöner Lesart ihre Berechtigung haben mögen, sich bei kritischerem Hinsehen aber allesamt als menschenverachtend erweisen.

Macht Schwärmerei glücklich?

Missachtung des Individuellen wirft Wieland in der *Geschichte des Agathon* auch einer Aufklärung vor, die anstelle des subjektiven Glücks nur das Wohlergehen einer irgendwann emanzipierten Menschheit avisiert. Lässt man diese Einschätzung gelten, dann ist auch die These, Wieland habe im *Agathon* die „Leidenschaftslosigkeit" gelehrt[127], dahingehend zu deuten, dass es dem Gutmenschen des Romans durchgängig versagt bleibt, seine perfide Instrumentalisierung durch Ideologien oder Herrschaftssysteme zu begreifen. Stattdessen reagiert er zumindest in der Rolle des Idealisten so gleichmütig wie beispielsweise Gellerts schwedische Gräfin. Wie jedoch der Herausgeber zu bedenken gibt, setzt dieses unbeirrte Festhalten an weltanschaulichen Überzeugungen den Glauben voraus, das „empirische Individuum" unterstehe lediglich „äußerer Kausalität".[128] Gerade diese Annahme wird im *Agathon* aber so vehement bezweifelt wie ein systemisches Denken, das Wahrheiten zu generieren versucht. Mit den Worten des ironischen Schlusstableaus heißt dies: Nur ein Mensch, der sich widerstandslos wie Agathon von allen Seiten traktieren lässt, glaubt sein wie auch immer geartetes Glück auf Erden gefunden zu haben.[129] Für alle anderen dürfte demgegenüber gelten, dass allein ein skeptischerer Umgang mit Wahrheiten vor weltanschaulicher Borniertheit schützt.

Der satirische Roman 5.6

Auch wenn sich bereits in Romanen der Frühaufklärung satirische Elemente finden, gilt für den satirischen Roman sozial- und gattungsgeschichtlich, was bereits über die epische Großform im Allgemeinen festgestellt wurde: Erst in der zweiten Hälfte des 18. Jahrhunderts setzt er sich gegen poetologische und moralische Widerstände durch und bildet verschiedene Genres aus. Unterscheiden lassen sich vier Formen des satirischen Romans: 1) Romansatiren wie Wilhelm Ehrenfried Neugebauers *Der teutsche Don Quijotte* (1753) und Wielands *Don Sylvio von Rosalva*, in denen der ältere Ritter- und Staatsroman verspottet wird; 2) satirische Thesenromane wie Johann Pezzls *Faustin oder das philosophische Jahrhundert* (1783) und Nicolais *Geschichte eines dicken Mannes* (1794); 3) gesellschaftskritische Zeitromane wie Wielands *Ge-*

schichte der Abderiten (1774ff.) oder Adolph von Knigges *Geschichte des armen Herrn von Mildenburg* (1789); 4) die beliebten Reisesatiren in Romanform, darunter Richard Graves *Der geistliche Don Qvixote oder Gottfried Wildgoosens den Sommer über angestellte Wanderschaft* (1773), Johann Adam Gotthard Kirstens *Lottchens Reisen ins Zuchthaus* (1778) oder Theodor Gottlieb von Hippels *Kreuz- und Querzüge des Ritters A bis Z* (1793f.).[130]

Zielscheiben des satirischen Spotts sind neben moralischen Verfehlungen der Gelassenheitskult und die pietistisch grundierte Beichtpraxis, ferner religiöse Schwärmerei und verschiedene literarische Strömungen. So verlachen Johann Karl August Musäus in *Grandison der Zweite* (1760ff.) und Johann Gottlieb Schummel in *Wilhelmine von Blumenthal oder das Kind der Natur* (1780f.) die Flucht ins empfindsame Familienidyll. Demgegenüber macht sich Nicolai in den *Freuden des jungen Werthers* (1775) über Goethes erfolgreichen Briefroman lustig und Friedrich Bernritter in *Siegwart oder der jämmerliche verfrohrene Kapuciner* (1777) über Johann Martin Millers Roman *Siegwart. Eine Klostergeschichte* (1776). Wezels *Belphegor* und Friedrich Traugott Hases *Gustav Aldermann. Ein dramatischer Roman* (1779) parodieren den noch jungen Gesellschaftsroman des 18. Jahrhunderts, der die Sittlichkeit der Bevölkerung im Kontext ihrer wirtschaftlichen Wohlfahrt reflektiert. Ausführlicher vorgestellt wird im Folgenden der gesellschaftskritische Zeitroman.[131]

Zeitroman

Aus einer weltanschaulich freieren Perspektive analysiert das Genre kulturelle „Verhaltensmuster“ am Beispiel der „Erfahrungs- und Lebensgeschichte einer Figur [...]. Soziale Aktionen und individuelle Anschauungen werden dann nicht mehr nur auf einen bestimmten Verhaltenstypus (Schwärmer, Freigeist, Pedant etc.) zurückgeführt, sondern auch im Zusammenhang mit dem sie bestimmenden gesellschaftlichen Milieu von Familie, Beruf und Lebensraum gesehen.“[132] Ob Wezels *Belphegor* das Thomas Hobbes' *Leviathan* (1651) entnommene Motto *Bellum omnium contra omnes* thesenartig bestätigt oder ob der Roman die Vernunftphilosophie mitsamt der aufgeklärten Anthropologie desillusioniert, wird seit einigen Jahren kontrovers diskutiert. Schließt man sich jedoch Jörg Schönerts Beobachtung an, der satirische Zeitroman statuiere kein „zur Nachahmung aufforderndes Exempel“, sondern widme sich der „Natur des Menschen [...] als *zoon politikon*‘, dann liegt es nahe, Wezels *Belphegor* gesellschaftskritisch zu lesen.[133]

Bevor diese Entscheidung ausführlicher begründet werden kann, lohnt ein Blick in Wezels *Versuch über die Kenntniß des*

Menschen (1784f.).[134] In dieser Theorie der menschlichen Empfindungen wirft Wezel der Vernunftphilosophie vor, sie habe zwar einen moralischen Idealtypus des Menschen entworfen, dabei aber die physiologische Disposition dieser ‚Maschine' vernachlässigt. Darüber hinaus lasse sich über das Wesen des Menschen wenig Genaues aussagen, solange nicht auch Kranke, Verstoßene, Verbrecher oder sozial Unterdrückte berücksichtigt werden. Deren soziale Befindlichkeit präge das Gemeinschaftsleben nachhaltiger als jeder Versuch, das Dasein einem rationalen Standard und moralischen Normen zu unterstellen. Um seine Bedenken wissenschaftlich zu untermauern, beruft sich Wezel auf die medizinischen Entdeckungen Albrecht von Hallers. In seiner *Untersuchung von den empfindlichen und reizbaren Theilen des menschlichen Körpers* (1756) hatte der Schweizer Universalgelehrte die Reiz-Reaktionsprozesse der Nerven- und Muskelzellen beschrieben und aus seinen Forschungen den Schluss gezogen, das menschliche Gehirn werde auch unabhängig von Vernunft und Willen von Außenimpulsen gesteuert.[135] Unter Berufung auf diese Ergebnisse folgert Wezel, der vermeintlich kopfgeleitete Mensch sei nicht in der Lage, sich selbst zu bestimmen. Dagegen sprächen fragwürdige Nervenreize, die Willensfreiheit und Vernunft boykottieren.

Belphegor

Mit beißendem Spott verkehrt Wezel diese wissenschaftlichen Beobachtungen ins Gegenteil und lässt in seinem *Belphegor* zahlreiche Egomanen, Mörder und Despoten den Beweis antreten, zu welcher Selbstbestimmung und Perfektibilität insbesondere Sadisten fähig sind. Angesichts dieses Bestiariums relativiert sich die aufgeklärte Hoffnung, durch einen reflektierten Vernunftgebrauch könne der Einzelne das soziale Zusammenleben positiv beeinflussen. Nachdrücklich weist bereits das Vorwort darauf hin, „Neid *und* Vorzugssucht" hätten zu „allen Zeiten, an allen Orten, in allen Ständen der Menschheit und Gesellschaft" zu den „allgemeinsten Triebfedern der menschlichen Natur" gehört.[136] Und wie Belphegor später hinzufügt, ist auf der Welt alles „im Kriege", denn die Menschen streben nach „Anbetung und Ehrfurcht" und erkämpfen beide „durch Morden, Rauben, Betriegen, Plündern".[137]

Mitleid

Mit Belphegor lernen die Leser einen „Märtyrer seines guten Herzens" kennen, der mit erstaunlicher Passivität auf Unrecht, Schmerzen und psychisches Leid reagiert.[138] Auch seine Weggefährten, Fromal und Medardus, lassen sich widerstandslos ausrauben oder an Leib und Seele verstümmeln. An ihrer Neugier auf die Welt ändern all diese Qualen nichts. Unverdrossen suchen die drei Antihelden den Kontakt zu durchtriebenen Klerikern, politischen Rädelsführern oder furchtlosen Räuberbanden. Sie alle machen sich zunächst die Naivität der drei Reisenden für ihre niederträchtigen Pläne zunutze, um sie anschließend fürchterlich zu foltern. Warum Belphegor und seine Freunde kein Mitleid verdienen, verrät der Erzähler nicht, weist die Leser aber mehrfach auf Rousseaus 1754 erschienene *Abhandlung über den Ursprung und die Grundlagen der Ungleichheit unter den Menschen* hin. In ihr hatte der Genfer Philosoph die Behauptung aufgestellt, der noch empathisch begabte Mensch sei frei von Eigennutz und Missgunst:

> Es ist also gewiß, daß das Mitleid ein natürliches Gefühl und der wechselseitigen Erhaltung des ganzen Geschlechtes zuträglich ist, indem es bei jeder einzelnen Person die Wirksamkeit der Eigenliebe mäßigt. Diese Empfindung bringt uns dazu, daß wir einem jeden Leidenden ohne Überlegung Hilfe leisten; sie vertritt in dem Stande der Natur die Stelle der Gesetze, der Sitten und der Tugend, und hat noch dieses voraus, daß niemand in Versuchung kommt, ihrer süßen Stimme den Gehorsam zu versagen.[139]

Das Vermögen, Mitleid zu empfinden, wird nach Rousseau durch den Zivilisationsprozess verdorben. Unter dem Druck des Erwerbszwangs nutze der Einzelne sein Einfühlungsvermögen fortan in der Absicht, gezielt die Schwächen seiner Mitmenschen auszukundschaften und aus ihren Nöten Kapital zu schlagen. Von dieser Pervertierung des Mitleids scheint Belphegor in Wezels gesellschaftskritischem Zeitroman unbelastet. Frei von jeder Arglist, lebt er noch im Naturzustand und begegnet seiner Umwelt stets vertrauensvoll. Faktisch macht er sich damit zum Spielball einer Gesellschaft, die gnadenlos dem Gesetz des Stärkeren huldigt. Aus dieser Leidensperspektive lernt Belphegor die Wirklichkeit als grenzenloses Durcheinander kennen, dem keine göttliche oder vernünftige Ordnung zugrunde liegen kann. In einem seiner wenigen philosophischen Monologe, in denen Belphegor mit vorübergehender Klarsicht seine Lage erkennt, stellt er eine ‚Chaostheorie' auf, die den aufgeklärten Natur- und Gesellschaftsbegriff ad absurdum führt:

> Entweder müßte also hier in dem Plane der Begebenheiten ein thörichter Zweck oder ein thörichtes Mittel angenommen werden, oder die ganze Sache muß ein *zufälliger, nicht intendirter* Umstand seyn; und, und! – vielleicht war die ganze Reihe meines, deines Lebens, die Begebenheiten der ganzen Erde nichts als dieses – Wirkungen des Zufalls und der Nothwendigkeit, wo Leute, die diese Wörter nicht leiden konnten, *Zweck* und *Mittel* herauskünstelten

> und, wie die Wahrsager, auch zuweilen diese beyden Sachen selbst herausbrachten.[140]

Das ‚allgemeine Kampfjagen'

Solche Einsichten signalisieren dem Leser, was Belphegor dem in Satiren beliebten Typus des Träumers oder Schwärmers voraus hat: In seiner Weltfremdheit ist er in der Lage, die theoretischen Prämissen und Forderungen aufgeklärten Denkens angesichts der ‚realen' Macht- und Gesellschaftsverhältnisse in Frage zu stellen. Seine Schlussfolgerung, dem nun einmal nicht zu bessernden Menschen müsse man weiterhin mit Güte begegnen, knüpft freilich wieder an jene Mitleidsethik empfindsamer Zeitgenossen an, die sich ebenfalls den Prüfungen durch ihre Umwelt aussetzen. Als ‚schöner Seele' entgeht Belphegor indes, dass sich inzwischen eine ganze „Industrie" anschickt, die „[u]nglückliche Geschäftigkeit der Welt" zu beschleunigen.[141] Unter ihrem Diktat würden „Annehmlichkeit, Zierde" und „Glückseligkeit" endgültig Opfer eines „allgemeinen Kampfjagens".[142] Warum der notorische Gutmensch Belphegor als Parodie auf die empfindsame Dialogbereitschaft zu lesen ist, wird längstens ersichtlich, wenn ihn schlussendlich nur noch die Sorge umtreibt, in einer kapitalistisch beherrschten Kultur von geschäftstüchtigen Egoisten als Sonderling verlacht zu werden.

Fromal

Die einzige Figur, die im Roman den scharfen Kontrast zwischen aufgeklärter Menschheitsutopie und gesellschaftlicher Verrohung erkennt, ist Fromal – ein Verbrecher, der zwar mordet, aber dessen Geist weitsichtig genug ist, um die Grenzen menschlicher Humanitas zu erkennen. In einem längeren Monolog veranschaulicht er den Freunden, woran sowohl die empfindsame Empathie als auch die Logik einer universal gedachten Tugendhaftigkeit kranken: Werden bestimmte Wertvorstellungen als vernünftig und gesellschaftlich tragfähig gesetzt, so drohen das Selbstbestimmungsrecht des Einzelnen und seine persönliche Glückseligkeit auf der Strecke zu bleiben. Moralität ist Fromal zufolge also willkürlich und gewalttätig:

> Da nun jede Wirkung auf die vorhergehende Ursache so gut paßt, daß diese um jener willen dazuseyn scheint, so stellen wir uns vor, daß der Stein *darum* einem Menschen auf den Kopf fällt, weil er getödtet werden soll: die Einbildungskraft hat hierbey Raum die Menge zu ihrem Spiel; wenn der Stein einen Menschen trift, den wir nach unserm Urtheile für böse halten, so nennen wir es Strafe: trift er einen guten, so nennen wir es Schickung oder wie es uns sonst beliebt. Aber allzeit ist es blos *unsre* Erfindung, *unsre* Vorstellung, die wir nie zu einiger Evidenz erheben können.[143]

Wirkung

Solche grundstürzenden Zweifel an sozialen Sinnkonstrukten beschwören in Wezels satirischem Zeitroman einen Nihilismus herauf, auf den es nach Auskunft des *Belphegor* weder philosophische noch politische Antworten gibt. Entsprechend verhalten scheinen die zeitgenössischen Leser auf eine Satire reagiert zu haben, der es nicht mehr bloß um das amüsierte Verlachen gesellschaftlicher oder individueller Defizite geht. Erst Arno Schmidt wird 1959 in seinem Rundfunkbeitrag *Belphegor oder Wie ich Euch hasse* wieder auf den Roman aufmerksam machen. Ob Wezel tatsächlich so übellaunig auf die eigenen Zeitläufe reagiert, wie Schmidt hier annimmt, sei dahingestellt. Als Beitrag zu einer Aufklärung, die sich im späten 18. Jahrhundert zurückhaltend mit einer im Wandel befindlichen Gesellschaft auseinandersetzt, legt sein Roman den Lesern allerdings die Erkenntnis nahe, sich entweder hilflos in einer Welt zu bewegen, die kaum andere Sicherheiten als die eines gnadenlosen Wirtschaftspragmatismus bietet, oder sozialen Missständen zukünftig weniger ‚gelassen' zu begegnen.

6. Reiseliteratur

Ob in Briefform, als wissenschaftlicher Bericht oder Roman gehört die Reiseliteratur im letzten Drittel des 18. Jahrhunderts zu den beliebtesten literarischen Gattungen. Dieses hohe Interesse erklärt sich aus der Tatsache, dass weite Reisen nach wie vor beschwerlich und teuer sind. Wer sich seinerzeit auf längere Fahrten begibt, braucht Empfehlungsbriefe, halbwegs sichere Verbindungen zwischen den Pferde- oder Poststationen und meist auch versierte Reisebegleiter. Zunächst sind es junge Adlige auf ihrer Grand Tour und Kaufleute, die sich für längere Zeit im Ausland aufhalten. An sie wendet sich die Reiseliteratur der Frühaufklärung. Neben Routenempfehlungen und Hinweisen auf bekannte Gefahren finden sich Beschreibungen unterschiedlicher Sehenswürdigkeiten sowie Verhaltensvorschriften für den Umgang mit anderen Kulturen. Von solchen Reiseführern im engeren Sinne sind die literarisch aufgearbeiteten Berichte bekannter Künstler oder Gelehrter zu unterscheiden, die sich im Lauf des 18. Jahrhunderts vermehrt auf Bildungstour begeben oder an großen wissenschaftlichen Expeditionen teilnehmen.

Bildungsreisen

Die lange vertretene Ansicht, Goethes *Italienische Reise* (1813ff.) verkörpere geradezu idealtypisch die Subjektwerdung des reisenden Bürgers im 18. Jahrhundert, steht noch in der Tradition einer klassizistischen Literaturgeschichtsschreibung und hat den Blick auf ältere Reiseliteratur der Aufklärung verstellt. Oft sind es Hauslehrer, die junge Adlige auf ihren obligatorischen Reisen durch Europa begleiten und damit Gelegenheit erhalten, über berühmte Kunstsammlungen, Bibliotheken oder ‚Kuriositätenkabinette' im Besitz aristokratischer Liebhaber zu berichten. Da die öffentlich zugänglichen Museen erst in den 1760er Jahren ihre Tore öffnen, sind die Beschreibungen solcher privaten Kollektionen nicht zuletzt für zeitgenössische Fachleute von großem wissenschaftlichen Interesse. Wie Johann Georg Keyßlers *Neueste Reisen durch Deutschland, Böhmen, Ungarn, die Schweiz, Italien und Lothringen* (1740f.) dokumentierten, beschäftigen sich reisende Bürger ferner mit den ökonomischen, sittlichen oder hygienischen Lebensbedingungen anderer Länder und entwickeln aus ihren Beobachtungen schließlich Anregungen für die Verbesserung der heimischen Wohlfahrt. Als Hofmeister des Grafen von Bernsdorff, dessen Söhne er auf Reisen unterrichtet, muss Keyßler jedoch erfahren, wie kritisch die Obrigkeit solche Vorschläge registriert. Teile seines Reiseberichts, in denen er sich positiv zu den politischen Verhältnissen im Ausland äußert, fallen jedenfalls der Zensur zum Opfer. Gleichwohl knüpfen noch die sozialkritischen Reisebeschreibungen der Spätaufklärung an Keyßler an.

Fachurteile

Um dem Bildungsauftrag bürgerlicher Reiseliteratur gerecht zu werden, bleibt ferner zu berücksichtigen, dass reisende Künstler und Gelehrte des 18. Jahrhunderts recht früh schon einen umfassenden Katalog an Empfehlungen abzuarbeiten haben. „Wer vernünfftig und also klüglich reisen will", dem gibt Zedlers *Universallexikon* bereits 1742 einundneunzig Ratschläge mit auf den Weg, darunter allgemeine wie das Studium fremder Sprachen und Gebräuche, aber auch konkrete Aufgaben für Theologen, Juristen oder Philologen. Der reisende Bürger ist schließlich nicht nur um seiner selbst willen unterwegs, sondern einerseits als Aufklärer, dessen „Absehen" darin besteht, das allgemeine Weltwissen zu mehren, und andererseits als Fachwissenschaftler, der herrschende „Irrthümer" bezüglich fremder Kulturen revidieren soll.[144] Wie sich solch ein vielgestaltiger Reisezweck literarisch umsetzen lässt, dokumentiert Friedrich Nicolai in seiner *Beschreibung einer Reise durch Deutschland und die Schweiz im Jahre 1781. Nebst Bemerkungen über Gelehrsamkeit, Industrie, Religion und Sitten*. Im Vorwort zum dritten Band (1783) führt er über die Aufklärungsabsichten seines umfangreichen Reiseberichts aus:

> Ich habe mich zu meiner Reise vorbereitet, durch die Lesung der besten Bücher von den Gegenden, die ich besuchen wolte, und habe

> mich denn selbst vollständig zu unterrichten gesucht. Ich habe bey meiner Anwesenheit allenthalben unermüdet beobachtet, und von allen Orten eine Menge gedruckter und ungedruckter Nachrichten mitgebracht [...], habe ungedruckte Nachrichten und eigne Bemerkungen hinzugethan [...], habe mir viel Mühe gemacht, um andern Mühe zu sparen. Durch solchen Detail von *Thatsachen* erscheinen denn freylich manche Dinge in einem ganz andern Gesichtspunkte, als man sie zu sehen gewohnt ist.[145]

Über diese allgemeine Aufgabenstellung hinaus berichtet Nicolai detailgenau über wissenschaftliche Kabinette, Kunstsammlungen oder technische Erfindungen, die er während seiner Reise kennenlernt.

Empfindsame Reisen

Wechsel zwischen heiteren Begebenheiten und der persönlichen Durchdringung neuer kultureller Impressionen charakterisieren die empfindsamen Reiseberichte der 70er und 80er Jahre des 18. Jahrhunderts. Da das individuelle Erlebnis im Vordergrund stehen soll, arbeiten sich die Autoren nicht notwendigerweise an der Chronologie der Reisetermine ab, sondern strukturieren ihre Berichte beispielsweise nach der Intensität, mit der einzelne Begebenheiten erlebt wurden. Stellvertretend für diese teils scharf kritisierte, aber dennoch viel gelesene Reiseliteratur seien Johann Georg Jacobis *Die Winterreise* (1769), Johann Gottlieb Schummels *Empfindsame Reisen durch Deutschland* (1771f.) sowie Sophie von La Roches *Tagebuch einer Reise durch die Schweiz* (1787) genannt. Während Jacobis christlich gelehrtem Freundschaftskult und Schummels pädagogisierendem Schwärmertum von Herder, Moritz und Goethe mangelnde Authentizität und ein eher selbstverliebter Umgang mit dem Fremden vorgehalten wird, genießt Sophie von La Roche den Ruf, als eine der ersten alleinreisenden Frauen mit der in zeitgenössischen Reiseführern aufgestellten Behauptung, dem weiblichen Geschlecht sei das Reisen aus körperlichen und moralischen Gründen nicht zu empfehlen, gründlich aufgeräumt zu haben.

Politische Reisebeschreibungen

Im Umfeld der Französischen Revolution mehren sich politische Reiseberichte, die sich der publizistischen Dokumentation sozialer Missstände widmen. Hierzu gehören Wilhelm Ludwig Wekhrlins *Anselmus Rabiosus Reise durch Oberdeutschland* (1778) oder Johann Pezzls *Reise durch Polen, Russland, Schweden, und Dänemark. Mit historischen Nachrichten, und politischen Bemerkungen begleitet* (1785ff.). Ihnen folgen nach 1789 vermehrt Reiseberichte, die sich aus Sympathisantensicht mit den revolutionären Ereignissen in Frankreich oder deren Auswirkungen hierzulande beschäftigen, darunter Johann Heinrich Campes *Briefe aus Paris zur Zeit der Revolution geschrieben* (1790), Johann Nikolaus Beckers *Über*

Mainz. In Briefen an Freund R. (1792) oder Georg Kerners *Briefe über Frankreich, die Niederlande und Teutschland* (1797f.). Wie sich politisch motivierte Sozialkritik mit der ästhetischen Schilderung eigener Stadtimpressionen verbindet, lässt sich Georg Forsters *Ansichten vom Niederrhein* (1791ff.) entnehmen. Erschrocken über den in Köln herrschenden Kontrast zwischen Reichtum und Armut, notiert er in seiner Rückschau, eine volkstümliche Gläubigkeit hemme bis auf weiteres den allgemeinen Vernunftfortschritt.

Forschungsreisen

Besonderes Aufsehen erregen die großen Forschungsreisen des 18. Jahrhunderts, die in noch weitgehend unbekannte Weltgegenden führen. Entsprechend beliebt sind auch die Expeditionsberichte wie Louis-Antoine de Bougainvilles *Le Voyage auteur du monde* (1771), James Cooks *A Voyage towards the South Pole and Round the World* (1773) oder Georg Forsters *Reise um die Welt* (1778ff.). Da Bougainville und Cook neben Biologen und Geologen auch Naturmaler mit an Bord nehmen, stattet man diese Reisebeschreibungen mit Kupferstichen aus, die den Reiz des Exotischen erhöhen. In diesen Abhandlungen werden aber nicht nur fremde Kulturen oder neue Entdeckungen beschrieben. Implizit tradieren sie einen Kolonialismus, der unter aufgeklärten Vorzeichen zwar um Verständigungsbereitschaft bemüht sein mag. Folgt man Forster in der *Reise um die Welt*, handelt es sich hierbei um Zugeständnisse an jene ‚armchair philosopher', für die kein Zweifel an der Überlegenheit ihrer Vernunftkultur besteht. Bereits im Vorbericht meldet der junge Weltumsegler Zweifel an solchen eurozentrischen Zivilisationstheorien an. Auf den persönlichen Augenschein und die Freiheit von einer Logik vertrauend, die in ihrer Exklusivität eine problematische Befangenheit begünstigen kann, schreibt Forster:

> Die Philosophen dieses Jahrhunderts, denen die anscheinenden Widersprüche verschiedner Reisenden sehr misfielen, wählten sich gewisse Schriftsteller, welche sie den übrigen vorzogen, ihnen allen Glauben beymaßen, hingegen alle andre für fabelhaft ansahen. Ohne hinreichende Kenntniß warfen sie sich zu Richtern auf, nahmen gewisse Sätze für wahr an [...] und bauten sich auf diese Art Systeme, die [...] uns wie ein Traum mit falschen Erscheinungen betrügen. [...] Zuweilen folgte ich dem Herzen und ließ meine Empfindungen reden; denn da ich von menschlichen Schwachheiten nicht frey bin, so mußten meine Leser doch wissen, wie das Glas gefärbt ist, durch welches ich gesehen habe. [...] Alle Völker der Erde haben gleiche Ansprüche auf meinen guten Willen [...] und mein Lob und mein Tadel sind unabhängig von National-Vorurtheilen, wie sie auch Namen haben mögen.[146]

Zusammenfassung

Die Epik des 18. Jahrhunderts umfasst ältere Erzählformen wie Fabel oder Versepos und neue Genres wie den Gesellschafts- oder Bildungsroman. Während in empfindsamen Erzählungen und Romanen die Familie als privater Schutzraum in den Fokus rückt, muss sich das bürgerliche Individuum in den satirischen Zeit- und Bildungsromanen in einer vielfach rohen und unüberschaubaren Wirklichkeit bewähren. Die Idyllen, Patriarchaden und moralischen Erzählungen des mittleren 18. Jahrhunderts verklären demgegenüber das Mitleiden oder die Beschaulichkeit einer antiker Hirtenkultur.

Literatur

Berg, Gunhild: Erzählte Menschenkenntnis: Moralische Erzählungen und Verhaltensschriften der deutschsprachigen Spätaufklärung. Tübingen: Niemeyer 2006.

Bovenschen, Silvia: Die imaginierte Weiblichkeit. Exemplarische Untersuchungen zu kulturgeschichtlichen und literarischen Präsentationsformen des Weiblichen. Frankfurt/Main: Suhrkamp 1979.

Braungart, Wolfgang: Die Kunst der Utopie. Vom Späthumanismus zur frühen Aufklärung. Stuttgart: Metzler 1989.

Elm, Theo u. Peter Hasubek (Hg.): Fabel und Parabel. Kulturgeschichtliche Prozesse im 18. Jahrhundert. München: Fink 1994.

Grimm, Gunter E. (Hg.): Satiren der Aufklärung. Stuttgart: Reclam 1975.

Heinz, Jutta: Wissen vom Menschen und Erzählen vom Einzelfall. Untersuchungen zum anthropologischen Roman der Spätaufklärung. Berlin: de Gruyter 1996.

Hentschel, Uwe: Studien zur Reiseliteratur am Ausgang des 18. Jahrhunderts: Autoren – Formen – Ziele. Frankfurt/Main: Lang 1999.

Hohendahl, Peter Uwe: Der europäische Roman der Empfindsamkeit. Wiesbaden: Athenaion 1977.

Jost, Erdmut: Landschaftsblick und Landschaftsbild: Wahrnehmung und Ästhetik im Reisebericht 1780-1820. Freiburg: Rombach 2006.

Knautz, Isabel: Epische Schwärmerkuren. Johann Karl Wezels Romane gegen Melancholie. Würzburg: Königshausen & Neumann 1990.

Kosenina, Alexander: Der gelehrte Narr. Gelehrtensatire seit der Aufklärung. Göttingen: Wallstein 2003.

Luserke, Matthias: Die Bändigung der wilden Seele. Literatur und Leidenschaft in der Aufklärung. Stuttgart: Metzler 1995.

Martin, Dieter: Das deutsche Versepos im 18. Jahrhundert. Studien und kommentierte Gattungsbibliographie. Berlin: de Gruyter 1993.

Peitsch, Helmut (Hg.): Reisen um 1800. München: Meidenbauer 2012.

Schönert, Jörg: Roman und Satire im 18. Jahrhundert. Ein Beitrag zur Poetik. Stuttgart: Metzler 1969.

Voßkamp, Wilhelm: Romantheorie in Deutschland. Von Opitz bis Friedrich von Blanckenburg. Stuttgart: Metzler 1973.
Zelle, Carsten: ‚Angenehmes Grauen'. Literaturhistorische Beiträge zur Ästhetik des Schrecklichen im 18. Jahrhundert. Hamburg: Meiner 1987.

Fragen

1. Welche literarischen Ansprüche erfüllt das Versepos nach Sulzer?
2. Was charakterisiert die verlachende und was die strafende Satire?
3. Warum fordert Friedrich von Blanckenburg vom Roman Mannigfaltigkeit?
4. Welche Rolle spielt die Gelassenheit im empfindsamen Roman?

Antwortteil

Basismodul 2, S. 18-39

1. Während der Rationalismus den Menschen als Vernunftwesen betrachtet, der sich die für das Erkennen notwendigen Regeln selbst aufzustellen vermag, gehen die Empiristen von der Annahme aus, alles Wissen gründe auf Sinneseindrücken. Gemäß dieser Grundannahme kann auch wissenschaftlich nichts über das Wesen des Menschen ausgesagt werden, solange diese Erfahrungswirklichkeit unberücksichtigt bleibt.

2. Unter ‚Galanterie' oder ‚galanter Conduite' wird ein kluges und angemessenes Verhalten des Bürgers in der Öffentlichkeit verstanden. Dieses Auftreten gilt als ‚schön', wenn sich der Einzelne strategisch geschickt und der Situation angemessen aufführt. Als ‚gut' wird ein Verhalten bezeichnet, das nicht gegen die bürgerlichen Moralvorstellungen verstößt.

3. Angesichts einer nicht immer vernunftkonformen Außenwelt bildet die Privatsphäre einen Schutzraum, in dem man sich vertrauensvoll über persönliche Verfehlungen oder negative Einflüsse seitens der Gesellschaft austauscht. Dem Dialog kommt dabei die Aufgabe zu, dem Leidtragenden den Wert der Selbstachtung und Möglichkeiten der sozialen Reintegration aufzuzeigen. Gleichzeitig soll er die Privatwelt als Rückzugsort schätzen lernen, dessen Beistands man sich jederzeit sicher sein darf.

4. In der Literatur der Spätaufklärung wird der Vernunftglaube als weltfremd ausgewiesen, weil er einerseits elitär verbreitet wird und Vorurteile begünstigt. Andererseits bleiben neue Einflüsse auf die Erfahrungswirklichkeit, allen voran der Kapitalismus, unberücksichtigt.

Basismodul 3, S. 41-58

1. Der Streit mit orthodoxen protestantischen Theologen wie dem Hamburger Hauptpastor Johann Melchior Goeze nimmt seinen Anfang, als Lessing 1774 mit der Veröffentlichung von Hermann Samuel Reimarus' *Apologie oder Schutzschrift für die vernünftigen Verehrer Gottes* beginnt, einer deistischen Abhandlung, in der die Existenz Gottes oder die Unsterblichkeit der Seele mit den Mitteln der Vernunft bewiesen und gegen die Zumutungen eines unbedingten Glaubens verteidigt werden.

2. In den Logen und Geheimbünden des 18. Jahrhunderts werden zentrale Leitwerte der Aufklärung wie die soziale Gleichheit eingeübt, weshalb während jeder Logensitzung die Standesgrenzen als aufgehoben gelten. Außerhalb der Logen betätigen sich die Mitglieder karitativ.

3. Die Moralischen Wochenschriften enthalten belehrende Abhandlungen und informieren über den Sinn und Zweck wissenschaftlicher Innovationen. Daneben finden sich kürzere poetische Texte, die auf anschauliche Weise moralische Richtlinien illustrieren.

4. Im letzten Drittel des 18. Jahrhunderts setzt sich unter Aufklärern die Einsicht durch, die unteren Gesellschaftsschichten bislang nicht hinreichend in den Prozess der Vernunftwerdung mit einbezogen zu haben. Erfolgreich verbreiten sich sogenannte ‚Hilfsbüchlein', die sich an bestimmte Berufsgruppen wenden und auf möglichst verständliche Weise über technische oder ökonomische Verbesserungen informieren sowie praktische Fragen der Kindererziehung beantworten. Gleichzeitig werden ein überkommener Aberglaube und haltlose Vorurteile widerlegt.

Aufbaumodul 1, S. 60-87

1. Im 18. Jahrhundert versteht man unter Witz die Fähigkeit, in Gesprächen möglichst geistreich und anregend die eigene Vernunft unter Beweis zu stellen. Im Kunstdiskurs bezeugt der Witz darüber hinaus ein adäquates und historisch geschultes Urteil.

2. Die menschlichen Sinne vergleicht Baumgarten mit prärationalen Kanälen, die nur solche Eindrücke weiterleiten, deren Vollkommenheit dann vom Intellekt bestätigt werden kann.

3. Nach Georg Friedrich Meier übernimmt das schöne Denken die Aufgabe, das Abstrakte oder Nichtssagende logischer Formeln und Deduktionen zu ästhetisieren. Dabei entlarvt sich der geometrisch arbeitende Verstand als weltfremd. Mit Hilfe des schönen Denkens gelingt es dem Einzelnen aber auch, sich als ästhetisches Subjekt zu behaupten.

4. Die Entdeckung der Gesänge und Lieder des gälischen Barden Ossian gilt als ästhetische Sensation, weil mit ihnen die antikisierende Behauptung widerlegt werden kann, die mittel- und nordeuropäischen Länder verdankten ihre künstlerische und intellektuelle Entwicklung allein dem Einfluss der mediterranen Kulturen.

5. Gottsched lehnt sprechende Tiere oder unlogische Handlungsverläufe mit dem Argument ab, sie widersprächen der Aufgeklärtheit des zeitgenössischen Menschen und tradierten auf nicht zu verantwortende Weise den Aberglauben früherer Epochen.

Aufbaumodul 2, S. 89-122

1. Zu den wichtigsten Bühnenreformen Friederike Caroline Neubers gehört der Verzicht, Aufführungen durch Tanzeinlagen oder Harlekinaden zu unterbrechen. Um den Geschmack zu schulen, wird inszenierungspraktisch auch strenger zwischen Tragödie und Komodie unterschieden. Darüber hinaus sorgt die Neuberin für eine bessere Ausbildung und Entlohnung der Schauspieler.

2. In den heroischen Tragödien sollen die Zuschauer den unverschuldet leidenden Protagonisten bewundern, sich dabei aber bewusst bleiben, dass es sich um einen Adligen handelt, der noch an ein jenseitiges Schicksal glaubt.

3. Lessing übersetzt den Begriff mit ‚Mitleid', um gemischte Bühnencharaktere einfordern zu können, deren seelische Schwankungen der Lebenswirklichkeit der Zuschauer näherstehen als übertrieben tugendhafte oder grundverdorbene Figuren. Im Mitleiden soll das bürgerliche Publikum zugleich zu Einfühlsamkeit und kritischer Selbstsorge erzogen werden.

4. Das herzhafte Lachen über Schwächen und Schrullen soll die Aufmerksamkeit auf Widersprüchlichkeiten lenken, zu denen sich auch aufgeklärte Menschen im Alltagsleben hinreißen lassen. Zugleich soll im Zuschauer der Respekt geweckt werden für die nur bedingte Vervollkommnungsfähigkeit des Einzelnen.

Aufbaumodul 3, S. 124-149

1. Neben Lehrgedichten, die fachwissenschaftliche Themen abhandeln, gibt es weltanschauliche und philosophische Didaskalien, in denen erkenntnistheoretische und moralische Positionen innerhalb der Aufklärungsphilosophie oder religiöse Themen wie die Haltung Gottes zu seiner Schöpfung erörtert werden. In der empfindsamen Lehrdichtung des 18. Jahrhunderts geht es um ‚Nachtgedanken' wie Schwermut, Einsamkeit und Trauer.

2. Unter dem ‚heiligen Sänger' wird ein lyrisches Ich verstanden, das sich göttlich inspiriert weiß und die Aufklärung aus ästhetischer Distanz reflektiert.

3. Nach Herder gehört die Ode zu den ältesten ästhetischen Ausdrucksformen der Menschheit. In ihr zügelt sich die mitteilsame Einbildungskraft mittels Sprache, Reim und Rhythmus.

4. Balladen sind Erzähllieder, die ein dramatisches Geschehen anschaulich, zugleich aber auch politisch distanziert oder heiter-ironisch thematisieren. Diese Verbindung von unterhaltsamem Sujet und musikalischer Darbietung gilt im 18. Jahrhundert als volkstümlich.

Aufbaumodul 4, S. 151-206

1. Nach Sulzer werden in Versepen nicht nur die Lebensläufe bedeutender Menschen, sondern auch die Sitten und Gebräuche einer Kultur tradiert. Aus diesem traditionellen Anliegen erklären sich die besondere Wertschätzung des Heldengedichts und seine Bedeutung für das historische Bewusstsein einer Gesellschaft.

2. Setzt sich die verlachende Satire mit Normverstößen auseinander, die zu allen Zeiten in Misskredit gestanden haben, so geißelt die strafende Satire zeitgenössische Widersprüche in der Lebensführung oder im gesellschaftlichen Betragen.

3. Nach Blanckenburg sollte sich das Denken, Fühlen und Handeln einer Romanfigur aus ihrem Charakter und sozialen Umfeld erschließen. Entsprechend umfassend und variabel muss der Dichter sein Personal gestalten. Um den Lesern verschiedene Identifikationsmöglichkeiten anzubieten, soll der Dichter zudem einen ästhetischen Kosmos imaginieren, der in sich schlüssig angelegt ist und der Vielgestaltigkeit subjektiver Lebensentwürfe gerecht wird.

4. Gelassenheit ist in empfindsamen Romanen ein Mittel, um in der Öffentlichkeit keine peinlichen Empfindungen zu zeigen. Gleichzeitig wird sie vorausgesetzt, um selbst in der Liebe nicht die Rücksicht auf das eigene Selbstwertgefühl zu verspielen.

Siglenverzeichnis

CD	Gottsched: Johann Christoph: Versuch einer critischen Dichtkunst, durchgehends mit den Exempeln unserer besten Dichter erläutert. 4. sehr vermehrte Aufl. Leipzig: Christoph Breitkopf 1751.
Herder	Herder, Johann Gottfried: Werke in 10 Bänden. Hg. v. Günter Arnold u.a. Frankfurt/Main: Dt. Klassiker Verlag 1985ff.
Lessing	Lessing, Gotthold Ephraim: Werke. In Zusammenarbeit mit Karl Eibl u.a. hg. v. Herbert G. Göpfert. Darmstadt: WBG 1996.
Meier	Meier, Georg Friedrich: Anfangsgründe aller schönen Künste und Wissenschaften. 3 Bde. Halle: Hermann Hemmerde 1748ff.
Sulzer	Sulzer, Johann Georg: Allgemeine Theorie der schönen Künste. 2 Bde. Leipzig: Weidmanns Erben und Reich 1771/74.

Anmerkungen

zu Basismodul 1, S. 9-17

1 Bödeker, Hans Erich u. Martin Gierl: Einleitung: Jenseits der Diskurse. Aufklärungspraxis und Institutionenwelt in europäisch komparativer Perspektive. In: Jenseits der Diskurse. Aufklärungspraxis und Institutionenwelt in europäisch komparativer Perspektive. Hg. v. Hans Erich Bödeker u. Martin Gierl. Göttingen: Vandenhoeck & Ruprecht 2007, S. 11-21, hier: S. 13.
2 Ebd. S. 11.
3 Vgl. dazu Grimminger, Rolf: Die Ordnung, das Chaos und die Kunst. Für eine neue Dialektik der Aufklärung. Frankfurt/Main: Suhrkamp 1990, S. 21f.
4 Vgl. dazu Adler, Hans u. Rainer Godel: Formen des Nichtwissens der Aufklärung. München: Fink 2010.
5 Lotmann, Jurij M.: Die Innenwelt des Denkens. Eine semiotische Theorie der Kultur. Frankfurt/Main: Suhrkamp 2010, S. 170 und 174.
6 Ebd. S. 178 u. 185.
7 Ebd. S. 183.
8 Certeau, Michel de: Die Kunst des Handelns. Berlin: Merve 1988, S. 68.
9 Ebd. S. 69 u. 73.
10 Ebd. S. 110f. u. 137.
11 Ebd. S. 139.
12 Leibniz, Gottfried Wilhelm: Die Theodicee. Leipzig 1879, S. 339f.
13 Ebd. S. 340.
14 Kant, Immanuel: Beantwortung der Frage: Was ist Aufklärung. Akademie-Ausgabe Bd. 8, S. 38 u. 35.

zu Basismodul 2, S. 18-39

1 Kondylis, Panajotis: Die Aufklärung im Rahmen des neuzeitlichen Rationalismus. Hamburg: Meiner 2002, S. 173.
2 Ebd., S. 15.
3 Ebd. S. 171.
4 Kant, Immanuel: Kritik der praktischen Vernunft. Akademie-Ausgabe Bd. 5, S. 421.
5 Vgl. Greif, Stefan: Herder und die radikal moderne Philosophie. In: Herausforderung Herder / Herder as Challenge. Ausgewählte Beiträge zur Konferenz der Internationalen Herder Gesellschaft Madison 2006. Hg. v. Sabine Gross. Heidelberg: Synchron 2010, S. 243-254.
6 Thomasius, Christian: Kurtzer Entwurff der poetischen Klugheit, sich selbst und allen andern in allen menschlichen Gesellschaften wohl zu rathen, und zu einer gescheidten Conduite zu gelangen. Frankfurt u. Leipzig 1720, S. 122.
7 Vgl. Vollhardt, Friedrich: Selbstliebe und Geselligkeit: Untersuchungen zum Verhältnis von naturrechtlichem Denken und moraldidaktischer Literatur im 17. und 18. Jahrhundert. Tübingen: Niemeyer 2001 sowie Kimmich, Dorothee: Epikureische Aufklärungen. Philosophische und poetische Konzepte der Selbstsorge. Darmstadt: WBG 1993, S. 159.

8 Knigge, Adolph Freiherr: Über den Umgang mit Menschen. In: Ders.: Werke. Hg. v. Pierre-André Bois u.a. 4 Bde. Göttingen: Wallstein 2010, Bd. 2, S. 311f.

9 Schiller, Friedrich: Kallias, oder über die Schönheit. In: Ders.: Werke und Briefe in 12 Bänden. Hg. v. Otto Dann u.a. Frankfurt/Main: Dt. Klassiker Verlag 1988ff., Bd. 8, S. 276-329, hier: S. 300. Zur ‚ästhetischen Überblendung' der Verhaltenslehre vgl. auch Niefanger, Dirk: Galanterie. Grundzüge eines ästhetischen Konzepts um 1700. In: Künste und Natur in Diskursen der Frühen Neuzeit. Hg. v. Hartmut Laufhütte. 2 Bde. Wiesbaden: Harrassowitz 2000, Bd. 1, S. 459-472, hier: S. 467.

10 Zur Shaftesbury-Rezeption in der deutschen Aufklärung vgl. Horlacher, Rebekka: Bildungstheorie vor der Bildungstheorie: Die Shaftesbury-Rezeption in Deutschland und der Schweiz im 18. Jahrhundert. Würzburg: Königshausen & Neumann 2004 und Dehrmann, Mark-Georg: Das „Orakel der Deisten". Shaftesbury und die deutsche Aufklärung. Göttingen: Wallstein 2008.

11 Zitiert nach Sauder, Gerhard: Theorie der Empfindsamkeit und des Sturm und Drang. Stuttgart: Reclam 2003, S. 39f.

12 Ebd. S. 40.

13 Campe, Joachim Heinrich: Robinson der Jüngere, zur angenehmen und nützlichen Unterhaltung für Kinder. Nach dem Erstdruck herausgegeben von Alwin Binder u. Heinrich Richartz. Stuttgart: Reclam, 1981, S. 6.

14 Ebd. S. 7.

15 Ebd. S. 7f.

16 Vgl. Kimmich, Epikureische Aufklärungen, hier insbes. Kapitel IV.

17 Hagedorn, Friedrich von: Aufmunterung zum Vergnügen. In: Ders.: Oden und Lieder in fünf Büchern. Hamburg: Johann Carl Bohn 1747, 3. Buch, S. 82.

18 Vgl. dazu Beetz, Manfred: Anakreontik und Rokoko im Bezugsfeld der Aufklärung. Eine Forschungsbilanz. In: Anakreontische Aufklärung. Hg. v. Manfred Beetz u.a. Tübingen: Niemeyer 2005, S. 1-17.

19 Uz, Johann Peter: Sämtliche poetische Werke. 2 Bde. Reutlingen: Johann Georg Fleischhauer 1777, Bd. 1, S. 182-190, hier: S. 189.

20 Mendelssohn, Moses: Ueber die Frage: was heißt aufklären? In: Ders.: Schriften zur Philosophie, Ästhetik und Apologetik. 2 Bde. Hg. v. Moritz Brasch. Hildesheim: Olms 1968, Bd.1, S. 246-250, hier: S. 246f.

21 Herder, Bd. 7, S. 548.

22 Ebd. Bd. 10, S. 232.

zu Basismodul 3, S. 41-58

1 Sauder, Gerhard: Erbauungsliteratur. In: Deutsche Aufklärung bis zur Französischen Revolution. 1680-1789. Hg. v. Rolf Grimminger. 2. durchges. Aufl. München: Hanser 1984, S. 251-266, hier: S. 263.

2 Vgl. dazu Trepp, Anne-Charlott: Von der Glückseligkeit alles zu wissen. Die Erforschung der Natur als religiöse Praxis in der Frühen Neuzeit, Frankfurt/Main: Campus 2009.

3 Gellert, Christian Fürchtegott: Gesammelte Schriften. Hg. v. Bernd Witte. 7 Bde. Berlin u. New York: de Gruyter 1988ff., Bd. 2, S. 115.

4 Lessing, Bd. 7, S. 458.

5 Ebd.

6 Ebd. S. 329.

7 Reinalter, Helmut: Die Freimaurer. 5. aktualisierte Ausgabe. München: Beck 2006, S. 14.

8 Ebd.
9 Ebd. S. 7.
10 Knigge, Adolph Freiherr: Über den Umgang mit Menschen. In: Ders.: Werke. Hg. v. Pierre-André Bois u.a. 4 Bde. Göttingen: Wallstein 2010, Bd. 2, S. 408 u. 411.
11 Zitiert nach Uhlig, Ludwig: Georg Forster. Lebensabenteuer eines gelehrten Weltbürgers (1754-1794). Göttingen: Vandenhoeck & Ruprecht 2004, S. 144.
12 Becker, Rudolf Zacharias: Versuch über die Aufklärung des Landmannes. In: Teutscher Merkur 3. Vj. 1785, S. 108-131, hier: S. 109. Vgl. dazu Kuhn, Thomas K.: Religion und neuzeitliche Gesellschaft. Studien zum sozialen und diakonischen Handeln in Pietismus, Aufklärung und Erweckungsbewegung. Tübingen: Mohr 2003, S. 104ff.
13 Becker, Versuch über die Aufklärung des Landmannes, S. 116 u. 129.
14 Ebd. S. 110.
15 Bödeker, Hans Erich u. Martin Gierl: Einleitung: Jenseits der Diskurse. Aufklärungspraxis und Institutionenwelt in europäisch komparativer Perspektive. In: Jenseits der Diskurse. Aufklärungspraxis und Institutionenwelt in europäisch komparativer Perspektive. Hg. v. Hans Erich Bödeker u. Martin Gierl. Göttingen: Vandenhoeck & Ruprecht 2007, S. 11-21, hier: S. 14.
16 Becker, Rudolf Zacharias: Noth- und Hülfsbüchlein oder lehrreiche Freuden- und Trauergeschichte der Einwohner von Mildheim. Neue verb. Aufl. Gotha u. Würzburg 1790, S. 270f.
17 Vgl. dazu Greif, Stefan: Theodor Gottlieb von Hippel und Amalia Holst: Kritisch-emanzipative Gegenentwürfe zur bürgerlichen Geschlechterordnung. In: Geschlechterordnung und Staat. Legitimationsfiguren der politischen Philosophie (1600-1850). Hg. v. Marion Heinz u. Sabine Doyé. Berlin: Oldenbourg 2012, S. 199-217 (= Dt. Zeitschrift für Philosophie, Sonderband 27).
18 Ruppert, Wolfgang: Volksaufklärung im späten 18. Jahrhundert. In: Deutsche Aufklärung bis zur Französischen Revolution. 1680-1789. Hg. v. Rolf Grimminger. 2. durchges. Aufl. München: Hanser 1984, S. 341-361, hier: S. 359.

zu Aufbaumodul 1, S. 60-87

1 Grosses vollständiges Universallexicon aller Wissenschaften und Künste. Hg. v. Johann Heinrich Zedler. 64 Bde. Halle u. Leipzig: Zedler 1732ff., Bd. 57, Sp. 1988.
2 Ebd., Sp. 1989f.
3 Thomasius: Höchstnötige Cautelen welche ein Studiosus Iuris, der sich zu Erlernung der Rechts-Gelahrtheit auf eine kluge und geschickte Weise vorbereiten will, zu beachten hat. Halle u. Magdeburg: Regnerische Buchhandlung 1713, S. 153.
4 Ebd. S. 151f. u. 155.
5 Ebd. S. 150.
6 Berkeley, George: Versuch über eine neuen Theorie des Sehens. Übers. u. hg. v. Wolfgang Breidert, Hamburg: Meiner 1987, S. 84.
7 Klopstock, Friedrich Gottlieb: Von der heiligen Poesie. In: Ders.: Werke in einem Band. Hg. v. Karl August Schleiden. München: Hanser 1954, S. 301-312, hier: S. 303f.
8 Lessing, Bd. 4, S. 368f.
9 Sulzer, Bd. 2, S. 1274.

10 Ebd.
11 Meiers *Anfangsgründe* erscheinen vor der *Aesthetica* seines Lehrers Baumgarten; vgl. dazu Reiss, Hans: Georg Friedrich Meier (1718-77) und die Verbreitung der Ästhetik. In: Geschichtlichkeit und Gegenwart. Hg. v. Hans Esselborn u. Werner Keller. 2. Aufl. Köln u.a.: Böhlau 1996, S. 13-34.
12 Meier, Bd. 3, S. 75.
13 Ebd.
14 Ebd. Bd. 1, S. 22. Vgl. hierzu auch Siegrist, Christoph: Poetik und Ästhetik von Gottsched bis Baumgarten. In: Deutsche Aufklärung bis zur Französischen Revolution. 1680-1789. Hg. v. Rolf Grimminger. 2. durchges. Aufl. München: Hanser 1984, S. 280-303, hier: S. 300ff.
15 Kondylis, Panajotis: Die Aufklärung im Rahmen des neuzeitlichen Rationalismus. Hamburg: Meiner 2002, S. 562. Vgl. zum Folgenden auch die dortigen Ausführungen.
16 Meier, Georg Friedrich: Auszug aus der Vernunftlehre. Halle: Johann Justinus Gebauer 1752, S. 9.
17 Ebd.
18 Ebd.
19 Ebd. S. 9f.
20 Meier, Bd. 1, S. 22.
21 Ebd. Bd. 2, S. 175 u. 180. Vgl. dazu Braungart, Georg: Leibhafter Sinn. Der andere Diskurs der Moderne. Tübingen: Niemeyer 1995.
22 Meier, Bd. 3, S. 522f.
23 Vgl. ausführlich Schmidt, Wolf Gerhard: „Homer des Nordens" und „Mutter der Romantik". James Macphersons Ossian und seine Rezeption in der deutschsprachigen Literatur. 2 Bde. Berlin: de Gruyter 2003.
24 Herder, Bd. 2, S. 452f.
25 Thomasius, Höchstnötige Cautelen, S. 153.
26 Vgl. Diskurse der Aufklärung: Luise Adelgunde Victorie und Johann Christoph Gottsched. Hg. v. Gabriele Ball u.a. Wiesbaden: Harrasowitz 2006.
27 CD, S. 132.
28 Ebd. S. 181.
29 Ebd. S. 170f.
30 Ebd.
31 Ebd. S. 124f.
32 Ebd. S. 167.
33 Wolff, Christian: Vernünfftige Gedancken von Gott, der Welt und der Seele des Menschen, auch allen Dingen überhaupt. Neue u. vermehrte Aufl. Halle u. Magdeburg: Regnerische Buchhandlung 1751, S. 130. Aus Gründen eines griffigeren Titelgebrauchs wird dieses Werk heute üblicherweise als ‚Deutsche Metaphysik' bezeichnet.
34 Zu den weiteren Umschreibungen der Einbildung vgl. ebd. S. 131.
35 Zitiert nach Mauser, Wolfram: Anakreon als Therapie? Zur medizinisch-dietätischen Begründung der Rokokodichtung. In: Lessing Yearbook XX (1989), S. 87-120, hier: S. 107. Zur Debatte um die Einbildungskraft vgl. ausführlicher: Dürbeck, Gabriele: Einbildungskraft und Aufklärung. Perspektiven der Philosophie, Anthropologie und Ästhetik um 1750. Tübingen: Niemeyer 1998.
36 Breitinger, Johann Jakob: Critische Dichtkunst. Worinnen die Poetische Mahlerey in Absicht auf die Erfindung im Grunde untersuchet und mit Beyspielen aus den berühmten Alten und Neuern erläutert wird. Zürich: Orell & Com u. Leipzig: Joh. Friedr. Gleditsch 1740, S. 53f. u. 60.

37 Schlegel, Johann Elias: Gedanken zur Aufnahme des dänischen Theaters. In: Ders.: Canut. Ein Trauerspiel. Im Anhang: Gedanken zur Aufnahme des dänischen Theaters. Hg. v. Horst Steinmetz. Bibliogr. erg. Ausgabe. Stuttgart: Reclam 2003, S. 75-111, hier S. 84.
38 Ebd. S. 86 u. 89.
39 Ebd, S. 92.
40 Ebd. S. 96.
41 Ebd. S. 85f.
42 Meier, Bd. 2, S. 155.
43 Ebd. S. 165.
44 Ebd. S. 169
45 Ebd. S. 177f.
46 Lessing, Bd. 4, S. 163.
47 Ebd. Bd. 5, S. 23.
48 Rabener, Gottlieb Wilhelm: Sendschreiben von der Zuläßigkeit der Satyre. In: Satiren der Aufklärung. Hg. v. Gunter Grimm. Stuttgart: Reclam 1975, S. 183-191, hier: S. 185.
49 Ebd. S. 183.
50 Ebd. S. 188f.
51 Ebd. S. 189f.
52 Sulzer, Bd. 2, S. 998.
53 Ebd. S. 117f.
54 Ebd. S. 996.
55 Ebd. S. 996f.
56 Ebd. S. 997.
57 Ebd. S. 999.
58 Ebd. S. 1000.
59 Ebd. S. 999.
60 Lichtenberg, Georg Christoph: Sudelbücher. In: Ders.: Schriften und Briefe. Hg. v. Wolfgang Promies. 6 Bde. 5. Aufl. Frankfurt/Main: Zweitausendeins 1994, Bd. 1, S. 252.

zu Aufbaumodul 2, S. 89-122

1 Gottsched, Johann Christoph: Sterbender Cato. Hg. v. Horst Steinmetz. Bibliograph. erg. Ausgabe. Stuttgart: Reclam 2002, S. 7.
2 CD, S. 606f.
3 Ebd. S. 609 u. 606.
4 Schlegel, Johann Elias: Gedanken zur Aufnahme des dänischen Theaters. In: Ders.: Canut. Ein Trauerspiel. Im Anhang: Gedanken zur Aufnahme des dänischen Theaters. Hg. v. Horst Steinmetz. Bibliogr. erg. Ausgabe. Stuttgart: Reclam 2003, S. 75-111, hier: S. 110.
5 Schiller, Friedrich: Was kann eine gute stehende Schaubühne eigentlich wirken? In: Ders.: Werke und Briefe in 12 Bdn. Hg. v. Otto Dann u.a. Frankfurt/Main: Dt. Klassiker Verlag 1988ff., Bd. 8, S. 185-200, hier: S. 199.
6 Gottsched, Sterbender Cato, S. 17.
7 Vgl. Wölfel, Kurt: Moralische Anstalt. Zur Dramentheorie von Gottsched bis Lessing. in: Deutsche Dramentheorien. Beiträge zur historischen Poetik des Dramas in Deutschland. Hg. v. Reinhold Grimm. 2 Bde. Frankfurt/Main: Athenaion 1973, Bd 1, S. 45-122, hier: S. 92f.

8 CD, S. 606f.
9 Ebd. S. 611.
10 Ebd. S. 612.
11 Gottsched, Sterbender Cato, S. 10.
12 Ebd. S. 79.
13 Ebd. S. 25.
14 Ebd. S. 57.
15 Ebd. S. 53.
16 Pyra, Jakob Immanuel: Untersuchung der innern Einrichtung des deutschen ‚Cato' nach den Regeln des Aristoteles. In: Gottsched, Sterbender Cato, S. 114-131, hier: S. 114.
17 Ebd. S. 82.
18 Stolle, Gottlieb: Eines ungenannten Gönners kritische Gedanken über den ‚Sterbenden Cato'. In: Gottsched, Sterbender Cato, S. 91-95, hier S. 92.
19 Ebd. S. 54f.
20 Lessing, Bd. 4, S. 175 u. 173.
21 CD, S. 633.
22 Ebd. S. 631f.
23 Ebd. S. 647.
24 Ebd. S. 643 u. 645.
25 Ebd. S. 641.
26 Ebd. S. 650.
27 Ecker, Hans-Peter: Antipietistische Satire und Dokument weiblicher Identität. Luise Adelgunde Victorie Gottscheds *Die Pietisterey im Fischbein-Rocke; Oder Die Doktormäßige Frau* (http://hpecker.wordpress.com/zur-person/publikationen/antipietistische-satire/ 25.02.2013), S. 54.
28 Gottsched, Luise Adelgunde Victorie: Die Pietisterey im Fischbein-Rocke. Hg. v. Wolfgang Martens. Bibliogr. erg. Ausgabe. Stuttgart: Reclam 1996, S. 16f.
29 Ebd. S. 7.
30 Ebd. S. 139.
31 Ebd. S. 7.
32 CD, S. 651.
33 Ebd. S. 652.
34 Lessing, Bd. 4, S. 163.
35 Ebd. S. 189f.
36 Vgl. Schadewaldt, Wolfgang: Furcht und Mitleid. Zur Deutung des Aristotelischen Tragödiensatzes. In: Ders.: Hellas und Hesperien. Gesammelte Schriften zur Antike und zur neueren Literatur. 2 Bde. 2. Aufl. Zürich u. Stuttgart: Artemis & Winkler 1970, Bd. 1, S. 194-236, hier: S. 207f.
37 Lessing, Bd. 4, S. 575.
38 Ebd. S. 574
39 Ebd. S. 577.
40 Ebd. S. 204.
41 Ebd.
42 Grosses vollständiges Universallexicon aller Wissenschaften und Künste. Hg. v. Johann Heinrich Zedler. 64 Bde. Halle u. Leipzig: Zedler 1732ff., Bd. 21, Sp. 292f.
43 Ebd. S. 292.
44 Ebd.
45 Lessing, Bd. 4, S. 579 u. 596.
46 Ebd. 596.
47 Ebd. Bd. 2, S. 100.

48 Der Briefwechsel zwischen Gleim und Ramler. Hg. v. Carl Schüddekopf. 2 Bde. Tübingen: Laupp 1906/07, Bd. 2, S. 206.
49 Lessing, Bd. 2, S. 44.
50 Ebd. S. 49 u. 54f.
51 Ebd. S. 50.
52 Ter-Nedden spricht von überzogener Selbstgerechtigkeit. Vgl. Ter-Nedden, Gisbert: Lessings Trauerspiele. Der Ursprung des modernen Dramas aus dem Geist der Kritik. Stuttgart: Metzler 1986, S. 98ff.
53 Lessing, Bd. 2, S. 91.
54 Vgl. ebd., S. 84.
55 Ebd. S. 40.
56 Ebd. S. 28.
57 Ebd. S. 40.
58 Vgl. dazu Barner, Wilfried: Produktive Rezeption. Lessing und die Tragödien Senecas. München: Beck 1973 und Schmierer, Britta: Motivation in Medea-Tragödien der Antike und der Neuzeit. Würzburg: Königshausen & Neumann 2005.
59 Lessing, Bd. 2, S. 75.
60 Ebd. Bd. 4, S. 56.
61 Ebd. S. 330f.
62 Ebd.
63 Ebd. S. 362.
64 Ebd. S. 363.
65 Ebd. S. 332.
66 Zitiert nach Barner, Produktive Rezeption, S. 245.
67 Lessing, Bd. 1, S. S. 679f.
68 Ebd. S. 685f.
69 Ebd. S. 695f. Zu Minnas ‚emotionaler Identität' und Eheverständnis vgl. Saße, Günter: Der Streit um die rechte Beziehung. Zur ‚verborgenen Organisation' von Lessings *Minna von Barnhelm*. In: Streitkultur: Strategien des Überzeugens im Werk Lessings. Hg. v. Wolfgang Mauser u. Günter Saße. Tübingen: Niemeyer 1993, S. 38-55, hier: S. 52f.
70 Lessing, Bd.1, S. 694.
71 Ebd. S. 640.
72 Ebd. S. 694f.
73 Ebd. S. 694.
74 Ebd. S. 704.

zu Aufbaumodul 3, S. 124-149

1 CD S. 566.
2 Ebd. S. 575f.
3 Brockes, Barthold Heinrich: Irdisches Vergnügen in Gott. Naturlyrik und Lehrdichtung. Ausgew. u. hg. v. Hans-Georg Kemper. Stuttgart: Reclam 1999, S. 23.
4 Ebd. S. 192.
5 Ebd. S. 191.
6 Kleist, Ewald Christian von: Der Frühling. In: Ders.: Sämtliche Werke. Hg. v. Jürgen Stenzel. Stuttgart: Reclam 1971, S. 10-56, hier: S. 20.
7 Withof, Johann Philipp Lorenz: Der medicinische Patriot. In: Ders.: Academische Gedichte. 2 Bde. Cleve u. Leipzig 1782, Bd. 1, S. 241-261, hier: S. 244 u. 246.

8 Ebd. S. 242f.
9 Ebd. S. 243f.
10 Ebd. S. 252.
11 Ebd. S. 260.
12 Haller, Albrecht von: Die Alpen. In: Ders.: Die Alpen und andere Gedichte. Hg. v. Adalbert Elschenbroich. Stuttgart: Reclam 1965, S. 3-22, hier S. 6.
13 Ebd. S. 22 u. 5.
14 Uz, Johann Peter: Theodicee. In: Ders.: Sämtliche poetische Werke. 2 Bde. Reutlingen: Johann Georg Fleischhauer 1777, Bd. 1, S. 182-190, hier: S. 186.
15 Ebd. S. 187.
16 Ebd. S. 188.
17 Ebd. S. 189.
18 Ebd. S. 188.
19 Ebd.
20 Cronegk, Johann Friedrich von: Sämtliche Schriften. 2 Bde. Reutlingen: Johann Georg Fleischhauer 1777, Bd. 2, S. 3-40, hier: S. 3f.
21 Ebd. S. 5.
22 Ebd. S. 6.
23 Ebd. S. 9.
24 Herder, Bd. 1, S. 61 u. 63.
25 Ebd. S. 69.
26 Vgl. dazu Heinz, Jutta: Architektur des Erhabenen. Eine Besichtigung von Immanuel Pyras *Tempel der wahren Dichtkunst.* In: Dichtungstheorien der deutschen Frühaufklärung. Hg. v. Hans-Joachim Kertscher u. Theodor Verweyen. Tübingen: Niemeyer 1995, S. 73-85.
27 Hagedorn, Friedrich von: Die Glückseligkeit. In: Ders.: Moralische Gedichte. Hamburg: Johann Carl Bohn, S. 18-38, hier: S. 20.
28 Ebd. S. 23.
29 Pyra, Jakob Immanuel: Das Wort des Höchsten. In: Lange, Samuel Gotthold u. Jakob Immanuel Pyra. Thirsis und Damons freundschaftliche Lieder. Hg. v. Samuel Gotthold Langen. 2. verm. Aufl. Halle: Carl Hermann Hemmerde 1749, S. 157-188, hier S. 184.
30 Ebd. S. 185 u. 188.
31 Alt, Peter-André: Aufklärung. Stuttgart: Metzler 1996, S. 151.
32 Uz, Johann Peter: Der Schäfer. In: Ders.: Sämtliche poetische Werke, Bd. 1, S. 173.
33 Lessing, Bd. 1, S. 87.
34 Hagedorn, Friedrich von: Die alte und neue Liebe. In: Ders.: Sämmtliche poetische Werke. 4 Bde. Wien: Johann Carl Bohn 1760, Bd. 4, S. 33f., hier: S. 33f.
35 Klopstock, Friedrich Gottlieb: Die Frühlingsfeier. In: Ders.: Werke in einem Band. Hg. v. Karl August Schleiden. München: Hanser 1954, S. 90-93, hier: S. 90.
36 Billen, Josef u. Friedhelm Hassel: Undeutbare Welt. Sinnsuche und Entfremdungserfahrung in deutschen Naturgedichten von Andreas Gryphius bis Friedrich Nietzsche. Würzburg: Königshausen & Neumann 2005, S. 72.
37 Klopstock, Die Frühlingsfeier, S. 90.
38 Herder, Bd. 3, S. 24.
39 Ebd. S. 230f.
40 Vgl. dazu Ulrich Gaiers Nachwort zu Herders Volksliedern, Übertragungen und Dichtungen. In: Herder, Bd. 3, S. 839-927.
41 Ebd. S. 60.

[42] Vgl. zum Folgenden vom Verf.: Herder's Aesthetics and Poetics. In: A Companion to the Works of Johann Gottfried Herder. Ed. by Hans Adler and Wulf Koepke. Rochester u. New York: Camden House 2009, S. 141-164.
[43] Herder, Bd. 2, S. 480f.
[44] Ebd. Bd. 3, S. 59.
[45] Bürger, Gottfried August: Herzensausguß über Volks-Poesie. In: Ders.: Sämtliche Werke in 4 Bänden. Hg. v. Wolfgang von Wurzbach. Leipzig: Max Hesse o. J., Bd. 3, S. 7-12, hier: S. 7f. u. 11.
[46] Bürger; Gottfried August: Des Pfarrers Tochter von Taubenhain. In: Ders.: Sämtliche Werke, Bd. 1, S. 174-178, hier: S. 174 u. 178.
[47] Ebd. S. 177.
[48] Ebd. S. 176.
[49] Ebd. S. 178.
[50] Ebd.
[51] Bürger, Gottfried August: Von der Popularität der Poesie. In: Ders.: Sämtliche Werke, Bd. 3, S. 15-20, hier: S. 18.
[52] Ebd. S. 16.

zu Aufbaumodul 4, S. 151-205

[1] CD S. 151.
[2] Ebd. S. 150.
[3] Ebd. S. 151.
[4] Ebd. S. 152.
[5] Gellert, Christian Fürchtegott: Das Pferd und die Bremse. In: Ders.: Gesammelte Schriften. Hg. v. Bernd Witte. 7 Bde. Berlin u. New York: de Gruyter, Bd. 1, S. 84f., hier: S. 85.
[6] Lessing, Bd. 5, S. 376.
[7] Ebd. S. 360
[8] Ebd. S. 380.
[9] Ebd. S. 378f.
[10] Ebd. S. 382.
[11] Ebd.
[12] Ebd. S. 385 u. 416.
[13] Ebd. S. 416f.
[14] Pfeffel, Gottlieb Konrad: Die Aufklärung. In: Ders.: Poetische Versuche. 20 Bde. Tübingen: Cotta 1802ff., Bd. 7, S. 68-70, hier: S. 70.
[15] Sulzer, Bd. 1, S. 526 u. 528.
[16] Ebd. S. 532.
[17] Ebd. S. 527.
[18] Ebd. S. 530.
[19] Klopstock, Friedrich Gottlieb: Der Messias. In: Ders.: Werke und Briefe. Histor.--krit. Ausgabe. Begr. v. Adolf Beck u.a. Berlin u. New York: de Gruyter 1974ff., Abtlg. Werke, Bd. 4, S. 1.
[20] Ebd.
[21] Lessing, Bd.1, S. 9.
[22] CD S. 455 u. 451.
[23] Dusch, Johann Jakob: Von der komischen Heldenpoesie. In: Ders.: Vermischt kritische und satyrische Schriften nebst einigen Oden auf gegenwärtige Zeiten. Altona: David Iversen 1758, S. 103-154, hier: S. 151.

[24] Thümmel, Moritz August von: Wilhelmine oder der vermählte Pedant. Ein prosaisch komisches Gedicht. In: Ders.: Sämmtliche Werke. 8. Bde. Leipzig: Göschen 1856, Bd. 1, S. 139-212, hier: S. 144.

[25] Ebd. S. 151.

[26] Ebd. S. 212.

[27] Vgl. Oesterle, Günter: Die Attraktivität der Dinge, insbesondere in der *Wilhelmine* von Moritz August von Thümmel. In: Aufklärung. Stationen – Konflikte – Prozesse. Hg. v. Ulrich Kronauer u. Wilhelm Kühlmann. Eutin: Lumpeter und Lasel 2007, S. 231-246.

[28] Goethe, Johann Wolfgang: Dichtung und Wahrheit. In: Ders.: Sämtliche Werke. Briefe, Tagebücher und Gespräche. 40 Bde. Hg. v. Friedmar Apel u.a. Frankfurt/Main: Dt. Klassiker Verlag 1985ff., I. Abtlg. Bd 14, S. 619.

[29] Grimm, Gunter: Nachwort. In: Satiren der Aufklärung. Hg. v. Gunter Grimm. Stuttgart: Reclam 1975, S. 325-398, hier: S. 358.

[30] CD S. 559f.

[31] Sulzer, Bd. 2, S. 997f.

[32] Vgl. Meid, Volker: Die deutsche Literatur im Zeitalter des Barock. Vom Späthumanismus zur Frühaufklärung. 1570-1740. München: Beck 2009, S. 211 (= Geschichte der deutschen Literatur von den Anfängen bis zur Gegenwart. Begr. von Helmut de Boor u. Richard Newald. Bd. 5).

[33] Canitz, Friedrich Rudolf Ludwig von: Neben-Stunden unterschiedener Gedichte. Berlin: Johann Christoph Papen 1718, S. 61.

[34] Haller, Albrecht von: Der Mann nach der Welt. In: Ders.: Versuch Schweizerischer Gedichte. 11. verm. Aufl. Bern 1777, S. 141-151, hier: S. 141ff.

[35] Lichtenberg, Georg Christoph: Ein Fragment von Schwänzen. Ein Beytrag zu den Physiognomischen Fragmenten. In: Neues Magazin für Ärzte 5 (1783), S. 1-11, hier: S. 1.

[36] Liscow, Christian Ludwig: Eines berühmten Medici glaubwürdiger Bericht von dem Zustande, in welchem er den (S.T.) Hrn. Prof. Philippi den 20ten Junii 1734 angetroffen. In: Satiren der Aufklärung, S. 3-11, hier: S. 7f.

[37] Ebd. S. 11.

[38] Ebd. S. 4f.

[39] Löwen, Johann Friedrich: Geschichte eines Tugendhaften. In: Ders.: Satyrische Versuche. Hamburg u. Leipzig: Grund u. Holle 1760, S. 16-24, hier: S. 20 u. 23.

[40] Ebd. S. 17f.

[41] Ebd. S. 18.

[42] Ebd.

[43] Sulzer, Bd. 1, S. 354.

[44] Ebd. S. 355.

[45] Ebd. S. 354.

[46] Hagedorn, Friedrich von: Der Schwimmer. In: Ders.: Versuch in poetischen Fabeln und Erzehlungen. Hamburg: Conrad König 1738, S. 113.

[47] Sulzer, Bd. 1, S. 355.

[48] Gessner, Salomon: Idyllen von dem Verfasser des Daphnis. Zürich: Gessner 1756, S. 5.

[49] Ebd. S. 6.

[50] Ebd. S. 9f.

[51] Ritter, Henning: Die Krise des Helden. Der Ruhm und die großen Männer im Ancien Régime. In: Politische Kunst: Gebärden und Gebaren. Hg. v. Martin Warnke. Berlin: Akademie Verlag 2004, S. 1-15, hier: S. 14.

52 Merck, Johann Heinrich: Die Geschichte des Herrn Oheims. In: Ders.: Ausgewählte Schriften zur schönen Literatur und Kunst. Ein Denkmal. Hg. v. Adolf Stahr. Oldenburg 1840, S. 169- 224, hier: S. 180.
53 Ebd. S. 179f. Zur Landlebendichtung vgl. Lohmeier, Anke-Marie: Arbeit und Autonomie. Über Johann Heinrich Mercks *Geschichte des Herrn Oheims*. In. Germanisch-Romanische Monatsschrift N.F. 32 (1982), S. 29-59.
54 Merck, Die Geschichte des Herrn Oheims, S. 180f.
55 Ebd. S. 181.
56 Ebd. S. 184f.
57 Ebd. S. 195 u. 197.
58 Kucklick, Christoph: Das unmoralische Geschlecht, S. 9.
59 Ebd. S. 12.
60 Zitiert nach Kucklick, S. 16.
61 Merck: Die Geschichte des Herrn Oheims, S. 207.
62 Ebd. S. 175.
63 Marianne Willems: Der Verbrecher als Mensch. Zur Herkunft anthropologischer Deutungsmuster der Kriminalgeschichte des 18. Jahrhunderts. In: Aufklärung 14 (2002), S. 23-48, hier: S. 32.
64 Meißner, August Gottlieb: Vorrede. In: Ders.: Ausgewählte Kriminalgeschichten. Hg. v. Alexander Kosenina. 2. Aufl. St. Ingbert: Röhrig 2004, S. 7-11, hier S. 10.
65 Meißner, Vorrede, S. 9. Vgl. zu den juristischen Vorbehalten Koseninas Nachwort zu Meißners Ausgewählten Kriminalgeschichten sowie Dainat, Holger: ‚Wie wenig irgend ein Mensch für die Unsträflichkeit seiner nächsten Stunde sichere Bürgschaft leisten könne!' Kriminalgeschichten in der Spätaufklärung. In: Erzählte Kriminalität. Zur Typologie und Funktion von narrativen Darstellungen in Strafrechtspflege, Publizistik und Literatur zwischen 1770 und 1920. Tübingen: Niemeyer 1991, S. 193-204.
66 Meißner, Vorrede, S. 9.
67 Meißner, August Gottlieb: Ja wohl hat sie es nicht gethan! In: Ders.: Ausgewählte Kriminalgeschichten, S. 60-67, hier: S. 60.
68 Ebd.
69 Ebd. S. 62.
70 Ebd. S. 65 u. 63.
71 Ebd. S. 63f.
72 Ebd. S. 63.
73 Zitiert nach Kosenina, Nachwort, S. 103.
74 Sulzer, Bd. 2, S. 988.
75 Heidegger, Gotthard: Mythoscopia Romantica oder Discours von den so genannten Romans. Faksimiledruck nach dem Originaldruck von 1698. Hg. v. Walter Ernst Schäfer. Bad Homburg u.a.: Gehlen 1968, S. 70f.
76 CD, S. 523.
77 Ebd. S. 505 u. 528.
78 Ebd. S. 528.
79 Ebd.
80 Blanckenburg, Christian Friedrich von: Versuch über den Roman. Leipzig u. Liegnitz: David Siegerts Witwe 1774, S. 282.
81 Ebd. S. 457.
82 Ebd. S. 457f.
83 Vgl. dazu Frank, Michael C.: Erinnerungsarbeit und Selbstregulierung. Richardsons Pamela und Rousseaus Julie. In: Arbeit am Gedächtnis. Hg. v. Michael C. Frank u.a. Paderborn: Fink 2007, S. 355.

[84] Die folgenden Zitate stammen aus Blanckenburgs unpaginiertem Vorbericht, die Seitenzahlen folgen einer eigenen Zählung; ebd. S. XII.
[85] Ebd. S. XI u. IX.
[86] Ebd. S. V.
[87] Ebd. S. XIIf.
[88] Ebd. S. 17.
[89] Ebd. S. 208.
[90] Ebd. S. 19.
[91] Ebd. S. 314.
[92] Ebd.
[93] Vgl. dazu Gelzer, Florian: Konversation, Galanterie und Abenteuer. Romaneskes Erzählen zwischen Thomasius und Wieland. Tübingen: Niemeyer 2007.
[94] Rose, Dirk: Conduite und Text. Paradigmen eines galanten Literaturmodells im Werk von Christian Friedrich Hunolds (Menantes). Berlin: de Gruyter 2012, S. 173ff.
[95] Schnabel, Johann Gottfried: Insel Felsenburg. Stuttgart: Reclam 1979, S. 233.
[96] Ebd. S. 233f. Vgl. dazu auch Voßkamp, Wilhelm: Die Macht der Tugend. Zur Poetik des utopischen Romans am Beispiel von Schnabels *Insel Felsenburg* und Loens *Der redliche Mann am Hofe*. In: Dichtungstheorien der deutschen Frühaufklärung. Hg. v. Theodor Verweyen. Tübingen: Niemeyer 1995, S. 176-186.
[97] Schnabel, Insel Felsenburg, S. 233f.
[98] Ebd. S. 289.
[99] Ebd. S. 321.
[100] Ebd. S. 196.
[101] Ebd. S. 6f.
[102] Ebd. S. 5f.
[103] Saage, Richard: Utopia als irdisches Paradies. Zu Johann Gottfried Schnabels *Insel Felsenburg*. In: Utopia kreativ. H. 97/98 (1998), S. 118-129, hier: S. 124.
[104] Schnabel, Insel Felsenburg, S. 7.
[105] Vgl. Hinderer, Walter: Liebessemantik als Provokation. In: Codierungen von Liebe in der Kunstperiode. Hg. v. Walter Hinderer. Würzburg: Königshausen & Neumann 1997, S. 311-338, hier: S. 312.
[106] Vgl. dazu Friedrich, Hans-Edwin: „Ewig lieben", zugleich aber „menschlich lieben"? Zur Reflexion der empfindsamen Liebeskonzeption von Gellert und Klopstock bis Goethe und Jacobi. (http://www.goethezeitportal.de/fileadmin/PDF/db/wiss/epoche/friedrich_liebeskonzept.pdf, S. 2, 25.02.2013)
[107] Zitiert nach Witte, Bernd: Christian Fürchtegott Gellert: Leben der schwedischen Gräfin von G***. In: Interpretationen. Romane des 17. u. 18. Jahrhundert. Stuttgart: Reclam 1996, S. 112-149, hier S. 114.
[108] Gellert, Christian Fürchtegott: Leben der schwedischen Gräfin von G***. In: Ders.: Gesammelte Schriften, Bd. 4, S. 1-96, hier: S. 21f. Vgl. dazu auch Witte, Christian Fürchtegott Gellert, S. 123f. und Löffler, Kathrin: Gellerts Roman *Leben der schwedischen Gräfin von G**** im Kontext der zeitgenössischen philosophischen und theologischen Anthropologie. In: Gellert und die empfindsame Aufklärung. Vermittlungs-, Austausch- und Rezeptionsprozesse in Wissenschaft, Kunst und Kultur. Hg. v. Sibylle Schönborn u. Vera Viehöver. Würzburg: Königshausen & Neumann 2009, S. 99-115.
[109] Gellert, Leben der schwedischen Gräfin, S. 13.
[110] Ebd. S. 13 u. 21.
[111] Ebd. S. 57.
[112] Ebd. S. 56.
[113] Ebd. S. 69f.

114 Ebd. S. 84.
115 Witte, Christian Fürchtegott Gellert, S. 132.
116 Gellert, Leben der schwedischen Gräfin, S. 74.
117 Ebd. S. 49.
118 Vgl. Erhart, Walter: Entzweiung und Selbstaufklärung. Christoph Martin Wielands Agathon-Projekt. Tübingen: Niemeyer 1991.
119 So auch Ulrike Zeuch in ihrem Beitrag: Der Verlust erfahrungsunabhängiger Teleologie in der Anthropologie vor 1800 und die Folgen für die Literatur. In: Physis und Norm. Neue Perspektiven der Anthropologie im 18. Jahrhundert. Hg. v. Manfred Beetz u.a. Göttingen: Wallstein 2007, S. 120-138.
120 Wieland, Christoph Martin: Die Geschichte des Agathon. In: Ders.: Werke. Oßmannstedter Ausgabe. Hg. v. Klaus Manger u. Jan Philipp Reemtsma. Berlin u. New York: de Gruyter 2008ff. Bd. 8.1, S. 4 u. 43.
121 Ebd. S. 4 u. 6.
122 Ebd. S. 6.
123 Ebd. S. 56.
124 Ebd. S. 138.
125 Ebd. S. 140 u. 160.
126 Ebd. S. 265.
127 Zeuch, Der Verlust erfahrungsunabhängiger Teleologie, S. 126.
128 Ebd. S. 127.
129 Vgl. auch Erhart, Entzweiung und Selbstaufklärung, S. 115.
130 Vgl. Klein, Ulrich: Die deutschsprachige Reisesatire des 18. Jahrhunderts. Heidelberg: Winter 1997.
131 Vgl. zum Folgenden Jörg Schönert: Satirische Aufklärung. Konstellationen und Krisen des satirischen Erzählens in der deutschen Literatur der zweiten Hälfte des 18. Jahrhunderts. (http://www.goethezeitportal.de/fileadmin/PDF/db/wiss/aufklaerung/schoenert_satirische_aufklaerung.pdf, 23.02.2013).
132 Ebd. S. 53 u. 245f.
133 Ebd. S. 238 u. 245.
134 Vgl. dazu Heinz, Jutta: Erzählen statt Klassifizieren. Wezels Theorie der Empfindungen in seinem *Versuch über die Kenntniß des Menschen* im Kontext zeitgenössischer Affektenlehren. In: Johann Karl Wezel (1747-1819). Hg. v. Alexander Kosenina u. Christoph Weiß. St. Ingbert: Röhrig 1997, S. 237-257.
135 Vgl. dazu Sauder, Gerhard: Johann Karl Wezel: Belphegor oder die wahrscheinlichste Geschichte unter der Sonne. In: Interpretationen. Romane des 17. und 18. Jahrhunderts. Stuttgart: Reclam 1996, S. 196-239, hier S. 222.
136 Wezel, Johann Karl: Belphegor oder Die wahrscheinlichste Geschichte unter der Sonne. Hg. v. Hubert Gersch. Frankfurt/Main: Insel 1984, S. 11.
137 Ebd. S. 20 u. 67.
138 Ebd. S. 27.
139 Rousseau, Jean-Jacques: Abhandlung über den Ursprung und die Grundlagen der Ungleichheit unter den Menschen. In: Ders.: Schriften. 2 Bde. Hg. v. Henning Ritter. Frankfurt/Main: Fischer 1988, Bd. 1, S. 165-302, hier: S. 221.
140 Wezel, Belphegor, S. 286.
141 Ebd. S. 298 u. 276.
142 Ebd. S. 299 u. 209f.
143 Ebd. S. 314.

144 Griep, Wolfgang: Reiseliteratur im späten 18. Jahrhundert. In: Deutsche Aufklärung bis zur Französischen Revolution. 1680-1789. Hg. v. Rolf Grimminger. 2. durchges. Aufl. München: Hanser 1984, S. 739-764, hier: S. 743f.

145 Nicolai, Friedrich: Beschreibung einer Reise durch Deutschland und die Schweiz im Jahre 1781. Nebst Bemerkungen über Gelehrsamkeit, Industrie, Religion und Sitten. 12 Bde. Berlin u. Stettin 1783ff., Bd. 4, S. XVf.

146 Forster, Georg: Reise um die Welt. In: Ders.: Werke. Sämtliche Schriften, Tagebücher, Briefe. Hg. v. d. Dt. Akademie der Wissenschaften zu Berlin. Berlin: Akademie-Verlag 1958ff., Bd. 2, S. 12ff.

Register